L'HISTOIRE RECOMMENCE

LE VENT SE LÈVE

L'HISTOIRE RECOMMENCE

LES CAHIERS DU VENT SE LÈVE

Sous la direction d'Antoine Cargoet et Lenny Benbara

LES ÉDITIONS DU CERF

www.editionsducerf.fr
24, rue des Tanneries
75013 Paris

ISBN 978-2-204-13974-8

AVANT-PROPOS

Ce livre présente une trentaine d'articles et entretiens publiés par *Le Vent Se Lève*. Initialement mis en ligne sur le site *lvsl.fr*, ils ont fait l'objet d'un travail de sélection et de réédition. Nous les avons choisis parmi le millier d'articles produits, parce qu'ils disent quelque chose de nous et du travail entrepris depuis maintenant trois ans.

Depuis sa création fin 2016, *Le Vent Se Lève* est un média d'opinion qui tente d'apporter sa contribution au débat public en conciliant les exigences du travail journalistique avec un engagement assumé. Cette formule a réuni plusieurs centaines de bénévoles désireux de contribuer à leur manière à l'émergence d'un projet culturel global.

À travers les articles et entretiens rassemblés dans le présent ouvrage se dessinent les controverses et les renouvellements théoriques d'une époque. Les bouleversements à l'œuvre se répercutent sur les consciences et façonnent une génération nouvelle décidée à comprendre le monde autant qu'à le transformer.

Dans ces pages, le lecteur découvrira les filiations historiques et les inspirations intellectuelles qui sont les nôtres, depuis la Révolution française jusqu'au marxisme d'Antonio Gramsci. Un héritage qui se condense dans la théorie populiste que nous tentons de présenter de la plus complète des manières. Cette ère du populisme qui semble s'ouvrir, qu'on la salue ou qu'on la déplore, soulève des questions stratégiques d'importance et se traduit par des mises en pratique contrastées, voire totalement antagonistes, sur lesquelles nous nous efforçons de mettre des mots afin d'éclairer la nouvelle donne politique. Les débats qui traversent le « populisme de gauche » côtoient ainsi les analyses des stratégies partisanes. Nous élargissons la focale à l'Espagne, à l'Italie, aux expériences latino-américaines et au souffle venu des États-Unis pour mettre en lumière la diversité des expériences internationales et les échanges réciproques qui se mettent en place. Les retours d'expérience nourrissent ainsi le travail de traduction théorique et permettent de penser autrement les dynamiques qui concourent à l'émergence et à la désagrégation des blocs hégémoniques en France et dans le monde.

Le travail présenté ici s'annonce aussi comme une tentative plus immédiate de saisir les événements tels qu'ils se déroulent sous nos yeux. Sans doute a-t-on connu des temps plus tranquilles que ceux que nous vivons. Les dernières années furent celles de l'émergence des populismes comme enjeux et comme risques, de l'élection d'Emmanuel Macron, de la nouvelle vague féministe emmenée par #MeToo, de la prise de conscience globale de l'urgence écologique et du mouvement des gilets jaunes.

Le temps d'un livre, nous avons souhaité fixer le tumulte des événements et des idées pour mieux saisir l'ère dans laquelle nous entrons et comprendre en quoi, finalement, *l'Histoire recommence*.

Paris, juillet 2020.

LE RÉVEIL
DE L'HISTOIRE

Les textes ici rassemblés se sont nourris des événements et témoignent des évolutions individuelles et collectives de ceux qui les ont portés. En trois ans, leurs auteurs se sont liés, ont travaillé de concert, et l'on devine derrière les articles et les mots la convergence des trajectoires individuelles venues se fondre et s'épanouir dans une aventure collective. Dès lors, il convient de souligner ce qui fonde l'identité commune de ces travaux et de présenter les inspirations profondes de la génération qui est la nôtre.

Le Vent Se Lève est né d'un constat, celui de la défaite historique des forces de progrès. Aucun de ses contributeurs n'a connu le Mur, les grands systèmes idéologiques, les horizons grandioses tracés par l'utopie. Aux temps immenses du mouvement des masses fut substituée la croyance dans la fin de l'Histoire. Aux âges héroïques succédait la tranquillité toute scandinave de la post-politique. La démocratie libérale, « point final de l'évolution idéologique de l'humanité » et « forme finale de tout gouvernement humain » selon les mots de Fukuyama, consacrait l'effacement des grandes luttes et l'avènement d'une époque tiède, ni trop terrible, ni trop sublime.

L'épuisement des énergies historiques soulevées au siècle précédent n'est pas seul responsable de cette réduction du politique. Pour réaliser la mission que s'était fixée Hayek et « détrôner la politique », fallait-il encore parvenir à la dévitaliser complètement. Le sacre du marché et l'approfondissement de la mondialisation engendrés par la vague néolibérale se traduisirent par la multiplication d'institutions indépendantes, hors d'atteinte de toute délibération collective. Tant pis si l'on ne pouvait pas graver la maxime saint-simonienne « du gouvernement des hommes à l'administration des choses » sur le fronton des édifices publics, elle se réalisait dans les faits.

La valse se prolonge tant que dure la musique, et le spectacle politique se poursuit – le sérieux historique en moins. Le bal des affaires et le mercato politicien avaient pris le relais sur les espoirs d'antan. Les chiffres remplaçaient les lettres et l'on arrêtait de réfléchir. Peu à peu, par glissements successifs, comme engoncée dans un confort relatif, c'est toute la nation qui semblait s'endormir, oubliant pour de bon les chaos du siècle finissant.

Endormie d'un sommeil troublé pourtant, le référendum de 2005 a sans doute eu l'effet d'un réveil un peu brusque pour la minorité au pouvoir qui pensait représenter le peuple dans son entier. Vinrent la crise de 2008 et celle de l'euro, dont l'apogée fut la crise grecque. Il y eut 2015 et l'arrivée de Syriza au pouvoir. La « Troïka » constituée, l'intégration européenne en forme de pyramide de Ponzi paraissait sous son vrai jour. Les « transferts de compétences » réalisés jusque-là étaient autant de transferts de souveraineté. On dépossédait l'État, on affaiblissait ce qui fait l'essence même de la démocratie, soit la faculté d'un peuple à déterminer ses lois sur son propre territoire. La dérive technocratique de l'Union européenne révélait la dégénérescence oligarchique de ses États membres. La *Res Publica* avait cessé d'exister, la chose commune avait vécu, ne restait plus qu'un théâtre d'ombres. « La souveraineté, n'étant que l'exercice de la volonté générale, ne peut jamais s'aliéner » : contre la leçon de Rousseau, la souveraineté des peuples avait été mise en partage, mise aux enchères, transférée à des instances lointaines prêtes à sacrifier les peuples sur l'autel du marché. Parce qu'un malheur n'arrive jamais seul, la montée des nationalismes s'accélérait, sur le continent et au-delà.

L'entrée dans le nouveau millénaire ressemble à s'y méprendre à un chant du cygne. C'est toute la cohérence de l'hégémonie néolibérale qui est menacée. Elle qui reposait sur un bloc historique composé des classes moyennes et de diverses couches élitaires, la voici en pleine dislocation. Des pans essentiels de sa base sociale décrochent. De nouveaux enjeux viennent cliver au sein des élites, comme l'illustre le basculement de nos sociétés en matière écologique. Le bloc en place, auparavant capable de neutraliser les forces centrifuges qui l'étiraient, se réduit comme peau de chagrin et perd la force du consentement. Les demandes frustrées s'accumulent. Machiavel nous a prévenus, la politique est tel le centaure, mi-bestiale, mi-raisonnée, mi-force brute, mi-consentement. À mesure que les années passent, la coercition prend le dessus, comme un signe annonciateur que le système est à bout de souffle et a de plus en plus de difficultés à assurer la reproduction de sa légitimité. Des espaces entiers s'ouvrent pour mener une *guerre de position* dans le champ social, prélude à une plus vaste *guerre de mouvement* électorale qui se traduit par le fameux *moment populiste* théorisé par Ernesto Laclau et Chantal Mouffe. Dans cet *interrègne* gramscien, l'État de droit s'affaiblit à une vitesse inquiétante et la démocratie libérale se transforme d'elle-même en régime illibéral.

Cette situation de désordre démocratique ne peut trouver que deux types de solutions. La radicalisation autoritaire et la solution césariste, ou l'émergence d'un nouvel ordre démocratique porté par un nouveau bloc historique construit sur les débris du précédent. Les appareils aptes à unifier ce bloc du changement font pourtant défaut. La crise des partis et des syndicats en est une des manifestations éclatantes. Antonio Gramsci et Palmiro Togliatti nageaient dans des eaux similaires au sortir de la Première Guerre mondiale, alors que le parti socialiste italien était en crise. C'est ainsi qu'est née leur revue l'*Ordine nuovo*, dans le bouillonnement du *Biennio Rosso* et des grèves turinoises, avant que l'Italie ne renoue avec les rigueurs de la résignation. Notre époque diffère notamment par l'ampleur des défis devant nous.

Comment penser de nouveau aux temps désenchantés du *There is no alternative* thatchérien, tandis que se profilent à l'horizon le dérèglement climatique et la montée des périls ? Si les mélancolies sont aimables, elles sont de peu d'utilité.

Inutile de noircir le tableau, tout n'était pas perdu dans ces années 2000 qui font rétrospectivement figure de sas entre deux époques. Que l'on songe au mouvement altermondialiste ou au *Monde diplomatique*, quelques-uns, peu nombreux, ont maintenu la lumière allumée. Plutôt que de se morfondre dans la résignation, ils ont regardé ailleurs, vers l'Amérique latine. Là-bas, il se passait des choses. Des gens parlaient, se retrouvaient, manifestaient, écrivaient, prenaient le pouvoir, comme si le continent tout entier avait été ignoré par la vague immense qui venait de s'abattre sur le monde. Les noms de Kirchner, Chávez, Morales, Correa arrivaient jusqu'à nous ; là-bas, on faisait autrement. Bientôt, au moment des printemps arabes et d'Occupy Wall Street, les Espagnols prenaient les places. Tandis que l'espoir Syriza s'abîmait dans la honte, arrivaient Podemos et les « populismes de gauche ». Aux États-Unis aussi, le discours socialiste d'un Sanders rencontrait un vaste écho chez un public jeune et nombreux. La grande diversité des positions et des personnes tourne vite au *patchwork*, mais on a tout de même le sentiment qu'il se passe quelque chose. Nous avons voulu nommer ce « quelque-chose ». Dire le renouveau, recommencer à penser, à écrire, apporter notre pierre à l'édifice. Renouveler, c'est aussi faire avec l'existant et partir en quête de ce qui peut être sauvé, de ce qui peut instruire et féconder les imaginations : la Révolution française d'abord, l'histoire du mouvement ouvrier ensuite, les travaux d'Antonio Gramsci, et le postmarxisme enfin. Nos inspirations profondes viennent de là. Des écoles dont les héritages perdurent et ne demandent qu'à être réappropriés. La théorie populiste les contient toutes ensemble en ce qu'elle proclame le peuple comme sujet du changement.

En trois ans, l'atmosphère a changé. L'élection de Donald Trump, celle d'Emmanuel Macron, l'affaire Benalla, le mouvement des gilets jaunes, le Brexit, l'émergence d'un féminisme transversal ou celle du mouvement climat, mais aussi le reflux des forces de progrès en Amérique latine et ailleurs. Les événements s'accumulent, la polarisation des sociétés s'accroît, les tensions s'exacerbent et confirment le sentiment largement partagé que nous vivons des années décisives. Des années où s'affirme une nouvelle énergie historique dont on ne saurait dire de quel côté elle basculera, dont on peut seulement conclure qu'elle devra trouver un débouché. Puisse-t-elle ne pas déborder de son lit et emprunter les chemins les meilleurs qui sont ceux de la force sereine des passions raisonnées. Reste enfin à reprendre le flambeau, à jeter les fondations d'une entreprise contre-hégémonique désireuse de mener à bien la *réforme intellectuelle et morale* nécessaire aux temps présents.

Une époque s'achève, une autre s'annonce. Cette dynamique se présente d'abord et avant tout comme une volonté de réappropriation, comme une réaction à la dépossession des dernières décennies. Si le *Take back control* des *brexiters* a rencontré un tel succès, c'est parce que la formule de la récupération énonce mieux que n'importe quel autre slogan l'aspiration profonde des peuples dans le moment que nous vivons. Une volonté collective nouvelle se dresse contre la fuite en avant climatique, contre la grande braderie du patrimoine industriel et des services publics, contre la sécession des élites, l'usurpation du pouvoir et le vol de la souveraineté : reprendre le contrôle sur nos vies, refonder la nation et réaffirmer l'existence d'une communauté de destin.

Partout se font sentir l'envie de redevenir un peuple, le désir profond de le construire en tant qu'acteur historique et le mépris absolu pour les douceurs du renoncement. Réveiller l'Histoire, renouer avec l'idéal de la République sociale, rétablir le souverain qui est le peuple, conjurer le désenchantement et, finalement, réenchanter la politique et le monde : voilà le programme de la génération nouvelle qui s'élève. Nous tentons d'y contribuer, tandis que s'ouvre la nouvelle décennie, fidèles à l'ambition de notre devise « Tout reconstruire, tout réinventer ».

ANTOINE CARGOET & LENNY BENBARA

LA GUERRE DE POSITION EN FRANCE

Rester connecté au sens commun

Le Vent Se Lève

Nous republions ici un entretien que nous avions donné à la Revue Ballast à propos de notre projet le 27 novembre 2017. Il nous semble riche et permet d'éclairer la voie que nous suivons.

Dans la galaxie des magazines en ligne, LVSL a vu le jour à la fin de l'année 2016 – un « média d'opinion combatif », selon l'un de ses fondateurs, désireux de s'engager dans la fameuse « bataille culturelle ». Plus de 300 papiers, à ce jour, s'en sont chargés ; près de 100 bénévoles aux manettes, et tous de revendiquer les formats courts aisément diffusables sur les réseaux sociaux. Ils jurent n'être pas une revue, entendent subvertir « les codes de l'adversaire », conçoivent la politique comme la prise du pouvoir central, louent le populisme comme stratégie et tiennent à « avoir un impact sur le débat » : forme et fond ne sont pas les nôtres, bavards à distance de l'actu que nous sommes, et c'est bien pour cela que nous souhaitions en discuter avec eux. Que peut aujourd'hui « le journalisme intégral » dont LVSL, élève de Gramsci, se réclame ?

Date de publication : 27 novembre 2017

Ballast – Macron est l'une de vos cibles de prédilection : pourquoi le pays a-t-il visé de travers ?

Le Vent Se Lève – Il est évidemment tentant d'affirmer que les Français ont voté à côté, qu'ils ont été, une fois de plus, trompés par un as du marketing électoral et de la manipulation des masses. C'est trop facile. Nous pensons qu'il faut avant tout décrypter la stratégie de l'adversaire, déceler chez lui les ressorts de sa capacité à susciter l'adhésion – afin de mieux la déconstruire. Force est de constater que, dans un contexte de brouillage des frontières idéologiques, lié notamment à la relative indifférenciation des politiques économiques menées par les deux précédents présidents de la République, le clivage gauche/droite a perdu de sa centralité dans les mentalités des Français. D'ailleurs, trois des quatre candidats arrivés en tête à l'élection présidentielle se sont évertués à s'affranchir de cet axe structurant de la vie politique : Marine Le Pen, en opposant les « patriotes » aux « mondialistes » ; Jean-Luc Mélenchon, en instaurant une ligne de fracture entre le « peuple » et l'« oligarchie » ; Emmanuel Macron, en prétendant incarner le rassemblement des « progressistes » contre les « conservateurs » de tous bords.

La frontière dressée par Emmanuel Macron est habile : elle renvoie dos à dos une droite hostile au changement et une gauche arc-boutée sur la défense d'acquis sociaux jugés d'un autre âge. Pour résumer, tandis que gauche et droite, par leurs querelles artificielles et leur manque d'audace, ont enfoncé la France dans l'immobilisme, Emmanuel Macron se présentait comme le candidat à même de libérer le pays de ses carcans, de lui redonner un « esprit de conquête ». Cette image est fondamentale : celle d'une France qui avance, qui relève de nouveaux défis. Là où les néolibéraux « traditionnels » font de l'austérité un horizon indépassable, fidèles à la formule « *There is no alternative* » de Margaret Thatcher (que l'on songe un instant à la morosité d'un François Fillon ou d'un Alain Juppé), Emmanuel Macron propose un nouveau récit politique mobilisateur axé sur l'ambition et la modernité. Cette nouvelle frontière, il l'a construite pour maintenir le système et non pour le changer réellement – c'est pourquoi le terme de « transformisme » est plus adéquat pour qualifier son projet. Emmanuel Macron est également parvenu à capter une profonde demande de renouvellement politique en capitalisant sur la désaffection de nombreux citoyens à l'égard des partis traditionnels. En lançant son propre mouvement bâti comme une *start-up*, en appelant au retour de la société civile et de l'expérience professionnelle en politique, au nom de l'efficacité et par opposition à une élite politique carriériste et sclérosée, il a incontestablement marqué des points. Bref, Emmanuel Macron s'est façonné le costume de la figure iconoclaste, inclassable, brisant les tabous et transgressant les codes pour faire progresser le pays et balayer le « vieux monde ». Un carnet d'adresses bien fourni, une large couverture médiatique, un spectaculaire alignement des planètes (affaire Fillon, victoire de Benoît Hamon à la primaire socialiste) et un épouvantail bien commode (Marine Le Pen) ont fait le reste.

Quant à nous, à LVSL, nous nous efforçons de mettre au jour Emmanuel Macron pour ce qu'il est : l'incarnation politique d'un néolibéralisme assumé, émancipé des complexes des socialistes et débarrassé des obsessions identitaires des droites. C'est peut-être une cible de prédilection, mais il faut reconnaître qu'il facilite aujourd'hui la tâche de ses adversaires. Au bout d'un certain temps, les actes finissent immanquablement par prendre le pas sur la puissance du récit politique. Notre rôle consiste donc tout à la fois à défaire le discours et à poser un regard critique sur les actes. Emmanuel Macron ne peut pas scander à la face du monde « *Make our planet great again* » et en même temps accepter l'application provisoire du CETA ou céder sur les perturbateurs endocriniens. Il ne peut prétendre propulser la France dans la modernité tout en adoptant une réforme du marché du travail qui signe une profonde régression dans le quotidien de millions de salariés. Ajoutez à cela « *les gens qui ne sont rien* », les « *fainéants* », les « *cyniques* » ou ceux qui « *foutent le bordel* », et le travail de déconstruction de l'entreprise macroniste est déjà bien entamé.

Ballast – Votre ligne défend le « populisme de gauche », porté notamment par Podemos. Dans une tribune publiée cette année par Attac, Pierre Khalfa, syndicaliste et coprésident de la Fondation Copernic, estimait qu'il est un « *non-dit* » délétère derrière ce populisme : son autoritarisme, son culte de la représentation, sa mythification du leader comme incarnation populaire. Qu'objecter à cela ?

LVSL – Pierre Khalfa fait une mauvaise lecture du populisme. Dans son texte, il oppose la construction du peuple à son autoconstruction. Il perçoit la première comme étant le processus actif et exclusif de construction du sujet politique par le leader, ce qui implique un risque d'autoritarisme, et la seconde comme étant une forme spontanée d'autoconstruction horizontale du peuple. Il y a ici à la fois une incompréhension de ce que les intellectuels populistes nomment « construction du peuple » et une pure incantation sur l'autoconstruction spontanée : on attend toujours l'autoconstruction d'un sujet politique… Bref, l'erreur de Khalfa consiste dans le fait qu'il n'a pas lu, ou mal lu, le fait que le processus de construction du peuple était un processus dialectique, à la fois *top-down* et *bottom-up*, et non un processus qui descendait magiquement du leader. C'est-à-dire qu'il n'y a pas de leader sans sujet à incarner, sans groupe qui fasse un travail discursif et symbolique sur lui-même, et qu'à l'inverse, ce groupe – nécessairement hétérogène – ne peut se maintenir sans des formes d'unification dont l'incarnation par une figure tribunitienne est l'un des principaux vecteurs. À ce jour, personne ne défend l'idée qu'un leader immaculé viendrait créer *ex nihilo* un sujet politique.

« Prenez Manuel Valls : son autoritarisme était corrélatif de son pitoyable score à la primaire de la gauche de 2011, de l'absence de base sociale de son projet et de son manque de légitimité. »

Passées ces caricatures, il convient tout de même de prendre à bras-le-corps la question de l'autoritarisme et du culte de la représentation. Ce risque est à l'évidence réel, mais il ne faut pas l'exagérer. Pierre Khalfa part du postulat que la nature du lien entre le leader et le mouvement ou le peuple est nécessairement autoritaire et verticale. La question qui se pose est l'existence de contre-pouvoirs qui viennent contrecarrer les tendances à l'autoritarisme qui peuvent émerger. Mais tout d'abord, il est nécessaire de clarifier ce qu'on entend par autorité et autoritarisme. Il ne faudrait pas, par rejet légitime de l'autoritarisme, refuser tout principe d'autorité entendue comme forme légitime et reconnue d'exercice d'une fonction. L'autorité et l'autoritarisme sont deux choses antagoniques : on verse dans l'autoritarisme lorsqu'il n'y a plus d'autorité légitime. Prenez Manuel Valls : son autoritarisme était corrélatif de son pitoyable score à la primaire de la gauche de 2011, de l'absence de base sociale de son projet et de son manque de légitimité. Ou encore le traitement infligé par l'Union européenne à la Grèce en 2015 : l'autoritarisme des institutions et leur manque de légitimité étaient bien évidemment liés. Dès lors, si l'approche populiste ne fait pas l'économie de formes d'autorité en politique, elle ne défend aucunement l'autoritarisme, au contraire. C'est l'existence d'un sujet politique conscient qui permet de contrecarrer les phénomènes de capture du politique, de mise à distance de la souveraineté, et de contournement démocratique. Il est plus difficile de prendre des petites décisions scandaleuses dans le secret des conciliabules face à un peuple conscient de lui-même que face à une multitude éparpillée. À moins que l'on considère que c'est le peuple comme sujet qui est autoritaire, mais dans ce cas, on en revient à la logique néolibérale qui consiste à se méfier un peu trop des peuples lorsqu'ils surgissent dans l'Histoire...

Venons-en au culte de la personnalité : c'est une question difficile. Le mouvement ouvrier a toujours oscillé sur ce sujet. Chacun a en tête les paroles de *L'Internationale* : « *Il n'est pas de sauveur suprême, ni Dieu, ni César, ni Tribun* ». Néanmoins, on connaît aussi la suite : on refuse l'incarnation dans les mots et on la pratique dans les faits, parfois sur un mode incontrôlé et délirant. L'histoire du mouvement ouvrier est parsemée de leaders et de tribuns : Jean Jaurès, Léon Blum, Lénine, Rosa Luxemburg, Léon Trostky, Joseph Staline, Maurice Thorez, Jacques Duclos, Georges Marchais, François Mitterrand, etc. L'hétérogénéité de cette liste, lorsque l'on prend par exemple des figures aussi opposées que Staline et Rosa Luxemburg, ou encore Jaurès, laisse percevoir qu'il y a des modalités différentes d'incarnation. Par ailleurs, il faut aussi voir que des appareils politiques désincarnés ne sont pas pour autant plus démocratiques et moins sujets à des formes de déviation autoritaires. On ne peut maintenir une horizontalité pure qu'en coupant toutes les têtes qui dépassent... La question qui se pose est dès lors : quelle incarnation voulons-nous ? C'est à cela qu'il faut répondre, et non repartir dans des oppositions binaires entre horizontalisme et incarnation. Une piste peut par exemple consister à chercher à articuler des formes d'incarnation verticale avec des contre-pouvoirs populaires importants : référendum d'initiative populaire, autogestion ou cogestion de certaines entreprises, possibilité de révoquer certains élus en établissant des modalités pertinentes, etc. Ce n'est pas contradictoire avec la méthode populiste. L'enjeu est de concilier les exigences d'une compétition politico-électorale qui valorise les individualités fortes – d'autant plus en France sous la Ve République où les institutions concentrent l'essentiel des pouvoirs entre les mains d'un seul homme – et l'indispensable mise à contribution des membres d'un mouvement dans la définition des orientations, du programme, dans le choix des représentants, etc. [...]

Ballast – Votre réflexion et le lexique qui la structure sont ouvertement gramsciens (« hégémonie », « guerre de position », « journalisme intégral », etc.) : que peut le communiste italien embastillé sous Mussolini en 2017 ?

LVSL – Il peut beaucoup. Gramsci est un théoricien du politique fondamental si l'on veut sortir des impuissances structurelles du mouvement ouvrier, à condition qu'on en fasse une lecture correcte et que l'on n'en retienne pas uniquement la vulgate habituelle sur la « bataille des idées » et sur « l'importance du culturel à côté de l'économique ». Ces interprétations commodes, reprises tant à gauche qu'à droite (souvenez-vous du discours de Nicolas Sarkozy où celui-ci cite Gramsci, ou encore, plus récemment, Marine Le Pen lors de sa rentrée politique) prennent le risque de l'idéalisme et le risque d'affaiblir le potentiel révolutionnaire de cet auteur. La pensée d'Antonio Gramsci est beaucoup plus dialectique que cela. C'est un néomachiavélien, qui perçoit l'autonomie du politique et qui, en ce sens, rejette le déterminisme et l'eschatologie

« marxistes » selon lesquels la révolution est inéluctable avec le développement du capitalisme, et selon lesquels la structure idéologique de la société est un pur reflet de la vie matérielle des individus. Pour Gramsci, il y a une interpénétration profonde entre ce qui relève de la culture et ce qui relève de l'économie. Bien évidemment, la vie matérielle des individus vient modeler leurs perceptions idéologiques, mais la culture joue à son tour le rôle de médiation et de condition des relations économiques. Croit-on réellement qu'il pourrait y avoir des relations économiques sans relations contractuelles implicites ou explicites ? sans le droit ? sans des préférences collectives et individuelles de consommation ? bref, sans production idéologique ? Il est évident que ce n'est pas le cas. Gramsci permet ainsi d'opérer une analyse fine de la façon dont les relations économiques et culturelles s'articulent. Il permet de sortir de cette dichotomie stérile qui consiste à les opposer. Aux « marxistes », il rappelle que les mouvements du politique ne résultent pas de la variation du taux de profit et de l'augmentation du taux de plus-value. Aux idéalistes, il rappelle que les idées sont travaillées par la vie matérielle des individus, par leur insertion sociale et leur quotidien (dont le travail est une composante non négligeable !).

« Le journalisme intégral nous conduit aussi à développer une nouvelle conception du journaliste. Celui-ci n'a pas uniquement le rôle d'informer, il doit prendre parti. »

Au-delà, Gramsci permet au mouvement ouvrier de sortir de sa négation du rôle de l'intellectuel et de son refus de l'élitisme. Chez le communiste italien, l'intellectuel organique joue un rôle de médiation, de traduction, entre les catégories populaires et la société politique. Les intellectuels doivent à la fois s'extirper du sens commun, des représentations majoritaires et immédiatement accessibles qui structurent le rapport des individus à la réalité, et y replonger en permanence. Leur fonction est profondément dialectique et exigeante, car ils doivent faire des allers-retours continus, et parce qu'ils meurent comme intellectuels organiques dès lors qu'ils se coupent de ce sens commun. C'est à cette condition que le *Prince moderne* (terminologie empruntée à Machiavel pour désigner ce que doit être le Parti) peut être réellement efficace et jouer son rôle révolutionnaire. Il y a une vraie pensée stratégique et politique chez l'auteur des *Quaderni del carcere* (*Cahiers de prison*). De même, on entend beaucoup parler de « conquête de l'hégémonie culturelle » comme enjeu fondamental de la politique lorsqu'on évoque Gramsci. Beaucoup de militants et de journalistes pensent qu'il s'agit uniquement de diffuser ses idées dans la société civile. Mais cette conquête est beaucoup plus exigeante. Il s'agit, pour le militant, l'intellectuel et le journaliste, de travailler le sens commun, de l'orienter vers son propre projet politique. Cela implique de ne pas être trop éloigné de ce sens commun. Il faut se situer en permanence à mi-chemin entre les représentations majoritaires et le projet de société que l'on souhaite, et pas uniquement contre le sens commun. Il faut donc admettre qu'il y a une part de vérité chez l'adversaire, parce que celui-ci est souvent bien meilleur que nous pour se faire entendre de la majorité de la population – et l'on doit saisir cette part de vérité pour la retourner et mieux combattre cet adversaire. Lire Gramsci ainsi invite à se remettre en cause en continu : « Suis-je déconnecté du sens commun de l'époque ? Est-ce que je vis et évolue dans un système en vase clos qui me fait diverger des subjectivités des gens ordinaires ? » La pensée gramscienne est alors une invitation au décloisonnement culturel, au fait de partir des demandes politiques et des subjectivités, et non de ses propres idées. Sans cela, on prend le risque de se contenter d'aller évangéliser le reste de la population en lui dévoilant la réalité des mécanismes décrits dans *Le Capital* et *Le Manifeste du Parti communiste*.

Venons-en au journalisme intégral. En ce qui nous concerne, et sans que celle-ci soit précisément définie, il s'agit de construire et d'imprimer une vision du monde – Gramsci utilise le terme allemand *Weltanschauung*, qui renvoie à un ensemble de représentations qui forment une conception, une totalité. Celle-ci doit nécessairement s'articuler avec le sens commun de l'époque. C'est pourquoi nous avons repris l'ensemble des codes des réseaux sociaux pour mieux les détourner. C'est aussi pourquoi nous avons évacué toute la vieille esthétique gauchisante qui était une barrière mentale et symbolique à la réception de nos articles. Le journalisme intégral nous conduit par ailleurs à développer une nouvelle conception du journaliste. Celui-ci n'a pas uniquement le rôle d'informer, il doit prendre parti, et adopter un style percutant. Son rôle est de se construire comme intellectuel organique, de faire le pont entre ses lecteurs et la société politique. Le lecteur ne doit pas être perçu comme un simple réceptacle passif qui reçoit la production idéologique, il doit être actif dans cette relation. D'une certaine façon, le journaliste a une mission d'éducation – et non de pédagogie, terme si cher aux néolibéraux. Il doit aider le lecteur à s'élever et à devenir lui-même journaliste. À LVSL, cela se traduit par le fait qu'un nombre non négligeable de nos lecteurs sont devenus des rédacteurs. [...]

Ballast – Vous vous revendiquez du « sens commun ». Olivier Besancenot nous confia un jour être circonspect quant à cette notion, en ce qu'elle peut conduire à épouser, par cynisme ou stratégie, le discours de l'adversaire. Comment tenir le cap du « *progrès* » que vous revendiquez ?

« Un espace médiatique sain est nécessairement pluraliste. Nous sommes très attachés à cette valeur cardinale : elle est constitutive de notre rédaction. »

LVSL – Bien évidemment, le risque d'épouser le sens commun existe, mais cela n'est absolument pas la méthode que nous revendiquons. Il faut être à mi-chemin, c'est-à-dire ni contre, ni avec le sens commun. Cette exigence est une ligne de crête, car il existe tantôt le risque de tomber dans une simple opposition, tantôt le risque d'épouser complètement le sens commun. Pour tenir ce cap, il faut que les rédacteurs exercent un travail exigeant de réflexivité et de remise en cause critique des idées qu'ils développent et des formes que celles-ci prennent. Sans ce travail d'articulation de notre vision du monde avec les représentations majoritaires, sans cette éducation à tenir la ligne de crête, notre travail est vain. C'est un effort quotidien si l'on veut tenir le cap du progrès. [...]

Ballast – Les questions post-coloniales, décoloniales ou raciales paraissent absentes de votre spectre de réflexion : n'est-ce pas problématique lorsque l'on aspire à « *construire un peuple* »,

pour reprendre une formule qui doit vous être chère, et que ce peuple est également modelé par ces questions ?

LVSL – Ce n'est pas tout à fait juste. Nous avons par exemple publié un article de Cyprien Caddeo sur le racisme latent dans le cinéma français, et cet article avait donné lieu à une émission sur France culture. De même, nous avions publié un article lors de l'affaire Théo qui mettait en cause le racisme dont les descendants d'immigrés postcoloniaux font régulièrement l'objet. Ou encore, plus récemment, nous avons publié un article sur Thomas Sankara et l'absence scandaleuse de commission d'enquête parlementaire sur son assassinat, ainsi qu'un entretien avec le biographe de Sankara. Nous traitons donc ces sujets à notre façon. Mais nous n'esquiverons pas votre question. Il y a dans notre rédaction une pluralité d'approches sur la façon dont on doit lutter contre le racisme, et nous sommes de ce point de vue aussi hétérogènes que la gauche. Nous avons donc à cœur de ne pas importer les conflits qui ont miné notre camp à l'intérieur de LVSL. Nous avons tiré les leçons des polémiques qui ont eu lieu après les attentats de *Charlie Hebdo* et nous refusons aujourd'hui de participer au jeu médiatique qui consiste à racialiser les débats. Nous refusons l'agenda que veulent imposer tant les Indigènes de la République que Manuel Valls, qui n'existent que par ces polémiques. Bien sûr, on peut nous rétorquer que cela invisibilise ces enjeux, mais nous croyons que les dégâts produits par des discours performatifs qui racialisent la société et nos représentations sont aussi très élevés. Nous essayons de traiter ces questions sans fracturer la gauche, de façon pacifiée, sans jamais rien concéder aux discriminations.

Par ailleurs, nous doutons que les questions de racisme puissent être traitées par le simple discours médiatique. Nous avons la conviction que c'est par l'action politique, par la mise en mouvement de ce peuple qu'il faut construire, que nous pourrons faire reculer le fait que les individus se regardent en fonction de leurs identités et non en fonction de ce qu'ils ont de commun : le fait d'être des citoyens français qui doivent récupérer la souveraineté sur leur vie et sur le destin de leur pays. Moins il y a de souveraineté, plus il y a un repli identitaire. Ce qui fait la France, ce n'est pas une couleur de peau, ni une ascendance historique, mais un ensemble de principes citoyens, un horizon politique en commun. C'est une communauté solidaire qui doit se protéger de l'offensive néolibérale en développant ses services publics, en opposant au mépris de ceux d'en haut la dignité de ceux « qui ne sont rien ». Nous adhérons en ce sens à l'idée d'un patriotisme démocratique, progressiste et inclusif défendue par Íñigo Errejón. Et en même temps, il faut avoir une vision sociale à la hauteur des difficultés. La ghettoïsation de notre société ne peut pas continuer. Il faut mettre fin aux ghettos de riches comme aux ghettos de pauvres. Il faut en finir avec cette logique néolibérale qui dresse des murs partout, qui développe des normes explicites comme implicites qui font diverger la société française et qui la fracturent.

Ballast – Vous évoquez les « bastions enclavés » que sont les grands médias alternatifs (*Le Monde diplomatique*, *Fakir*, *Là-bas si j'y suis*, etc.) et le « public restreint » qui reste malgré tout le leur. Vous espérez, comme beaucoup, toucher un public plus large que celui des fameux « déjà convertis » : le support écrit est, nous sommes les premiers à le savoir, un frein ! De quelle façon espérez-vous briser ce cercle « vicieux » ? Les médias indépendants ne manquaient pas. Quel axe inédit LVSL comptait-il, dans l'esprit de ses créateurs, porter ; quel angle à ses yeux mort souhaitait-il combler ?

« Depuis trop longtemps, beaucoup d'intellectuels se sont repliés sur eux-mêmes, c'est-à-dire qu'ils se sont coupés de la stratégie politique. »

LVSL – Si nous devions nous définir, et quitte à être un peu pompeux, nous pensons le média comme une entreprise culturelle globale. Nous considérons que LVSL est un lieu de formation, de construction de nouveaux journalistes qui assument de faire du média d'opinion. Le fait de prendre la plume n'est pas un acte neutre et, de ce point de vue, nous avons essayé d'insuffler l'esprit suivant à nos rédacteurs : il faut, lorsque l'on écrit un article, penser en permanence à sa réception, au niveau des termes que l'on utilise comme des idées que l'on développe. Cette discipline permet de rester connectés au sens commun. Ensuite, nous avons pour but de faire le lien entre les intellectuels, les militants et les lecteurs par les entretiens que nous faisons, mais aussi par les cercles de réflexion que nous venons de créer et par les événements que nous allons organiser. Nous voyons LVSL comme un échafaudage, et non comme l'édifice. Depuis trop longtemps, beaucoup d'intellectuels se sont repliés sur eux-mêmes, c'est-à-dire qu'ils se sont coupés de la stratégie politique, même s'ils sont restés engagés ; ils ont arrêté de penser à la traduction de leurs idées dans des termes politiquement pertinents, donc dans des termes connectés au sens commun. De même, les partis, quels qu'ils soient, se sont vidés de leurs ressources intellectuelles depuis 30 ans, et ont de ce fait perdu en qualité d'élaboration stratégique. Nous voulons mettre un terme à ce cloisonnement, et donc être un lieu relativement neutre où les gens peuvent discuter, échanger et éventuellement travailler ensemble. Une discussion entre un lecteur peu politisé et un militant chevronné peut parfois rappeler à ce dernier qu'il constitue une minorité dans la société, et qu'il doit donc penser à la façon de traduire ses idées. C'est important : sans changement culturel des militants, aucune possibilité de prise du pouvoir dans la société civile comme dans la société politique n'est envisageable. [...]

Politique et morale ne font pas toujours bon ménage. La stérilité d'un journalisme enclin à l'indignation plus qu'à l'analyse en témoigne. Antonio Gramsci, qui maîtrisait cet art, ne se croyait pas tenu d'exprimer son déplaisir moral. L'indignation, à son sens, émousse le sens critique et dévoile la pruderie des militants enclins aux vœux de pureté idéologique et attachés aux programmes monolithiques.

Auteur : Marie Lucas
Date de publication : 29 janvier 2018

Le cofondateur du Parti communiste italien reprochait à beaucoup de ses camarades de lutte leur ignorance satisfaite, plus encline à l'indignation qu'à l'interrogation, et leur dédain à l'égard de toute culture associée au camp adverse, réactionnaire ou religieux. Il ne suffit pas, estimait Gramsci, de vouer les curés et les intellectuels réactionnaires à l'enfer obscurantiste pour qu'ils cessent d'exercer une influence tenace. Il ne suffit pas de mimer l'écœurement à l'approche d'idées jugées « nauséabondes » pour éviter qu'elles ne se répandent. Sans le soutien d'une froide démarche d'analyse, l'indignation devient pour le journaliste une véritable tare et fait courir aux progressistes le risque de l'obscurantisme le plus crasse. Gramsci incitait plutôt, pour échapper aux connivences grégaires, à enjamber les barrières idéologiques et à s'aventurer en terre inconnue.

Le journalisme fut pour ce philosophe et militant marxiste une expérience décisive. S'y exerçant à juger avec prudence, il y satisfaisait son goût prononcé pour la confrontation des idées et des convictions les plus éloignées entre elles. « *Il m'est nécessaire*, écrira-t-il en prison à sa belle-sœur Tatiana, *de me placer d'un point de vue dialogique ou dialectique, autrement je ne sens aucune stimulation intellectuelle* ». Gramsci redoutait plus que tout le confort et l'hermétisme intellectuels : « *je n'aime pas lancer des pierres dans le noir ; je veux sentir un interlocuteur ou un adversaire concret* ». La peur de l'asphyxie intellectuelle, de l'entre-soi satisfait, engage Gramsci dans son titanesque projet de lecture et d'écriture de prison. Mieux qu'un essai définitif, ses *Cahiers* déploient une pensée vive, nourrie et amplifiée par l'assimilation et le dépassement des idées adverses.

Délivrez-nous des purs !

« Ah, les purs !... Toutes les idées, tous les partis ont de ces gardiens de la pureté, hystériques et fanatiques, mauvais garçons qui se masturbent, ou vieux célibataires aigris, qui sont profondément convaincus d'avoir reçu la mission de propager le vrai christianisme, ou la vraie république, ou le vrai socialisme et sauvent à tout moment les faibles âmes des contacts peccamineux, et écrasent les hérétiques sous le poids de leur sainte immaculée indignation.
Qui nous sauvera, o Christ, o Marx, o Mazzini, de vos très purs et incorruptibles disciples ? »

En lançant ces imprécations, Gramsci clame son exaspération à l'égard des militants cramponnés à des étiquettes politiques périmées, à des principes abstraits, à des entités morales désincarnées. Les actuels missionnaires de la « vraie » gauche ou de la « vraie » droite pourraient allonger la liste. Ces « purs », comme Gramsci les appelle, risquent de s'aveugler sur les enjeux immédiats et sur l'évolution réelle des rapports sociaux. Confites dans une auto-complaisante intransigeance, ces bonnes âmes s'épuisent pour des absolus qui les décevront. À force de fuir le « contact peccamineux » des idées qui leur déplaisent, la possibilité même d'une contradiction leur paraît extravagante. L'existence de l'adversaire devient une aberration à traiter par le mépris ou la dérision. Et cela, quel que soit son crédit auprès du grand nombre. On doit à cette tendance l'infamante épithète « populiste ». Le traitement du peuple mal-votant, celui qui bascule vers les extrêmes, par des élites empanachées de vertu nous suggère que Gramsci avait vu juste.

Dans un article de juin 1918 intitulé « Libre pensée et pensée libre », Gramsci rejoint, contre ses camarades libertaires ou « libres-penseurs », le camp de la « pensée libre », c'est-à-dire de ceux qui conçoivent et comprennent la divergence des convictions grâce à une quête méthodique des causes historiques des conflits sociaux. Les socialistes, écrit Gramsci, en tant qu'ils « *pensent librement, historiquement, comprennent la possibilité de la contradiction, et pour cela la vainquent plus facilement, et ainsi ils élargissent la sphère idéale et humaine de leurs propres idées. Les libertaires, en tant qu'ils sont des dogmatiques intolérants, esclaves de leurs opinions particulières, s'essoufflent dans de vaines diatribes, rapetissent tout* ». L'esprit libre, à la différence du « libre-penseur », sait que son émancipation dépend d'une confrontation constante à la contradiction des points de vue. Sa liberté n'est jamais acquise une fois pour toutes.

Autrement dit, Gramsci défend une véritable éthique militante, une discipline incitant à voir dans l'adversaire politique un être conscient et raisonnable, même quand ses positions semblent à première vue aberrantes. Tout mobile, toute idée capable de mouvoir une collectivité est, aux yeux de Gramsci, digne d'intérêt, de compréhension.

Ne nous laissez pas succomber à l'indignation...

Renoncer à la « pureté » idéologique, aux étiquettes partisanes, aux codes et aux symboles d'initiés, s'avère pour Gramsci nécessaire au renouvellement des idées et des débats : une culture politique prisonnière de sa tradition se condamne à la marginalité. Or l'indignation, même légitime, condamne ceux qui la partagent à hoqueter en chœur, à « hashtaguer » férocement. Elle arrache la cause dont elle s'empare aux cadres sociétal et juridique pour la livrer à l'arbitraire vindicte collective. L'indignation dispense d'articuler, et donc de penser. Une ambition hégémonique engage à l'inverse une mise à distance des affects incontrôlés, propices aux interprétations toutes faites, aux automatismes aveugles.

Ainsi, pour dénoncer des exactions policières tout en déjouant les attentes du camp opposé, Gramsci refuse de s'installer dans une posture de contestation systématique et irréfléchie. Répudiant « *la coutumière tirade sentimentale, et discrètement mièvre, contre la réaction sévissante* », il propose, plutôt que l'expression d'un ressentiment, une expertise circonstanciée et historiquement située de ce à quoi « *nous nous sommes habitués à donner le nom de réaction* ». De la même façon, tout hostile qu'il soit à l'Église catholique, Gramsci renie l'anticléricalisme socialiste « *pour sa confuse ou arbitraire et imbécile pétulance* ». L'analyse se substitue aux anathèmes. Le journalisme n'est pas pour lui l'instrument d'expression de l'indignation, mais celui de conquête d'une maîtrise théorique.

Gramsci en effet ne met pas l'outrance verbale au service de la morale, mais de la rigueur. Il contient sa virulence pour étudier l'ennemi valeureux et pourfend impitoyablement l'allié médiocre. Si un camarade de parti se laisse aller à la caricature, Gramsci ne se prive pas de le remettre, parfois férocement, à sa place. Une certaine Cristina Bacci, camarade socialiste, apprit à ses dépens à ne pas attaquer sans connaître un mouvement d'extrême droite aussi complexe et influent que l'était dans les années 1920 l'Action française. Après avoir opposé aux invectives de la militante un tableau nuancé et précis du courant monarchiste de Charles Maurras, Gramsci retourne contre les journalistes dilettantes l'épithète d'« obscurantistes ».

Cette exigence de clarté idéologique ressurgit à l'occasion des querelles avec les libertaires qui reprochaient aux socialistes leur manque de solidarité. Gramsci, en réponse, réaffirme sans ménagement son impératif de critique méthodique, universelle et inconditionnée. « *À l'indignation des libertaires,* écrit-il, *nous opposons l'affirmation de notre droit absolu à appliquer la critique prolétaire à tout le mouvement ouvrier* ». Le partage d'une culture politique commune ne justifie pas à ses yeux une plus grande indulgence, au contraire. Considérant les socialistes « *plus libres spirituellement (et donc plus libertaires, effectivement) que les libertaires* »,

Gramsci désavoue le romantique spontanéisme des libertaires : « *nous avons*, estime-t-il, *une meilleure perception de la complexité des faits mêmes et nous ne jugeons pas spontané (libertaire, volontaire, conscient) le mouvement d'une foule qui a entendu des discours anarchiques, mais nous disons : cette foule est elle aussi gouvernée, elle est elle aussi sous l'influence d'un pouvoir, et elle est mal gouvernée parce que ce pouvoir est exercé de façon chaotique* ». Décidément très malmenés par le jeune journaliste, les « libertaires » illustrent cette fois une compréhension binaire des conflits sociaux qui verrouille et dégrade le débat. Non seulement ce « gauchisme » s'égare dans une bataille donquichottesque contre un ennemi rendu invisible à force de caricatures, mais au-delà il esthétise les mouvements de foule sans interroger les mobiles et les déterminations souterraines en jeu.

L'esprit de complexité, la prudence du jugement, que Gramsci prête aux « bons » socialistes, sont les premiers signes distinctifs d'un mouvement potentiellement hégémonique.

Aimez – méthodologiquement – vos ennemis

Le principe de la sympathie méthodologique, de suspension provisoire du jugement en vue d'une plus intime compréhension des enjeux actuels, n'implique aucune affinité morale ou politique avec l'interlocuteur. C'est une discipline qui vaut, selon Gramsci, pour toute pensée, toute culture, capables de « faire histoire », c'est-à-dire d'emporter l'assentiment, la mobilisation de masses de personnes. Or l'intellectuel ne peut décréter cette capacité, il ne peut que la constater et en tirer enseignement.

Ainsi, à l'occasion d'une querelle avec des journalistes fascistes anticléricaux, Gramsci fait remarquer que la presse catholique, même médiocre, mérite qu'on la considère en tant qu'elle reflète « *une puissance, l'Église romaine, qui est liée avec des millions et des dizaines de millions d'habitants du monde* » et qui « *développe, dans l'histoire du genre humain, une action positive, que l'on peut détester, mais qu'il faut respecter et avec laquelle il faut faire ses comptes, justement parce que c'est une force positive, qui gouverne un immense appareil de domination et de suprématie* ». Cette déclaration est révélatrice de l'exigence de justesse et de précision qu'a Gramsci. L'ambition de mesurer l'influence concrète des acteurs politiques non progressistes obéit à ce que Gramsci juge être le « *premier canon de réalisme* », à savoir « *reconnaître la réalité des autres* ».

Pour ne pas risquer de sous-estimer l'adversaire, Gramsci s'applique avec zèle à le connaître. Abonné au quotidien monarchiste d'Action française très populaire alors en France, il proclame être aussi « *un lecteur assidu de la presse catholique* ». « *Ma manie de la confrontation,* écrit-il, *s'exerce plus assidûment et plus perfidement parmi les journaux catholiques* ». Ces lectures sont déterminantes pour le projet politique gramscien : l'Action française lui fournit en effet un modèle de technique journalistique et d'éducation militante, l'Église un réservoir d'expériences culturelles vouées à la diffusion d'une vision du monde. On gagne plus, apparaît-il, à imiter et à subvertir l'idéologie antagoniste qu'à l'ignorer hautainement. Si votre ennemi triomphe parce que le diable s'en est mêlé, envisage Gramsci en empruntant au folklore italien une expression haute en couleur (« *se c'è stato di mezzo la coda del diavolo* »), eh bien « *apprenez à avoir le diable de votre côté* ».

Avoir le diable de son côté, c'est appliquer les principes tactiques de Lénine, reformulés par Gramsci dans le quotidien communiste *L'Unità* : neutraliser les ennemis des classes populaires implique « *une activité avant tout tactique, soucieuse de procurer au prolétariat de nouveaux alliés* ». Pour cela, écrit-il, il faut « *utiliser tous les alliés possibles, aussi incertains, oscillants et provisoires qu'ils soient* ». En pillant les ressources argumentatives et rhétoriques de l'adversaire on l'affaiblit davantage que par une violente offensive. La démarche hégémonique, autrement dit, n'est pas affirmation triomphante de soi mais absorption subreptice de l'autre.

Pour décrire sa propre entreprise, Karl Marx se comparait à Dante, citant ces vers du poète florentin, lorsque, à l'entrée de l'enfer, il constatait que :

ici il convient de laisser tout soupçon
toute lâcheté ici doit être morte[1]

Gramsci ne dit en somme rien de plus. Congédier le souci de pureté idéologique, se dépouiller du soupçon instinctif et de l'indignation systématique, surmonter le lâche dégoût pour une façon de penser jugée immorale, ces trois canons d'un journalisme véritablement éclairé sont aussi les principes d'une stratégie politique gagnante.

1. « Qui si convien lasciare ogni sospetto/Ogni viltà convien che qui sia morta ». DANTE ALIGHIERI, Inferno, chant III, v. 14-15

Nathan Sperber

« Pour Gramsci, le combat est beaucoup plus vaste qu'un simple assaut. »

Nathan Sperber est socio-économiste, chercheur à l'université de Fudan à Shanghai et co-auteur avec George Hoare d'une *Introduction à Antonio Gramsci* (La Découverte, 2013, 128 p.). Dans cet entretien, nous avons voulu l'interroger sur les concepts essentiels du penseur sarde tels qu'il les a développés dans ses *Cahiers de prison*.

Entretien réalisé par Antoine Cargoet. Retranscrit par Marie-France Arnal.

Date de publication : 4 novembre 2018

LVSL – La pensée de Gramsci connaît un regain de popularité parmi les intellectuels et les leaders politiques. Dans leur esprit, son apport se résume souvent à la « bataille culturelle » définie comme une lutte pour s'approprier les mots et les imposer. Pouvez-vous revenir sur la place qu'occupe la culture dans la création d'une hégémonie chez Gramsci ?

Nathan Sperber – Pour répondre à cette question, il faut revenir sur la notion d'hégémonie elle-même. L'hégémonie a trait à quelque chose de plus vaste qu'une dynamique qui opère dans la sphère de la culture. Fondamentalement, c'est une manière d'exercer le pouvoir dans une société et par là même de transformer cette société. C'est une relation qui opère entre ceux qui exercent le pouvoir et l'ensemble de la société, et qui parvient, dans une certaine mesure, à faire consensus, à arrimer les gouvernés à un projet politique d'ensemble.

L'hégémonie est donc quelque chose qui met en jeu toutes les grandes dimensions de la vie sociale : le pouvoir politique – le rapport entre État et société –, la vie économique – ce que les marxistes appellent les « relations de production » –, et enfin le domaine de la vie culturelle et de l'idéologie. Ce dernier domaine est animé par les intellectuels de métier et est aussi marqué par la parole étatique. Ces discours viennent également irriguer ce que Gramsci appelle le « sens commun ».

L'hégémonie embrasse donc la culture au sens large. Elle s'appuie sur la culture de l'État, la culture des intellectuels et la culture populaire. Cette dernière prend la forme de conceptions de la vie présentes au sein des grandes masses de la société. Néanmoins, si l'hégémonie repose sur un travail culturel, elle ne s'y réduit pas : une équivalence entre ambition hégémonique et « combat culturel » rend imparfaitement compte de ce qu'est l'hégémonie. L'hégémonie, c'est un tout qui rassemble des dimensions idéologiques, politiques, économiques. La culture est l'une de ces dimensions.

LVSL – Quelle place prend alors le « bloc historique » dans la construction de l'hégémonie ? Quels rapports entretiennent la culture et les structures matérielles ?

N.S. – Le bloc historique permet à Gramsci de penser la façon dont la société forme un tout. Une société se fonde sur les relations entre les différentes sphères de la vie sociale. Ces sphères s'articulent tout en préservant leur autonomie relative. L'idée du bloc historique vient à Gramsci alors qu'il cherche à retravailler les concepts marxistes d'infrastructure et de superstructure pour penser les rapports entre les différentes sphères, ou les différents niveaux, de la vie sociale. Tel niveau n'est pas strictement déterminé par tel autre, ils sont interdépendants et relativement autonomes.

Si on reprend à son compte cette conception du bloc historique, on en vient à l'idée qu'il y a des blocs historiques qui donnent lieu à des hégémonies affirmées, d'autres à des dynamiques de désintégration hégémonique voire de reconstruction hégémonique selon les sociétés et les époques. Le bloc historique est presque une méthodologie, l'exigence d'appréhender la société comme un tout. L'hégémonie s'incarne ainsi dans des configurations concrètes d'un bloc historique à un autre.

LVSL – Chez Gramsci, la « crise organique » semble avoir trois issues possibles : la solution « césariste », le « transformisme » et le passage du capitalisme à une autre forme d'organisation du social. Qu'est-ce qui détermine ces trois solutions ?

N.S. – Ce n'est pas aussi simple. Ces trois solutions ne sont pas des propositions exprimées en termes systématiques ou exhaustifs, tout simplement parce que Gramsci écrivait en prison dans des conditions où il ne s'était jamais mis en tête de produire une œuvre définitive, comme un livre ou un traité historique ou théorique. Au contraire, il additionnait des notes qu'il voyait souvent comme préparatoires à de futurs ouvrages. Ceci explique le côté inachevé, mais aussi ouvert de son propos : il n'offre pas de définitions arrêtées des notions de crise organique, de transformisme et de césarisme.

Par exemple, en plusieurs endroits des *Cahiers de prison*, Gramsci utilise la notion de transformisme. Il le fait d'abord dans un sens réduit pour dire les évolutions de la vie politique italienne dans les décennies suivant le *Risorgimento*, qui voient des personnalités situées tantôt à gauche et tantôt à droite au parlement s'agréger dans une succession de coalitions centristes. La notion est alors limitée aux dynamiques de la vie parlementaire. Mais il lui arrive de l'utiliser aussi dans un sens plus large : le transformisme ne reflète plus alors l'évolution des comportements parlementaires, mais une transformation de plus grande ampleur, en lien avec ce qu'il appelle la « révolution passive ». Dans ce dernier sens, le transformisme est le processus qui voit des éléments épars de la société, notamment des intellectuels au sens le plus large, se rallier progressivement, de façon individuelle, ou « moléculaire », à l'ordre social.

Quant à la crise organique, c'est la crise des relations organiques de la société. Gramsci fait sienne la lecture marxiste. Pour lui, les rapports les plus structurants sont ceux entre capital et travail, entre les deux classes fondamentales que sont la classe capitaliste (la bourgeoisie) et la classe ouvrière (le prolétariat). La notion de crise organique ne peut que signifier une crise où ces rapports sont en voie de se renverser, même si cette crise peut durer des décennies. Autrement dit, c'est une crise qui amène à un point de basculement possible les rapports fondamentaux du mode de production.

« Il faut résister à la tentation de voir des crises organiques un peu partout aujourd'hui. »

Une crise organique, qu'il faut bien savoir distinguer d'une crise conjoncturelle, a comme symptôme une crise de l'autorité et une crise de la représentation. Elle survient lorsque les forces politiques établies, c'est-à-dire les organisations politiques de la bourgeoisie, n'arrivent plus à représenter les masses. C'est en de tels moments que les organes de l'État et l'administration semblent flotter au-dessus de la société, parce que les partis politiques perdent leur rôle de médiation entre la société et l'État.

Gramsci évoque alors la possibilité d'une voie césariste, d'une reprise en main plus ou moins militarisée du pouvoir. Cela correspond à l'irruption d'une personnalité forte qui, en prenant le pouvoir, n'exprime pas tant ses propres qualités intrinsèques que la crise foncière de l'ensemble du bloc historique. Gramsci évoque également des cas de césarisme collectif. Par exemple, le gouvernement d'union nationale entre les Conservateurs britanniques et une partie du Labour dans les années 1930.

La crise organique dure dans la mesure où l'alternative, la possibilité d'un monde nouveau porté par le prolétariat, n'arrivent pas encore à éclore. On est dans un entre-deux, dans ce qu'il appelle un « interrègne ». Il y a une citation célèbre de Gramsci sur l'interrègne et les symptômes morbides de celui-ci. Dès qu'il y a une crise organique et que le nouveau ne peut pas naître, que le prolétariat n'est pas encore prêt – par l'intermédiaire du « Prince moderne », c'est-à-dire du Parti communiste – à assumer le pouvoir d'État et à exercer une nouvelle hégémonie, le pouvoir de la classe bourgeoise et son expression politique se fragilisent. Cela peut entraîner un enchaînement de césarismes et de coups d'État. Le pouvoir se durcit. Il s'exerce de plus en plus sans le consentement des grandes masses. C'est le passage de l'hégémonie à la domination, d'un pouvoir éthico-politique qui arrive à persuader les grandes masses à un pouvoir coercitif, dominateur et dictatorial.

Chez Gramsci, la crise organique est la crise des structures les plus fondamentales de l'ordre social. Par ailleurs, des déstabilisations politiques peuvent également avoir lieu dans des contextes de crises conjoncturelles et non organiques. Par exemple, le passage d'une économie capitaliste fordienne à une économie capitaliste néolibérale représente une transformation d'ampleur, qui se manifeste aussi par des évolutions de la vie politique, mais qui reste interne au capitalisme. Ce changement peut se penser en termes de transition conjoncturelle, de crise conjoncturelle de la société capitaliste. De tels épisodes conjoncturels sont en mesure de provoquer, eux aussi, des phénomènes de crise d'autorité voire de césarisme.

La distinction entre crise conjoncturelle et crise organique est importante. À mon avis il faut résister à la tentation de voir des crises organiques un peu partout aujourd'hui. On parlera surtout de crise organique au sens gramscien si l'on considère que le capitalisme est arrivé à un point où son effondrement prochain est à l'horizon. Il faut être prudent avec ces notions si on veut rester proche du sens marxiste que Gramsci leur donne.

LVSL – Gramsci apprécie les métaphores guerrières pour analyser les tenants et les aboutissants des crises politiques. Il utilise notamment les concepts de « guerre de mouvement » et de « guerre de position ». Comment l'articulation entre ces deux concepts s'effectue-t-elle ?

N.S. – Les métaphores militaires sont effectivement très fréquentes chez Gramsci. Cet usage est courant dans sa génération. Celle-ci se mêle de politique à la sortie de la Première Guerre mondiale. Pour elle, les questions militaires ont pu être vécues dans la chair. Par ailleurs, Gramsci appartient à un camp politique en Italie qui prend comme modèle la Révolution d'Octobre. Celle-ci a pris la forme d'un assaut sur le Palais d'hiver, un assaut de type militaire, même s'il n'y a pas eu de bataille de grande ampleur ce jour-là. La lecture militaire peut s'appliquer à la Révolution bolchevique, à laquelle succède justement une guerre civile. Les questions militaires sont donc des questions très concrètes pour des communistes des années 1920 comme Gramsci, pour qui l'éventualité du combat révolutionnaire armé était une évidence.

C'est dans ce contexte que Gramsci reformule la distinction entre guerre de mouvement et guerre de position, distinction qui existait dans la stratégie militaire européenne depuis longtemps. En 1914, les états-majors, de façon erronée, tablent sur une guerre de mouvement, d'où la nécessité de mobiliser les troupes au plus vite. C'est ce que les états-majors allemand et français ont tenté de faire, pour se retrouver finalement dans une très longue guerre de tranchées : une guerre de position. En ce qui concerne l'Italie, il y a même une résonance plus immédiate. Pendant la Première Guerre mondiale, l'un des dirigeants militaires italiens, Luigi Cadorna, lance des offensives contre les troupes autrichiennes qui se soldent par des échecs à répétition puis par la déroute de la bataille de Caporetto.

Gramsci invoque ces éléments pour aborder la question de la stratégie des révolutionnaires en Europe. Il établit un contraste entre ce qu'il appelle la révolution à l'Est et la révolution à l'Ouest. La révolution à l'Est est la révolution bolchevique. Si la révolution bolchevique a réussi, la révolution en Europe de l'Ouest donne lieu à une succession d'échecs au sortir de la guerre : échec du *Biennio Rosso* [*ndlr*, les deux années rouges qui font suite au soulèvement des ouvriers de Turin], échec de la révolution spartakiste en Allemagne, échec de la révolution des conseils en Hongrie.

Face à ce constat, Gramsci essaie de comprendre en quoi les structures foncières des sociétés sont différentes et appellent des réponses différentes de la part des révolutionnaires. Il constate qu'à l'Est, la guerre de mouvement prévalait parce que le pouvoir était entièrement concentré dans l'État tsariste, la société civile était faible. La bourgeoisie industrielle russe, avant la Première Guerre mondiale, commence à se développer, mais n'atteint pas le niveau démographique ni bien sûr le niveau de sophistication institutionnelle des classes bourgeoises occidentales. Dès lors, puisque le pouvoir dans la société est principalement concentré dans l'État tsariste, faire tomber cet État c'est prendre le pouvoir.

En Europe de l'Ouest la situation est différente. Sa propre expérience du combat politique, ses réflexions sur l'histoire européenne, sur le développement de la société bourgeoise à la suite de la Révolution française au XIXe siècle, amènent Gramsci à mettre au premier plan le fait que le pouvoir, dans les sociétés de l'Ouest, se réfracte non seulement dans ce qu'il appelle la société politique, dans l'État et ses instruments d'administration et de répression, mais aussi dans la société civile. La société civile, selon lui, comprend les grandes institutions qui structurent la vie culturelle et idéologique : les journaux, les médias au sens le plus large, les écoles, les universités, les religions organisées, etc. Toutes ces institutions sont des sites de pouvoir, qui ont la particularité de ne pas s'appuyer directement sur la force policière ou militaire. C'est là où s'engendre la dimension idéologique de l'hégémonie : le consentement, la persuasion permanente de populations entières qui adhèrent ainsi à un ordre établi.

L'idée de guerre de position est l'idée que la révolution est un combat qui ne peut pas seulement viser un assaut sur l'État comme ce qui a pu réussir dans les circonstances exceptionnelles de la Révolution bolchevique. Ce doit être une ambition de prendre le pouvoir de façon générale dans la société. Cela implique d'investir l'ensemble des sites du pouvoir. C'est le combat des ouvriers au point de production, dans les entreprises, par les grèves. C'est également le combat pour investir les lieux du pouvoir idéologique dans la société, ce que Gramsci appelle les « appareils hégémoniques ».

Il est important de noter que, chez Gramsci, le domaine de l'idéologie n'est pas quelque chose qui existe purement au niveau des discours, mais que c'est quelque chose qui est vraiment ancré dans les institutions que sont les écoles, les universités, les grands journaux, les maisons d'édition, etc. En somme, tout ce par quoi, à l'époque, la culture est produite, se diffuse et résonne dans l'ensemble plus vaste qu'est la société.

« Le combat est beaucoup plus vaste qu'un simple assaut. »

La guerre de position est une guerre qui cherche à investir ce terrain-là. C'est une guerre lente, une guerre de siège et non une guerre d'assaut. Elle consiste à essayer d'influer sur ces institutions ou à créer de nouvelles institutions pour prendre l'ascendant sur les appareils hégémoniques existants. C'est une guerre de très longue haleine, dans laquelle le mouvement ouvrier, le mouvement communiste, se lance avec peu d'armes à sa disposition, puisque c'est un mouvement qui, par définition, ne domine pas les institutions culturelles dominantes de la société bourgeoise.

Il y a une correspondance très forte entre guerre de position et hégémonie chez Gramsci. Une guerre de position est nécessaire parce que l'hégémonie justement se construit à la fois dans les sphères économique, politique et culturelle. Pour se construire dans tous les grands domaines de la société, elle a besoin de réserves infinies d'efforts, de patience et d'ingéniosité.

Cependant, ce serait une erreur de penser que Gramsci fait pour autant une croix sur la guerre de mouvement dans les sociétés d'Europe de l'Ouest. Ce qu'il propose plutôt, c'est de faire de la guerre de mouvement un complément nécessaire à la guerre de position au sens où, dans tout processus de prise de pouvoir par un mouvement en scission avec la société établie, il y a des moments où l'assaut se justifie, où il s'agit de prendre l'État. Seulement, il ne faut pas simplement se concentrer là-dessus. Le combat est beaucoup plus vaste qu'un simple assaut. C'est d'ailleurs le reproche que Gramsci fait à Georges Sorel et même à Rosa Luxembourg dont le pamphlet *Grève de masse, parti et syndicat* tombe dans le piège du volontarisme.

LVSL – Autre concept central dans la pensée gramscienne : le « sens commun ». On peut le mettre en rapport avec le rôle qu'entretient l'imaginaire de l'adversaire dans la construction d'une hégémonie. Quelle place attribuer à ce concept dans le corpus théorique gramscien ?

N.S. – Le sens commun est central chez Gramsci, qui fait reposer toute sa pensée du politique sur l'expérience quotidienne des êtres humains. Le sens commun, c'est l'ensemble des conceptions les plus fondamentales par lesquelles tous les individus de la société perçoivent et interprètent leur environnement, leur société et leur propre personne. Ce sont les idées les plus répandues, les plus communes par lesquelles on se situe soi-même dans la société.

Pour Gramsci, l'action politique est précisément ce qui transforme les conditions de vie élémentaires en société, transformation réalisée par des êtres humains sur la base de certaines de leurs conceptions critiques. Il s'inspire ici des idées du jeune Marx sur la centralité de la *praxis*, l'activité critico-pratique. C'est l'activité humaine pensée, concrète, critique vis-à-vis de l'environnement, qui est le fondement de toute transformation sociale. Il faut partir de là. C'est une pensée du politique qui ne procède pas du haut de la société, qui ne part pas de l'État ou d'une avant-garde, mais qui cherche à situer les fondements de la politique dans les pratiques quotidiennes, dans la façon dont les êtres humains sont capables, au niveau le plus élémentaire, d'appréhender leur environnement et d'agir sur lui.

LVSL – Comment le parti doit-il se positionner vis-à-vis du sens commun ?

N.S. – Gramsci fait sienne la conception marxiste selon laquelle la révolution dans les relations de production doit s'appuyer sur la formation d'une classe sociale, d'un acteur collectif de transformation qui est le prolétariat. Chez Marx comme chez Gramsci, la révolution n'est pas le fait d'une clique, d'un groupe ou d'une élite, mais bien d'une classe, le prolétariat, organisée en parti.

La question se pose alors des rapports entre le parti, la classe et le reste de la société. Même si c'est une classe qui est l'acteur principal de la révolution, celle-ci, dans une visée hégémonique, doit embrasser d'une manière ou d'une autre l'ensemble de la société. Cela amène aussi à la question du sens commun. Dans quelle mesure, les activités, les positions du parti peuvent-elles être en résonance avec le sens commun de différents groupes sociaux ? Et comment le parti lui-même peut-il essayer de transformer le sens commun ?

Gramsci évoque notamment la nature des liens à entretenir entre la direction du parti et le sens commun des ouvriers. Il parle à ce sujet d'un mouvement de va-et-vient, d'une « philologie vivante ». Les idées mises en avant par le parti doivent trouver une résonance dans le sens commun de la base. Ces idées se voient du même coup transformées au contact du sens commun, qui va imprimer ses demandes et ses aspirations sur la direction du parti. Une correspondance, qui est tout sauf statique, entre la ligne du parti et le sens commun est donc nécessaire.

L'espoir de Gramsci est que le marxisme, ce qu'il appelle la philosophie de la praxis, puisse pénétrer le sens commun dans le cadre d'une révolution de ce dernier. La philosophie marxiste doit devenir vie. Elle doit irriguer le sens commun d'une classe sociale qui doit ensuite représenter la force active et fondatrice d'une action révolutionnaire, porteuse d'une nouvelle hégémonie.

C'est exceptionnellement ambitieux de la part de Gramsci d'espérer ainsi qu'une philosophie devienne vie et se transforme, entraînant parti et masses dans une révolution qui soit simultanément économique, politique et culturelle et qui fonde une nouvelle hégémonie. C'est une ambition qui vise bien au-delà de la seule prise de pouvoir sur l'État.

LVSL – L'intellectuel joue un rôle très important d'articulation entre le parti et les masses. Quelle conception Gramsci a-t-il du rôle de ces intellectuels dans la vie politique et quel rôle doivent-ils jouer dans la réforme intellectuelle et morale qu'il appelle de ses vœux ?

N.S. – Gramsci se pose, pour son temps, la question de l'intellectuel révolutionnaire qui est un intellectuel communiste. Par ailleurs ses réflexions historiques le conduisent à faire une distinction entre l'intellectuel « traditionnel » qui relève de la longue durée européenne et qui n'est pas attaché à un groupe social ou à une classe particulière – c'est par exemple le clerc, l'ecclésiastique tel qu'il pouvait exister pendant le Moyen Âge et après – et d'un autre côté, l'intellectuel « organique » qui, par ses idées, accompagne la montée en puissance et l'hégémonie d'une classe. Il a en tête, surtout, l'exemple de la société bourgeoise et de l'intellectuel organique qui accompagne son développement au XIXe siècle. Cet intellectuel organique de la bourgeoisie au XIXe siècle peut avoir différents avatars, de Guizot à Zola. Gramsci appelle ces intellectuels l'autocritique vivante de la classe bourgeoise.

Il donne aussi une définition très large de l'intellectuel. Chez lui ce qualificatif n'englobe pas seulement les écrivains et les penseurs, mais comprend aussi les maîtres d'école, les membres de la haute fonction publique qui pensent les questions et agissent en conséquence, même les hauts gradés militaires, qui sont aussi selon lui amenés à exercer une fonction intellectuelle dans la société au sens où ils reprennent des idées et des doctrines pour les déployer dans leur domaine propre. Ce sont tous ces intellectuels organiques de la société bourgeoise qui ont pensé, chacun à leur manière et en temps réel, l'évolution de cette société.

Les intellectuels organiques ne sont pas seulement la mouche du coche de la classe dominante, ce sont des « persuadeurs permanents », des personnes qui insufflent une énergie et une conscience de soi dans l'ordre politique. Ils donnent vie à l'hégémonie. C'est par l'action de ses intellectuels, et parce qu'elle ne se réduit pas à une exploitation nue de la classe ouvrière par le capital, que la société bourgeoise jouit d'un tel pouvoir d'attraction. Cette société produit non seulement des biens industriels, mais aussi des contenus culturels très variés qui peuvent se diffuser, se réfracter dans la société, « faire société » et ainsi contribuer à la construction d'une hégémonie.

Gramsci voudrait que le Parti communiste, qu'il appelle en référence à Machiavel le « Prince moderne », soit peuplé d'intellectuels organiques du prolétariat, tel qu'il se considère lui-même. Il souhaite que la classe ouvrière qui, *a priori*, n'est pas composée de personnes ayant accès aux institutions élitaires, puisse par l'intermédiaire de son parti former des intellectuels organiques. Ces intellectuels doivent permettre au parti de penser son action avec un degré supérieur de perspective historique, comme ils doivent animer la relation d'échanges constants, de va-et-vient et de philologie vivante du parti avec le sens commun.

L'intellectuel organique doit aussi assumer la jonction entre une classe et – puisqu'il faut construire l'hégémonie au-delà d'une classe – toute une société. Cela fait de lui la charnière de l'hégémonie, qui vise justement à articuler la montée en puissance d'une classe fondamentale à travers les domaines économique, politique et culturel.

L'intellectuel organique joue donc un rôle essentiel chez Gramsci. Cependant, il ne faut pas oublier que c'est un intellectuel qui est organique parce qu'organiquement lié à un mouvement plus large, porté par une classe sociale révolutionnaire.

LVSL – Dans les *Cahiers de prison*, on remarque une certaine fascination pour le jacobinisme. Comment peut-on expliquer cette admiration pour la période révolutionnaire française ?

N.S. – La façon dont Gramsci interprète la Révolution française en général et son épisode jacobin en particulier alimente ses réflexions sur l'hégémonie. À ses yeux, cet épisode est l'illustration la plus retentissante de la construction d'une hégémonie bourgeoise naissante. Il souligne également un contraste entre le projet politique jacobin et ce qui a eu lieu pendant le *Risorgimento* et l'édification politique de l'État italien unifié à la fin du XIXe siècle.

Pour Gramsci, la Révolution française voit à ses débuts l'ascendant d'intérêts commerciaux, incarnés par les Girondins, dont l'horizon est limité par leur positionnement économique dans la société française de l'époque. Les Jacobins relèvent aussi à leur manière d'un groupe social délimité, ce sont des membres du Tiers État, par exemple des avocats, ils dessinent une sociologie bien définie. Cependant – et c'est pour cela que Gramsci les admire et voit en eux une force hégémonique de l'époque – les Jacobins tiennent un discours et portent un programme de transformation politique qui va bien au-delà de leurs simples intérêts de groupe ou même de classe. Ils incarnent un projet politique qui dépasse les intérêts de la proto-bourgeoisie française telle qu'elle pouvait exister à l'époque, en s'adressant aussi au peuple parisien des ateliers et aux paysans. Les Jacobins défendent une répartition des terres agricoles la plus égalitaire possible. Ils mobilisent des pans entiers de la population dans les guerres révolutionnaires. Ils parviennent en somme, à l'intérieur d'une dynamique révolutionnaire très serrée dans le temps, à attirer vers eux, à intégrer dans leur programme, des grandes masses populaires. Aux yeux de Gramsci c'est le moment le plus remarquable et le plus admirable de toute la séquence révolutionnaire française. C'est un épisode durant lequel un groupe particulier, les Jacobins, a su se projeter en dehors de lui-même et universaliser ses intérêts pour construire une hégémonie.

À l'inverse, ce que déplore Gramsci dans la trajectoire de la construction politique italienne à la fin du XIXe siècle, c'est que ceux qui ont unifié l'Italie lors du Risorgimento n'ont jamais atteint la capacité des Jacobins à embrasser les masses dans un projet politique. Le *Risorgimento* est un processus politique qui s'est joué au niveau des gouvernants du royaume de Piémont-Sardaigne et d'acteurs politiques socialement privilégiés – les Modérés de Cavour, le parti dit de l'Action de Mazzini et de Garibaldi – mais qui a laissé dans une grande passivité les masses paysannes. Gramsci voit donc un contraste très révélateur entre la passivité des masses paysannes italiennes, qui représentaient la grande majorité de la population à l'époque, et la mobilisation de la population française durant l'épisode jacobin de la Révolution. C'est ce qui l'amène à parler d'hégémonie pour le jacobinisme et de révolution passive pour le *Risorgimento*.

Gramsci n'admire pas tant les Jacobins pour leurs discours, pour leurs doctrines, que pour leur ambition d'hégémoniser une société entière par des actions concrètes de transformation de cette société. Pour lui, le jacobinisme a été quelque chose d'extrêmement porteur dans une conjoncture particulière du passé : l'avènement d'une hégémonie bourgeoise. En revanche, le jacobinisme n'est pas selon lui une cause qui doit être récupérée ou revendiquée à sa propre époque, où le contexte est devenu celui de l'opposition du prolétariat révolutionnaire à la société capitaliste. Le programme politique des Jacobins a perdu son actualité et est même devenu réactionnaire avec le changement d'époque. L'horizon politique de Gramsci est bien celui de la révolution communiste.

LVSL – Gramsci a beaucoup écrit sur la question méridionale, sur le sous-développement du sud de l'Italie et sa mauvaise intégration dans l'ensemble national. Comment analyse-t-il cette construction inachevée de la nation italienne ?

N.S. – Le *Risorgimento* représente une transformation radicale du champ politique italien. En même temps, il laisse de grandes masses hors du jeu politique : en particulier les paysans, qui sont peu éduqués et qui souvent ne savent parler que leur dialecte local. Jusqu'à l'époque de Gramsci, les paysans restent beaucoup plus nombreux que les ouvriers en Italie. Le sens commun populaire est par ailleurs tributaire de cette trajectoire historique durant laquelle les grandes masses ont été laissées largement passives.

Il y a ensuite, au sortir de la Première Guerre mondiale qui a envoyé au front des paysans comme des ouvriers, l'expérience du *Biennio Rosso*, des grandes grèves industrielles à Turin, notamment dans les usines Fiat. Les ouvriers turinois eux-mêmes ont souvent des origines rurales. Gramsci, durant les années 1920, tente d'identifier les limites du *Biennio Rosso*, de comprendre pourquoi ce mouvement n'a pas su entraîner une révolution. Il observe par exemple que le regard des ouvriers sur les événements restait pétri de notions conservatrices, elles-mêmes juxtaposées à des aspirations au changement. Ce qui illustre accessoirement le caractère jamais parfaitement cohérent du sens commun, qui est en pratique un mélange d'idées conservatrices et de désirs de transformation. Mais une autre raison plus fondamentale de l'échec du *Biennio Rosso*, affirme Gramsci, est que les masses paysannes italiennes n'ont pas rejoint les ouvriers dans la lutte. Leur potentiel d'action politique s'est trouvé neutralisé par le fonctionnement propre de l'ordre politique italien.

Gramsci tente donc de dessiner les dynamiques d'une société italienne qui est en ébullition dans les villes et qui commence à se disloquer dans les campagnes à la suite de l'expérience de la Première Guerre mondiale. Il doit aussi faire le constat que les ouvriers italiens, et son propre parti, ne sont pas encore en mesure de porter un mouvement qui puisse faire le lien, la jonction entre le côté urbain et le côté rural, entre ouvriers et paysans.

À ce sujet, il écrit un texte, peu de temps avant son emprisonnement : *Quelques thèmes de la question méridionale*. Il y traite de la question méridionale par le prisme de la stratégie politique. Il y jette aussi les bases de la notion d'hégémonie qu'il développera ensuite dans les *Cahiers de prison*. Il y interroge la manière de faire ce lien entre le combat ouvrier, le mouvement communiste, qui est très urbain, et les aspirations des masses paysannes italiennes, afin d'arriver à une majorité fondée sur des alliances entre classes et groupes sociaux. Il se demande ce que doit faire le mouvement ouvrier italien pour prétendre à exercer un pouvoir d'attraction vis-à-vis de la société rurale. À cette fin il se livre à un véritable tableau sociologique de l'Italie méridionale, distinguant en particulier trois groupes sociaux. Premièrement, les propriétaires terriens qui sont l'élite traditionnelle de l'Italie méridionale : s'ils sont si puissants, c'est que l'Italie n'a pas connu de redistribution égalitaire des terres comme en France au moment de la Révolution. Deuxièmement, ceux qu'il nomme les petits intellectuels de l'Italie rurale : les instituteurs, les apothicaires, les notaires de village, etc. Troisièmement, les paysans qui sont la vaste majorité.

Gramsci s'interroge donc : comment les paysans pourraient-ils être amenés à mettre en résonance leurs aspirations avec le mouvement ouvrier des villes, et comment le mouvement ouvrier lui-même, donc le Parti communiste, doit-il agir envers les paysans et transformer son discours dans cette visée ? C'est toujours un va-et-vient, ce n'est jamais un parti qui va réussir à attirer comme par alchimie un autre groupe. Cela se fait par des réponses concrètes apportées à des aspirations concrètes. Gramsci pose aussi la question suivante : comment faire pour que ces intellectuels de village, qui ne sont pas des intellectuels organiques de quelque hégémonie que ce soit, mais plutôt des intellectuels traditionnels, au sens où il y a toujours eu ces sortes de couches intermédiaires dans l'Italie rurale, puissent trouver leur compte dans une transformation sociale qui serait portée par le mouvement ouvrier ? C'est pour lui un enjeu crucial, car ces petits intellectuels à la campagne, s'ils devaient se rapprocher collectivement de la cause communiste, et prendre parti pour les paysans contre les propriétaires terriens, seraient en mesure de renverser entièrement les rapports sociaux dans l'Italie rurale.

LVSL – Gramsci connaît un regain d'intérêt ces dernières années. C'est une des références d'Ernesto Laclau et Chantal Mouffe, et des intellectuels populistes comme Íñigo Errejón. Peut-on considérer que le populisme démocratique est un héritage de la pensée gramscienne ?

N.S. – Il y a un héritage au sens où ces nouveaux mouvements politiques décrits comme populistes font appel aux idées de Gramsci et à des pensées qui s'inspirent de ce dernier. Parfois leurs cadres et leurs dirigeants trouvent une inspiration directe dans la lecture de ces textes. De ce point de vue là, il y a un héritage intellectuel indéniable. Cependant, il existe des différences importantes entre la formulation de ces idées populistes et les propos de Gramsci lui-même. Donc s'il y a bien inspiration, on peut aussi souvent parler de révision voire de déformation des idées de Gramsci.

À mon avis il n'y a pas de correspondance intime entre les idées et les objectifs originels de Gramsci et ce qui se dit et se fait dans les mouvements populistes d'aujourd'hui. D'ailleurs, les personnes lucides au sein de ces mouvements le savent très bien et assument sans difficulté le fait de trouver une inspiration dans Gramsci tout en cherchant à transformer, à réviser certains aspects de sa pensée pour les combats politiques actuels. Je ne dis pas que c'est illégitime, c'est à examiner et à discuter au cas par cas.

Le contraste le plus flagrant entre la pensée de Gramsci et les idées des mouvements populistes actuels réside dans le fait que ces derniers récusent explicitement la conception marxienne de la lutte des classes. Les populistes rejettent l'idée qu'il y a principalement deux classes en lutte qui sont le prolétariat et la bourgeoisie. Chantal Mouffe et Ernesto Laclau sont très clairs sur ce point, ils écrivent que la primauté de la lutte des classes n'est plus d'actualité. Or, on sait que Gramsci structurait toute sa pensée dans ces termes-là. Chez Gramsci, le Prince moderne est le parti du prolétariat, l'intellectuel révolutionnaire est l'intellectuel organiquement lié au prolétariat, et ainsi de suite.

La seconde différence, c'est que les penseurs populistes prennent plus largement leurs distances avec l'analyse structurelle du capitalisme. Ainsi Mouffe et Laclau, dans leur ouvrage *Hégémonie et stratégie socialiste,* proposent une conception radicalement constructiviste du politique, où les intérêts, au lieu de préexister au moment politique, au lieu d'être ancrés dans les rapports de production, dans la vie économique, dans des relations d'exploitation, dans des relations de travail, sont entièrement tributaires de la sphère du discours et de la construction à laquelle ils peuvent donner lieu dans cette sphère.

Je leur ferais la critique de tout aplatir sur le moment discursif ou idéologique. C'est aussi abandonner la façon dont Gramsci pensait le bloc historique. Mouffe et Laclau évoquent le bloc historique en lui donnant une portée beaucoup plus réduite comparé au propos de Gramsci, chez qui toute l'hégémonie s'articule sur l'interdépendance entre ce qui se passe dans la sphère économique, dans la sphère politique et la sphère culturelle. Dans la pensée de Mouffe et Laclau, il y a la volonté d'affirmer que les catégories essentielles de la politique sont construites, que ce sont les discours qui les construisent et que c'est là qu'il faut s'investir entièrement. Or, on pourrait très bien renoncer à l'idée que le ressort foncier du politique dans la société est la lutte des classes entre prolétariat et bourgeoisie, tout en continuant à fonder sa réflexion critique sur une analyse structurelle de l'économie, ce que Mouffe et Laclau ne font pas.

Je ne veux pas suggérer que le domaine économique détermine de façon univoque ce qui se passe dans la sphère politique, ce serait du déterminisme vulgaire. Mais quant à cet aspect important des rapports entre l'économique et le politique, j'ai parfois l'impression, justement, que les mouvements populistes flottent un peu. Tantôt, ils sont partisans de la ligne la plus iconoclaste, celle formulée par Mouffe et Laclau dans les années 1980, qui consiste à dire que les intérêts sont avant tout construits discursivement. Pourtant, les militants, les cadres, les dirigeants des mouvements populistes vont aussi souvent admettre que leur ascension est tributaire d'une conjoncture socio-économique particulière, la crise de 2008 en particulier, et plus largement de transformations du capitalisme depuis plusieurs décennies. Ce qui revient peut-être à accepter en creux l'idée que les intérêts sont toujours pour partie économiquement structurés. À titre personnel, en tout cas, je pense qu'il est assez dommageable de renoncer à l'analyse structurelle ou organique du capitalisme et d'axer entièrement son combat sur les discours politiques, sur la bataille des mots dans le champ politique.

Le troisième contraste entre les idées de Gramsci et les théories du populisme a trait au rôle du parti. Chez Gramsci, justement parce qu'il y a une classe sociale révolutionnaire qui vise à construire une hégémonie dans la société, il y a aussi une organisation qui est portée par cette classe sociale et qui agit en son nom : le parti. Ce parti est organisé et hiérarchisé. Gramsci fait d'ailleurs appel à une métaphore militaire pour décrire son fonctionnement : il y a l'état-major en haut qui se compose des dirigeants ; il y a les sous-officiers qui sont les cadres du mouvement ; et il y a les soldats qui sont tous les autres membres de l'organisation. Chez Gramsci, alors même qu'il y a nécessairement un va-et-vient entre la ligne du parti et les aspirations des masses, il y a aussi toute une organisation hiérarchisée. Sur cet aspect-là Gramsci trouve clairement une inspiration chez Lénine.

Un tel modèle du parti est absent chez Mouffe et Laclau, qui font au contraire l'éloge d'une plus grande horizontalité, d'une convergence d'aspirations disparates, sans que l'une l'emporte sur l'autre dans un rapport de priorité établie des luttes. L'idée centrale chez Gramsci du rôle dirigeant d'une élite politique est aussi largement évacuée chez Mouffe et Laclau. La notion même d'élite en politique peut apparaître conservatrice ou réactionnaire, mais Gramsci fait néanmoins le choix de se l'approprier. À son époque les théories élitistes de la société sont associées à des penseurs influents comme Gaetano Mosca, Vilfredo Pareto et Robert Michels. Tout en rejetant les thèses de ces penseurs, qui n'ont rien de démocratique, Gramsci se pose comme eux la question de la fonction dirigeante en société. Seulement, cette fonction dirigeante, il l'ancre dans le parti, et le parti, il l'ancre dans la classe.

Dernier contraste, et non des moindres, entre les idées de Gramsci et les stratégies populistes actuelles : le rapport à la légalité et aux institutions électorales. Il me semble qu'aujourd'hui, pour des raisons qui se comprennent sans doute, les mouvements populistes en Europe affichent un attachement absolu à la légalité électorale.

Gramsci, quant à lui, dirigeait un parti qui était persécuté et réprimé de la façon la plus violente et arbitraire qui soit par le fascisme, à une époque où il arrivait aux communistes en Europe de se battre physiquement et d'être tués par leurs adversaires. Après l'arrivée de Mussolini au pouvoir en Italie, les activités de son parti deviennent largement clandestines. Dans le même temps, il continue à jouer son rôle de député jusqu'à son arrestation en 1926. Gramsci était donc amené à penser ensemble l'action politique institutionnelle et extra-institutionnelle, à ciel ouvert et souterraine, légale et illégale.

Cette double perspective fait écho à la complémentarité entre guerre de position et guerre de mouvement. La première amène à investir les sphères existantes du pouvoir, les institutions légales de la société. La seconde, selon la façon dont on l'interprète, peut laisser la porte ouverte à l'action militaire ou violente. Aux yeux de Gramsci, qui restait un grand admirateur de Lénine et de la Révolution d'Octobre, il ne faisait pas de doute que le Prince moderne pouvait être appelé, selon les exigences de la conjoncture, à agir illégalement et violemment. Aujourd'hui, on se pose moins ces questions, du moins au sein des mouvements populistes qui aspirent à prendre le pouvoir.

Pourquoi Antonio Gramsci nous appelle à la guerre de position

En temps de crise du socialisme, Antonio Gramsci invitait ses camarades de parti à réfléchir sans complaisance aux causes et aux conséquences de leurs échecs. Ne pas avoir eu « une conception propre de la vie, de l'histoire, du développement de la société humaine », écrivait-il, « voici notre faiblesse, voici la principale raison de la défaite ». Cette fragilité théorique, trahie par le fiasco politique, tenait à son sens à une ignorance des exigences de la politique moderne. Celle-ci implique le passage de la « guerre de mouvement », conquête des institutions réservée à un petit nombre d'experts, à une « guerre de position » qui engage tous les domaines de la société et une participation massive.

Auteurs : Marie Lucas et Lenny Benbara

Date de publication : 15 août 2018

Sensible, comme toute sa génération, aux mutations profondes entraînées par le premier conflit mondial, Gramsci choisit à dessein de faire appel à l'expérience collective de la guerre de position. Celle-ci marque la fin d'une conception technique et circonscrite de la fonction militaire. C'est désormais l'ensemble de la société qui est, bon gré ou mal gré, appelé à soutenir l'effort de guerre sur un temps long. Or il est urgent, estime Gramsci, de transposer cette évolution du domaine militaire au champ politique.

Cette transition d'une conquête fulgurante du pouvoir à une lutte de longue haleine et sur plusieurs fronts est inévitable dans les sociétés modernes industrialisées, où les gouvernements n'ont plus le monopole du pouvoir. Gramsci oppose les sociétés occidentales, complexifiées par l'ordre capitaliste, aux nations orientales telles que la Russie d'alors pour mettre en évidence la différence des deux terrains de lutte politique. L'absence de participation des masses à la politique russe rendait possible et efficace une poussée révolutionnaire « à l'ancienne », une guerre de mouvement vouée à bouleverser l'organisation générale du pays, à imposer une nouvelle force à la fois gouvernante et dirigeante : la Révolution d'octobre 1917 l'a montré. Mais dans le cadre des sociétés complexes issues du capitalisme, il ne suffit plus de devenir la classe gouvernante, de se saisir du pouvoir par les urnes ou par la force, pour devenir une force dirigeante, douée d'une influence concrète sur la société. Le pouvoir institutionnel n'est pas l'hégémonie.

Un groupe social à prétention hégémonique doit donc, s'il veut être ferment de renouveau, « *être dirigeant avant de conquérir le pouvoir gouvernemental* », c'est même là, ajoute Gramsci « *une des conditions principales à la conquête du pouvoir* ». En d'autres termes, une formation politique doit définir son agenda politique en réfléchissant à l'horizon général vers lequel la société doit tendre. Gramsci insiste sur les qualités d'endurance qu'exige cette lutte d'influence. En effet, même lorsque ce groupe social « *exerce le pouvoir et même s'il le tient fermement en main* », il ne doit pas négliger de « *continuer à être aussi "dirigeant"* ». L'accès à une fonction dirigeante, c'est là l'aboutissement victorieux d'une guerre de position. Il s'agit selon Gramsci de « *la question de théorie politique la plus importante posée depuis l'après-guerre* », car elle implique de penser à nouveaux frais la politique et d'aborder la société dans toutes ses dimensions.

Devenir dirigeant avant d'être gouvernant

Il faut donc diriger pour gouverner, plutôt que gouverner pour diriger. Les partisans de la guerre de mouvement, s'ils dissocient leur action d'une guerre de position active, risquent, en cas de défaite, voire de victoire, de perdre le soutien des groupes sociaux qu'ils ont voulu incarner. Gramsci met en garde contre la stérilité d'un parti trop rivé au court terme. S'en tenir à cette guerre institutionnelle relève selon lui d'une conception archaïque de la politique et trahit une piètre évaluation de ce qu'est véritablement l'État moderne : « *seulement une tranchée avancée, derrière laquelle se tient une chaîne robuste de fortins et de casemates* ». Un parti dont le seul objectif stratégique est la prochaine victoire électorale, telle une poignée de francs-tireurs dispersés, gaspille inutilement ses contingents. Il s'expose à l'indifférence et à la démobilisation de « l'arrière » qui ne se sent pas concerné par sa lutte. Très tôt, Gramsci entrevoit le risque, pour son propre parti, de « *sombrer dans les hallucinations particularistes* », de s'égarer dans des querelles inaptes à associer les masses au développement d'un nouvel idéal de société. L'entêtement à s'occuper de problèmes tels que l'abstention électorale ou de la constitution d'un parti « véritablement » communiste, « véritablement » de gauche, est aux yeux de Gramsci le meilleur symptôme d'un renoncement politique à l'hégémonie.

Il ne faudrait pas pour autant, précise le philosophe sarde, renoncer à la guerre de mouvement et au gouvernement, « *ce serait là une grave erreur* ». L'important est d'envisager l'assaut électoral comme l'application tactique partielle d'une stratégie plus vaste et ambitieuse que seule la guerre de position permet de concevoir. Il n'y a donc pas d'opposition systématique entre la guerre de mouvement et la guerre de position, ces deux dimensions doivent s'articuler. Néanmoins, les manœuvres de la guerre de mouvement ne peuvent seules décider de l'avenir d'un courant politique, elles ne peuvent qu'en concrétiser la progression réelle.

La guerre de mouvement à l'intérieur de la guerre de position

Dans nos sociétés démocratiques modernes, où la société civile constitue un maillage riche et dense, diffracté en multiples couches épaisses, il n'y a pas de guerre de mouvement possible sans guerre de position. Il n'y a pas de victoire électorale décisive et de constitution d'une volonté collective hégémonique sans travail de sape dans tous les lieux où le pouvoir prolifère : « *Par là on ne veut pas dire que la tactique d'assaut, de percée et la guerre de manœuvre doivent être considérées comme désormais disparues de l'art militaire : ce serait une grosse erreur. Mais, dans les guerres entre les États les plus avancés industriellement et civilement, elles doivent être considérées comme réduites à une fonction tactique plutôt qu'à une fonction stratégique, comme c'était le cas de la guerre de siège pendant la période précédente de l'histoire militaire. La même réduction doit avoir lieu dans l'art et la science de la politique, au moins pour ce qui concerne les États plus avancés, où la "société civile" est devenue une structure très complexe et résistante aux "irruptions" catastrophiques de l'élément économique immédiat (crises, dépressions etc.) : les superstructures de la société civile sont comme le système des tranchées dans la guerre moderne* ». La guerre de mouvement s'insère donc dans une stratégie plus globale qui est nécessairement, dans le contexte moderne, une guerre de position. Une guerre, donc, qui est tout sauf attentisme et passivité. Il s'agit d'une mobilisation générale dont l'enjeu est la possibilité du mouvement et de la victoire décisive.

Une stratégie hégémonique implique en effet une activité d'une grande ampleur. Longue, exigeante, la guerre de position requiert « *des qualités exceptionnelles de patience et d'esprit inventif* ». La société de masse, traversée par des courants d'influence multiples, n'est pas malléable à l'envi. Les pires crises économiques ne suffisent pas à mobiliser ceux qui les subissent autour d'un projet réformateur. Il faut donc étendre l'effort de guerre à tous les niveaux de la vie sociale, s'enraciner dans le vaste et multiple terrain de ses superstructures, nourrir des foyers d'influence dans l'économie, l'éducation, les médias, la culture populaire et savante… qui sont les tranchées de la guerre moderne. Par ces dispositifs institutionnels et culturels, une conception du monde s'assure de son triomphe. Elle inculque ses valeurs, elle modèle l'opinion à son image. Ainsi se constitue la « *structure idéologique d'une classe dominante* [néolibérale par exemple] *c'est-à-dire l'organisation matérielle vouée à maintenir, à défendre et à développer le "front" théorique ou idéologique* ».

Ne jamais rompre avec le sens commun et la dynamique politique

Au-delà des « lieux » fictifs ou réels, au sein desquels les acteurs politiques mènent la guerre de position, on peut étendre cette lutte à l'ensemble des signifiants sur lesquels repose une certaine hégémonie. Ainsi, les forces politiques en présence doivent conduire des assauts pour s'emparer de ces bastions que sont la crédibilité, la justice, l'autorité, etc. L'enjeu n'est pas de mimer l'adversaire, mais de travailler le sens de ces notions, tout en s'en emparant. Cette lutte ne consiste donc pas à produire une *vision du monde* hors-sol et à la faire fructifier dans l'ensemble de la société. Il ne suffit pas de diffuser une idéologie abstraite. Une vision du monde, pour se répandre, doit absolument puiser dans l'état idéologique et culturel d'une société donnée. Le sens commun, à la fois unifié et fragmenté, est le terrain de lutte de la guerre de position. La bataille politique est alors une lutte pour le sens. Elle est inséparable d'une analyse permanente de l'état idéologique de la société, de reconnaissance du terrain sur lequel la lutte a lieu. Il ne s'agit pas uniquement d'analyse, mais aussi de capacité à « sentir ». Gramsci explique ainsi que : *« L'élément populaire "sent", mais ne comprend pas ou ne sait pas toujours ; l'élément intellectuel "sait", mais ne comprend pas ou surtout ne "sent" pas toujours ».* Les stratèges et les intellectuels organiques producteurs d'idéologie ne doivent jamais oublier cette donnée, et doivent donc toujours tenter de s'imprégner de ce sens commun avant de tenter le travailler à leur tour. Sans quoi leur adversaire occupera le terrain.

L'art de la politique moderne est un art dynamique, car le terrain de la lutte n'est jamais statique, et le sens commun, diffracté, ne l'est pas non plus. La guerre de position est donc aussi, d'une certaine façon, un art du repositionnement permanent. C'est ce qu'a bien compris Emmanuel Macron. Devant la dévalorisation symbolique des partis politiques, il a incorporé une partie de la critique destituante envers le « système », il a pris en charge une partie de ce sens commun, et a mené un projet de régénération qui refonde l'hégémonie néolibérale. Comme la critique artiste de mai 68 en son temps, absorbée avec brio par le capitalisme grâce au néomanagement « joyeux et inventif » ou grâce à la valorisation de « l'autonomie du travailleur » comme le décrivent Ève Chiapello et Luc Boltanski dans *Le nouvel esprit du capitalisme* (1999), le projet macroniste a incorporé une partie de la critique démocratique qui structurait les dernières années, et qui s'exprimait par la crise de représentation des partis et par un vote « souverainiste » croissant. L'omniprésence de la thématique de la « société civile » est au cœur de cette stratégie de régénération du projet néolibéral. Emmanuel Macron n'est donc pas une « dernière cartouche du système ». Le bloc hégémonique néolibéral, tant qu'il n'est pas désarticulé profondément par une guerre de position adéquate, trouve toujours un moyen de diminuer la pression en incorporant une partie de la critique des forces adverses. Ainsi, une stratégie pertinente exige de débouter le bloc hégémonique néolibéral de toutes les positions qui assurent sa cohérence globale et sa capacité régénératrice.

Le grand soir n'aura pas lieu

Les forces contre-hégémoniques ne peuvent donc espérer un « grand soir » ou une étincelle qui « mettra le feu à la plaine », et conduirait à remodeler définitivement les rapports de force. En France, seule l'élection présidentielle est un moment de politisation suffisamment puissant pour que les rapports de force basculent dans les grandes largeurs. Que faire dans l'interlude ?

Il faut mener un travail de sape multidimensionnel. Sans être exhaustif, produire des cadres, développer une vision du monde, investir les médias, se constituer en média, analyser l'adversaire, l'affaiblir sur les points clés sur lesquels sa domination repose et construire une crédibilité sont autant d'objectifs intermédiaires à atteindre dans la guerre de position. Ils n'ont néanmoins de sens qu'en étant articulés afin de se doter d'une capacité à déterminer l'agenda, car la maîtrise de la narration de la politique est sûrement le meilleur moyen de conquérir la centralité. La détermination de l'agenda doit être globale, et ne peut pas se réduire à l'agenda de la lutte sociale. C'est pourquoi une force culturelle structurée doit offrir une *vision du monde* générale et unifiée. La politique est alors à la fois une lutte pour le sens et pour la construction du récit quotidien de la société sur elle-même.

Comment les émotions ont fait la Révolution

1789-1795

La Révolution française est le lieu des émotions les plus extrêmes. Quel autre moment historique, en effet, peut se prévaloir de concentrer une telle densité émotionnelle ? Les émotions sont associées au peuple et le peuple est coupable de la Terreur, de la guerre de Vendée. Il est en proie à toutes les émotions, de la peur à la joie, de la jouissance à la colère, et porte la responsabilité des pires excès. De cette lecture effectuée par les contemporains comme par les auteurs qui se sont par la suite intéressés à la Révolution, naissent chez beaucoup une condamnation des passions et l'aspiration à vouloir les contenir. Derrière le bannissement des passions, pourtant, c'est la mise à distance du peuple qui se dessine. Comment douter, dès lors, que leur réhabilitation puisse entraîner le réveil de l'Histoire ?

Auteur : Antoine Cargoet
Date de publication : 5 janvier 2019

[...] Dès les premiers temps de son déferlement, la Révolution ne se conçoit pas autrement que comme l'ébauche d'un monde nouveau. La contestation fiscale des débuts s'enveloppe dans l'organisation que les révolutionnaires entendent donner à la société nouvelle ; aristocrates, clercs, vagabonds, bourgeois et paysans s'effacent derrière le nom de citoyen. De la constitution du tiers état en Assemblée nationale le 17 juin 1789 jusqu'à la proclamation de la Déclaration universelle des droits de l'homme et du citoyen le 26 août, est affirmée cette ambition de façonner un homme nouveau.

La Révolution de 1789 s'annonce dès l'abord comme l'irruption des masses sur la grande scène de l'Histoire. La chose publique est désencastrée des couloirs de Versailles et se discute désormais autour de la rédaction des cahiers de doléances, dans les tavernes, dans la rue et bientôt dans les clubs et les assemblées populaires. La politique n'est plus cette chose policée réservée à l'usage de quelques-uns, elle est l'affaire de tous et est immédiatement investie des sentiments les plus extrêmes. *« Il faut de l'exaltation pour fonder des républiques »,* notait Danton.

Les révolutionnaires de 1789 ne sont pas les agents d'un grand dessein élaboré en amont. Ils sont, comme l'a montré Timothy Tackett, emportés par le tumulte des événements et mènent une politique d'adaptation à des circonstances changeantes. Sans doute le peuple parisien des faubourgs ou celui des campagnes est-il l'élément moteur de cet immense bouleversement qui surgit à l'été 1789. Il n'est pas encore un peuple révolutionnaire. Attaché à son Roi, profondément religieux, le peuple français d'alors est en majorité composé de paysans souffrant des impôts et des mauvaises récoltes. En même temps qu'il entre dans la Cité, le peuple de 1789 amène avec lui l'élément passionnel qu'il porte en bandoulière. Le sens commun d'alors est façonné par la religion : les récents travaux historiographiques que présente Guillaume Mazeau dans son chapitre du second volume de *L'histoire des émotions*, montrent que la vision du monde des paysans français est imprégnée par les peurs eschatologiques d'une fin du monde imminente. L'époque est saturée d'émotions.

La fin du XVIIIe siècle est aussi une période optimiste, on ne répétera pas le rôle désormais bien connu des idéaux des Lumières sur la formation des esprits éduqués d'alors. On décèle dans les écrits des révolutionnaires l'imprégnation opérée par une ère de progrès moral et technique : depuis la plaidoirie de Robespierre pour l'installation d'un paratonnerre à Saint-Omer en 1783, jusqu'au recours à la métaphore de l'électricité – encore mal connue – pour décrire les troubles parisiens. Du progrès moral et technique au perfectionnement de l'homme, il n'y a qu'un pas, que les révolutionnaires s'apprêtent à franchir.

Très vite, en effet, la question institutionnelle qui se pose à l'Assemblée constituante est traversée par la problématique du rôle du peuple dans la Cité et, partant, de la place accordée aux émotions. *« Insurrection de l'esprit »* selon les mots de Saint-Just, la Révolution se défie de l'ensauvagement des masses et vise à l'ennoblissement des hommes : celle-ci doit s'opérer, selon les vues de l'époque, par le retour à un état de primitivité civilisée qu'idéalisent nombre de révolutionnaires, notamment ceux qui sont les plus influencés par la pensée rousseauiste. Les hommes de 1789 font ainsi le pari de la *raison sensible.* Contre les lectures téléologiques, il convient de remarquer que les émotions ne sont pas considérées comme elles l'ont été après les épisodes de la guerre révolutionnaire et de la Terreur. La sensibilité est alors considérée comme l'apanage des aristocrates : on doit être éduqué à la sensibilité. L'historien des émotions William Reddy défend ainsi la thèse que le XVIIIe siècle est bien davantage marqué par l'avènement du sentimentalisme que par celui de la raison.

Le sentiment naturel conduit à la vertu publique ; à la cour, éprouver des émotions est une marque de civilisation.

On peut ainsi considérer que va advenir dans les premiers temps de la Révolution un nouveau régime émotionnel placé sous le signe de la raison sensible. Suivant la définition donnée par W. Reddy, nous entendons par régime émotionnel *« l'établissement d'une normativité émotionnelle et de rituels officiels »* comme *« nécessaire soubassement à n'importe quel régime politique. »* Considérer la Révolution à travers le prisme de l'histoire des émotions a ceci de pertinent que celles-ci recoupent tous les clivages qui se mettent alors en place. Cela suppose d'interroger l'utilisation politique des émotions, leur mobilisation populaire, la place qui leur est accordée dans les textes législatifs et les discours, la distribution sociale des émotions, et, enfin, de leur restituer le rôle éminent qu'elles ont joué dans l'escalade révolutionnaire.

Les émotions sont situées socialement. Dans les premiers temps de la Révolution, elles sont un marqueur social. Ainsi, en 1791, le débat qui entoure l'institution d'une garde nationale est marqué par la question de savoir à qui donner des armes. On ne peut guère confier la garde de la cité qu'à des gens raisonnables contre l'insensibilité du peuple – c'est-à-dire sa barbarie. L'Assemblée législative, élue au suffrage censitaire, réserve le droit d'appartenir à la garde nationale aux seuls citoyens actifs. [...]

La Révolution comme débordement d'émotions

Les émotions s'imposent à la Révolution et la détournent de son cours. Pendant l'été 1789, l'épisode de la « Grande Peur » submerge l'Assemblée constituante encore installée à l'hôtel des Menus Plaisirs à Versailles. L'historien américain Timothy Tackett insiste sur le rôle des rumeurs en révolution. Ce sont bien ces rumeurs en effet qui sont le carburant de la Grande Peur. Les nobles enverraient des bandes armées saccager les campagnes et piller les villages. En révolution, l'irrationalité a droit de cité. La question de la répression des troubles à laquelle Robespierre oppose la résistance à l'oppression, contient déjà tout le devenir de la Révolution. Chez les députés, la maîtrise des émotions devient un marqueur politique : on met volontiers en avant sa sagesse en prétendant décider du sort de la nation à l'abri des émotions et loin de la pression du peuple. Pourtant, à mesure que la Révolution de 1789 s'approfondit, il devient de plus en plus suspect de ne pas éprouver d'émotions.

La question des émotions doit en effet interroger la cristallisation des affects populaires dans quelques figures. Le mot « populaire » prend une signification nouvelle et décrit le fait d'être « aimé par le peuple. » Mirabeau, d'abord, est érigé en héros. Il est, comme l'a été plus tard Danton, ce bon vivant courageux qui porte la Révolution. Leurs discours et leur carrure font oublier leur condition sociale et leurs faits de corruption réciproques. *« Peut-être pensait-il que dans les vastes mouvements révolutionnaires, la fougue des passions et l'énergie du vouloir étaient plus nécessaires qu'une étroite et chétive vertu »* note Jaurès à son propos. L'opposition entre Danton le bon vivant et Robespierre l'ascète, si elle est largement inexacte et a été instrumentalisée au mépris de la réalité historique, n'en a pas moins l'avantage d'interroger la projection des aspirations individuelles sur des figures comme celles de ces deux hommes. Si Marat avait plus que quiconque cette capacité à répugner aux élites politiques et à mobiliser les masses par ses excès, son air hirsute et ses appels répétés au meurtre, on comprend moins bien comment un homme comme Robespierre pouvait à son tour électriser les masses des sections parisiennes. Hervé Leuwers interroge justement le prestige dont le député d'Arras faisait l'objet. Si « l'ami du peuple » Marat ressemblait aux masses populaires, Robespierre avait quant à lui une tenue stricte et portait une perruque poudrée comme le voulait l'usage sous l'Ancien Régime. À l'inverse du style de Marat, il était un raisonneur implacable, faisait des discours de deux, trois ou quatre heures à la Convention ou aux Jacobins, et parvenait néanmoins à gagner la foule des sans-culottes à ses vues. Billaud-Varenne écrit à son propos : *« Si l'on me demandait comment il avait réussi à prendre tant d'ascendant sur l'opinion publique, je répondrais que c'est en affichant les vertus les plus austères, le dévouement le plus absolu, les principes les plus purs. »* Malgré les différences de styles considérables qui séparaient leurs arts oratoires respectifs, chacune des plus grandes figures de la Révolution parvenait à cristalliser les aspirations et les sentiments des communautés émotionnelles qui se formaient alors.

L'amour et l'empathie fédèrent les foules et font d'elles un peuple, mais les émotions gagnent également les révolutionnaires. Après que les femmes ont ramené le Roi à Paris les 5 et 6 octobre 1789, la Constituante suit. Les séances se déroulent alors dans un tout autre climat. Le peuple parisien assiste aux séances de l'Assemblée. Sa présence dans les tribunes, alliée au poids croissant des clubs, à la prolifération des journaux et à la diffusion des rumeurs, soumettent l'Assemblée à la loi des émotions populaires et radicalisent les clivages politiques. La salle du Manège, aux Tuileries, où siège l'Assemblée, est régulièrement envahie par des pétitionnaires, le peuple hurle depuis les tribunes, les députés s'invectivent et poursuivent leurs combats par voie de presse. Les trahisons de Lafayette ou Dumouriez et l'intensification de la lutte contre-révolutionnaire engendrent une atmosphère de peur. On dénonce et on demande à décréter d'arrestation ses collègues. Camille Desmoulins publie une *« déclaration des droits de l'accusateur. »* [...]

La Révolution est aussi une fête. Dans ce registre, elle innove et rompt radicalement avec la tradition d'Ancien Régime. Il en va ainsi de la plantation des arbres de la liberté, de l'organisation de grandes fêtes populaires ou de l'utilisation des derniers moyens techniques. Guillaume Mazeau note : *« Constamment utilisés, le feu de joie, le pétard et les artifices traduisent parfaitement cet expressionnisme révolutionnaire à la fois solennel et bravache, la surenchère de lumière et de bruit visant, dans une optique opposée aux démonstrations de puissance des fêtes de l'Ancien Régime, à conjurer la peur, intimider les ennemis et donner du courage. Associée aux vertus régénératrices de l'électricité et du magnétisme animal, la pyrotechnie est en effet louée pour sa capacité à électriser les sensibilités. »*

Sans doute la coexistence des affects joyeux et des affects tristes était-elle une réalité dès les débuts de la Révolution. Sans doute s'est-elle poursuivie sous la forme de l'équilibre instable jusqu'à son terme. Les modifications au sein de cette économie émotionnelle se sont bien davantage opérées par glissements successifs plutôt que par ruptures nettes. De l'acclamation de Louis XVI portant la cocarde jusqu'à sa décapitation le 21 janvier 1793, il y a peu de temps, mais une concentration des événements et des émotions telle, que ce court laps de temps semble renfermer une éternité. La relation du peuple avec son Roi est d'abord, et longtemps, fusionnelle. Il peut être considéré comme un père absent, voire indigne, mais il est tout de même un père. La fuite à Varenne, les veto successifs, l'accentuation de la guerre aux frontières, le manifeste de Brunswick et la prise des Tuileries achèveront de transformer la désaffection en ressentiment.

Il est impossible d'opérer une démarcation claire entre deux régimes émotionnels, l'histoire des émotions ne se prête pas à une trop stricte logique chronologique. Nous faisons cependant l'hypothèse d'un glissement en 1792. La prise des Tuileries le 10 août, la proclamation de la République le 21 septembre 1792 et les massacres de septembre font basculer la Révolution française et marquent l'avènement d'un régime émotionnel nouveau.

La Révolution comme conscience tragique de l'Histoire

Les massacres de septembre, lors desquels plus de mille hommes et femmes sont massacrés dans les prisons en raison de leur appartenance supposée à un complot contre-révolutionnaire, suscitent l'horreur et le dégoût. Ils inaugurent un rapport nouveau à la violence. Les événements parisiens et le durcissement de la répression à Lyon, Nantes et dans toute la Vendée, trouvent leurs racines dans l'aggravation de la guerre aux frontières : dans l'esprit des révolutionnaires, il faut briser les complots des ennemis de l'intérieur pour rétablir la situation militaire, ou pour reprendre les mots de Robespierre : *« La révolution est la guerre de la liberté contre ses ennemis. »*

Pour affronter les monarchies coalisées de l'Europe, la Convention vote la levée en masse en février 1793. Après les défaites successives des premiers mois, s'est enclenché avec Valmy le cycle des victoires. Les conscrits de l'An II sont craints dans toute l'Europe. Une nouvelle norme de genre se met en place : les nobles de l'Ancien Régime sont moqués et dépeints comme efféminés et faibles ; les soldats de la République, à l'inverse, sont vantés pour leur virilité et leur courage. De la même manière, les conventionnels sont considérés comme des athlètes capables d'endurer les pires souffrances. François Furet rapporte que les douze membres du Comité de salut public travaillaient de 16 à 18 heures par jour. La Révolution éprouve les corps en même temps qu'elle use les esprits. Les révolutionnaires boivent du thé et du café en grande quantité pour se maintenir éveillés, certains consomment de l'opium pour parvenir à dormir. L'épuisement physique est considérable, Danton opère une retraite, Robespierre s'absente du Comité de salut public pour cause de maladie pulmonaire.

Mais la Révolution est aussi saturée d'amour. À la Convention, on débute les séances en lisant des lettres à la gloire des députés. Robespierre reçoit des demandes en mariage, les petits portraits des grands personnages de la Révolution appelés « physionotraces » se vendent sur les marchés. Déferlement d'amour, ces années sont aussi le théâtre des amours impossibles et des amours tragiques qui s'inscrivent dans une tradition littéraire occidentale de longue date. Les couples séparés par les événements sont nombreux, celui de Lucile et Camille Desmoulins reste le plus emblématique. Le couple maudit est érigé en mythe : en 1795, les derniers Montagnards se suicident en couple avant d'être rattrapés par la répression.

Parce qu'elle inaugure une nouvelle économie émotionnelle et abat l'ancienne hiérarchie sociale, la Révolution dérègle les rapports de genre. Bien qu'exclues du suffrage, les femmes font la Révolution autant que les hommes. Une certaine liberté sexuelle se fait jour. Mais bientôt, à mesure que la situation se durcit, un nouvel ordre se met en place. On ferme les clubs de femmes en octobre 1793 en prenant pour argument leur prétendue plus grande vulnérabilité aux passions – quoique leur implication dans le club des Cordeliers et la méfiance politique qui y est liée puissent également expliquer cette décision.

Ère de liberté, l'époque n'en est pas moins dominée par le sentiment que la Révolution est une « affaire sérieuse ». L'hostilité aux divertissements de la cour d'Ancien Régime est manifeste, le peuple fait fermer les théâtres après le renvoi de Necker, carnavals et bals masqués sont supprimés dès 1790, le travestissement est banni en 1793 ; sur les portraits qui sont faits d'eux, les révolutionnaires affectent un air impassible et sérieux. Marat déclare : « *Nous prostituons la sensibilité et nous méconnaissons le sentiment.* » Le style néoclassique est plébiscité et s'exprime par le choix de Jacques-Louis David pour l'organisation des fêtes officielles. « *Il existe un puritanisme patriote* », résume G. Mazeau.

Mais surtout, c'est l'amitié qui domine. Le sentiment de fraternité se diffuse sur tout le territoire de la République. Dans ses *Fragments sur les institutions républicaines*, Saint-Just écrit : « *Celui qui dit qu'il ne croit pas à l'amitié, ou qui n'a point d'amis, est banni* » et ajoute que les amis doivent être enterrés ensemble. Ébauche d'une liberté à l'antique formulée par des esprits façonnés par les auteurs classiques inspirés par Athènes et Sparte, cette conception de l'amitié est résolument publique, elle ne peut exister autrement que dans l'enceinte de la Cité.

Terreur et vertu

Le gouvernement révolutionnaire, la chape de plomb de la Terreur, la guerre des factions et les ravages de la guerre en Vendée et aux frontières aggravent les mœurs en même temps qu'ils énervent les passions. S'il importe de revisiter l'histoire de la Terreur et s'il faut, suivant les travaux de Jean-Clément Martin, lui retirer sa majuscule et la mettre au pluriel afin de la restituer dans toute sa complexité et la replacer dans la logique des impératifs conjoncturels de l'époque, il n'en reste pas moins que l'atmosphère de suspicion et de complot rigidifie l'économie émotionnelle des années de terreur. Le 5 septembre 1793, Barère proclame à la tribune de la Convention « *la terreur est à l'ordre du jour* », faisant davantage le constat d'un processus déjà engagé plus qu'il n'initie un mouvement. Le zèle du tribunal révolutionnaire, les noyades de Nantes, la terrible répression lyonnaise et les lois du 22 Prairial viennent aggraver cette dynamique. Les milliers d'exécutions des années 1793-94, les assassinats politiques à répétition – à commencer par celui de Marat par Charlotte Corday le 13 juillet 1793 –, les complots et l'élimination des factions font régner un climat de peur et d'angoisse.

À l'aide de l'étude des correspondances des députés, des comptes-rendus des assemblées et des archives de presse, Timothy Tackett tente de décrire l'univers mental des révolutionnaires : « *Pour comprendre les événements violents de la Révolution, nous devons comprendre comment les Terroristes eux-mêmes étaient terrorisés* ». Il évoque le « *style paranoïaque* » des dirigeants de la Révolution, un style qui se diffuse à l'ensemble de la société.

La Terreur, définie par Robespierre comme « *le despotisme de la liberté* » ne fait cependant pas renoncer la Révolution à l'établissement d'un monde nouveau, mieux, elle en est le moyen : « *La vertu sans laquelle la terreur est funeste ; la terreur sans laquelle la vertu est impuissante* » résume l'Incorruptible.

La Révolution est une suite de deuils : « *Les communautés politiques s'éprouvent régulièrement comme des communautés afflictives* » note Guillaume Mazeau. Il poursuit : « *Les contre-révolutionnaires se mobilisent autour des symboles les plus doloristes de la monarchie et de l'Église : le culte du Sacré-Cœur blessé de Jésus. Cousu sur les habits avec des symboles monarchiques, ce symbole valorise la souffrance comme une condition du rachat.* » Ce dolorisme politique s'exprime par un dévouement total à la Révolution : « *Soucieux de témoigner de leur vertueux malheur, beaucoup de révolutionnaires cultivent un réel masochisme politique : l'exhibition des plaies, des maladies et de l'épuisement provoqués par le dévouement à la Révolution installent la mortification au sommet des vertus révolutionnaires.* » L'instrumentalisation des douleurs entraîne une martyrologie générale et un véritable culte victimaire qui touche toutes les factions.

La sensibilité à l'égard de la violence change en ces années de terreur. D'abord perçue comme résistance à l'oppression et à la violence d'État (*« Les maîtres nous ont rendus barbares parce qu'ils le sont eux-mêmes »* écrit Babeuf), la violence politique banalisée engendre une lassitude croissante. Les montagnards ne saisissent pas cette aspiration à l'accalmie. Ce que l'on a appelé *a posteriori* et par construction la « Grande Terreur » commencée en 1794 par les lois de Prairial, a engendré un retournement des sensibilités. Saint-Just pressent : « *La révolution est glacée, tous les principes sont affaiblis.* »

La patrie mise en danger et la guerre s'aggravant, la mort enveloppe bientôt toute la Révolution. Les douze hommes survoltés qui occupent la petite salle réservée au Comité de salut public dans le pavillon « Égalité » du château des Tuileries, sont hantés par la mort. Saint-Just écrit : *« Les circonstances ne sont difficiles que pour ceux qui reculent devant le tombeau. Je l'implore, le tombeau, comme bienfait de la providence, pour n'être plus témoin des forfaits ourdis contre ma patrie et l'humanité. [...] Je méprise la poussière qui me compose, et qui vous parle, on pourra la persécuter et faire mourir cette poussière ; mais je défie qu'on m'arrache à cette vie indépendante que je me suis donnée dans les siècles et dans les cieux.* » Et Jaurès de poursuivre en commentaire : *« Sombre et stérilisante exaltation. Ces hommes avaient les yeux comme fascinés par la porte de la mort que si souvent ils avaient ouverte pour d'autres. Et au moment même où il faudrait donner confiance à la Révolution dans la bonté de la vie, et rasséréner les cœurs obsédés de souvenirs sanglants, eux-mêmes s'essaient en vain, sans cesse, en idée, à se coucher dans le tombeau.* » La chute de Robespierre, le 9 Thermidor, marque un tournant.

Thermidor : vers un nouveau régime émotionnel ?

La Montagne abattue, la Révolution prend un nouveau visage. Si les thermidoriens ont pour la plupart été les compagnons de Robespierre qu'ils ont trahi, si la guerre de Vendée et les exécutions de masse se poursuivent, la rupture entre deux régimes émotionnels, elle, est consommée.

Dans *Quatrevingt-treize*, Victor Hugo raconte : *« à la ville tragique succéda la ville cynique ; les rues de Paris ont eu deux aspects révolutionnaires très distincts, avant et après le 9 thermidor ; le Paris de Saint-Just fit place au Paris de Tallien »*, il poursuit *« On sort de Louis XIV comme on sort de Robespierre, avec un grand besoin de respirer ; de là la Régence qui ouvre le siècle et le Directoire qui le termine. Deux saturnales après deux terrorismes. La France prend la clé des champs, hors du cloître puritain comme hors du cloître monarchique, avec une joie de nation échappée. Après le 9 thermidor, Paris fut gai, d'une gaieté égarée. Une joie malsaine déborda. À la frénésie de mourir succéda la frénésie de vivre, et la grandeur s'éclipsa.* »

Pour décrire le basculement qui s'opère alors dans les âmes et dans les corps, il nous apparaît judicieux de mobiliser le terme anachronique d'Ordre moral. Avec Thermidor, la Révolution s'inverse. Le Directoire reprend à son compte l'ambition d'arrêter la Révolution et cela passe d'abord par le contrôle des mœurs et le rétablissement d'une hiérarchie sociale stricte.

La constitution du 5 Fructidor An III proclame : *« Nul n'est bon citoyen, s'il n'est bon fils, bon père, bon frère, bon ami, bon époux »*. Le suffrage censitaire est rétabli. Les thermidoriens entreprennent de régénérer et civiliser les masses populaires. Dans les années 1797-1798, l'institut national engage une réflexion sur le rôle des émotions dans la fabrique de la radicalité. Le rétablissement de la paix civile implique de dépolitiser et de dépassionner le peuple. Guillaume Mazeau résume : *« La politique raisonnée doit succéder au temps des passions. »*

Un double mouvement s'engage : au rétablissement de l'ordre dans la sphère publique, qui est d'abord un ordre moral, répond le relâchement des mœurs individuelles dans la sphère privée. Sous le Directoire, la sphère publique est comme évacuée en même temps que la sphère privée est sacralisée. Le délaissement de sa famille pour se consacrer à l'œuvre révolutionnaire, jusqu'alors valorisé, est désormais condamné. L'esprit de sacrifice est rejeté. Thermidor rétablit la famille patriarcale comme cellule de base de la société. Le repli sur la sphère privée doit être considéré comme la quête de refuges émotionnels qu'évoque William Reddy, ils sont la garantie de la liberté civile à laquelle aspire la société bourgeoise. En cela, la Révolution française est la véritable matrice de toute la société libérale moderne.

Prononcé en 1819, le discours de Benjamin Constant *De la liberté des anciens comparée à celle des modernes*, est encore profondément marqué par le traumatisme de la terreur. Exposé du système du gouvernement représentatif, il concentre toute la doctrine bourgeoise de la séparation du privé et du public. Ciblant Mably, Rousseau et tous les montagnards dont il dit qu'ils étaient façonnés par une conception antique de la liberté, Constant écrit : *« Nous ne pouvons plus jouir de la liberté des Anciens, qui se composait de la participation active et constante au pouvoir collectif. Notre liberté, à nous, doit se composer de la jouissance paisible de l'indépendance privée. »*

À la séparation entre la sphère privée et la sphère publique correspond la distinction stricte sur le plan théorique entre la raison et les « passions » : les émotions sont condamnées comme la source de tous les chaos révolutionnaires et ne sont plus tolérées que dans le cadre domestique.

Le Directoire, s'il restaure une morale rigide afin de contrôler les masses, est aussi une période de respiration. Seul importe le desserrement de l'étau de la sphère publique, les vices privés sont tolérés, la pesante vertu robespierriste est balayée. La bourgeoisie retrouve le goût des salons et des jardins. Les fêtes du Directoire offrent la meilleure illustration de ce que G. Mazeau décrit comme la privatisation, la marchandisation et la dépolitisation de réjouissances collectives qui redeviennent des marqueurs sociaux. Il poursuit : *« Un peu racoleuse, la culture festive de cette bourgeoisie urbaine évolue vers un divertissement distingué aux émotions savamment orchestrées, déconnecté de visées civiques et intégratrices, les fêtes officielles visant désormais à mettre le peuple à l'abri de ses passions naturelles et mal contrôlées. »*

La guerre de Vendée dure encore et le tribunal révolutionnaire poursuit ses travaux. La mort, cependant, se fait moins pesante. La société française se décrit volontiers comme civilisée et « hémaphobe » (qui a peur du sang). La guillotine fonctionne toujours, mais on l'éloigne du centre de Paris. Surtout, les thermidoriens inventent le thème du « système de la Terreur » dont l'unique responsable aurait été Robespierre.

Le 20 mai 1795, la foule des sans-culottes envahit la convention et décapite le député Féraud avant de placer sa tête sur une pique. Ce énième envahissement au cours duquel la foule réclame

« du pain et la Constitution de 1793 », est l'ultime journée révolutionnaire parisienne ; la capitale n'en connut plus d'autre avant 1830. Michelet résume : *« Le peuple est rentré chez lui. »*

Le dénigrement des masses

Les événements révolutionnaires ainsi que leur postérité dans l'imaginaire et dans les sciences sociales le montrent : le peuple est associé aux passions et la pérennité de la civilisation requerrait la relégation de celles-ci et, partant, le bannissement du peuple en dehors de la cité. En définitive, la dialectique du retour et du reflux du peuple révèle l'essence intrinsèquement politique de la distinction raison/passions. Contre cette séparation arbitraire, nous pouvons avancer avec Frédéric Lordon que les affects sont le véhicule des idées, qu'ils leur fournissent leur élan et leur capacité à impacter. Prononcer l'unité de la raison et des émotions, c'est amorcer le mouvement qui conduira au réenchantement du politique.

Si la Révolution a déchiré l'Histoire de France et bouleversé celle du monde, c'est précisément parce que les émotions formaient ce magma instable capable d'empuissantiser les idées. Comment douter, dès lors, que leur réhabilitation puisse entraîner le retour des passions et le réveil de l'Histoire ?

Comment la chute de Robespierre a inauguré le règne des technocrates

« Maximilien Robespierre, la veille encore l'homme le plus puissant de France, est étendu, couvert de sang et la mâchoire fracassée. Le grand fauve est capturé. La Terreur prend fin. Avec elle s'éteint l'esprit enflammé de la Révolution ; l'ère héroïque est terminée. C'est l'heure des héritiers, des chevaliers d'industrie et des profiteurs, des faiseurs de butin et des âmes à double visage, des généraux et des financiers. » C'est par ces mots que Stefan Zweig évoque le 9 Thermidor an II (27 juillet 1794), qui a vu l'arrestation de Robespierre et de ses alliés. C'est une certaine conception de la République qui meurt : le jacobinisme, qui a marqué ses contemporains par son caractère violemment plébéien, « populiste » dirait-on aujourd'hui, et donc résolument conflictuel.

Auteur : Vincent Ortiz

Date de publication : 26 juillet 2018

Les Thermidoriens [les partisans du coup d'État du 9 Thermidor] sont, pour la plupart, traumatisés par la Terreur. Pour s'en convaincre, il suffit de se pencher sur un rapport publié par l'Assemblée nationale en 1795, consacré aux « crimes » commis par Robespierre et les Jacobins : « ordre fut donné, et exécuté en partie, d'exterminer les riches, les hommes éclairés [...] afin de réaliser le nivellement, la sans-culottisation générale, par l'extinction de la richesse et la ruine du commerce ».

L'objectif des Thermidoriens est donc clair : tirer un trait sur la phase jacobine de la République française pour mettre fin à cette ère de Terreur et de pillage.

De la République des « malheureux » à la République des « meilleurs »

Avant le 9 Thermidor, « *République* » et « *démocratie* » revêtaient un sens très proche : les Jacobins ne concevaient pas que l'on pût séparer la quête du bien commun de la conquête du pouvoir populaire. Celui-ci ne se limite pas aux élections. Il passe surtout par le contrôle des élus et du gouvernement par les citoyens, et par l'exercice direct du pouvoir politique par le peuple lui-même ; « démocratie directe » est, aux yeux des Jacobins, un pléonasme.

Cet idéal démocratique se matérialise pendant la Révolution sous la forme de « sections » de sans-culottes organisées dans les communes, qui élisent et révoquent leurs représentants en assemblées. Elles appliquent directement leurs décisions, parfois avec le renfort de bataillons de sans-culottes armés. Elles disposent d'un pouvoir parallèle à celui de l'Assemblée, sur laquelle elles exercent une pression constante – allant jusqu'à l'envahir lorsqu'elles estiment qu'elle viole la volonté populaire. La Constitution de juin 1793, votée sous l'influence des Jacobins, reconnaît la légitimité de ces communes populaires et du droit à l'insurrection, considéré comme un moyen pour le peuple d'exercer un contrôle sur ses élus. Le « jacobinisme » ne consiste donc pas en la mise en place d'un État centralisé et vertical. C'est une tentative d'articulation de deux échelles de souveraineté – la commune et la nation – et de deux principes politiques : l'autorité de l'État et son contrôle par la population.

À la suite du 9 Thermidor, cette souveraineté communale est réduite à néant. L'autonomie de son pouvoir de décision est brisée par l'Assemblée nationale. L'objectif affiché des Thermidoriens est d'en finir avec ces embryons de démocratie qui ont germé sous la Révolution. Boissy d'Anglas, chef de file des « modérés », reproche à la Constitution de 1793 de « remettre le sceptre aux mains des sociétés populaires » et de « faire de la France un peuple constamment délibérant ». Là où Robespierre estime que « la nation ne déploie véritablement ses forces que dans les moments d'insurrection », Boissy d'Anglas considère comme « anarchique » toute initiative populaire qui n'aurait pas été légalisée au préalable par les pouvoirs institués.

Ce qui distingue fondamentalement les Jacobins des Thermidoriens, c'est en dernière instance leur rapport à la conflictualité. Les premiers estiment que la République se construit par la lutte qu'elle mène contre les ennemis du bien commun : les monarques coalisés contre la France, les nobles émigrés et, ajoutent certains, une nouvelle aristocratie, « celle des riches ». Cette lutte manichéenne, fût-elle violente, s'avère bénéfique, car elle accroît la vitalité démocratique d'une nation et renforce sa conscience patriotique – « ce n'est guère que par le glaive que la liberté d'un peuple est fondée », écrit Saint-Just.

L'analyse des Thermidoriens est toute autre. Ils proclament que le paysan et le noble, le plébéien et l'artistocrate, le pauvre et le riche, ne sont opposés que sur un malentendu. La tâche de la République est de mettre fin à leurs antagonismes stériles et d'assurer leur bonheur conjoint, grâce à un cadre économique – le libre commerce – et politique – le « gouvernement des meilleurs », ni monarchique ni démocratique – qui garantira prospérité et stabilité.

Le journaliste Pierre-François Réal exprime ce vœu : « que tout ce qui est opinion, depuis le royalisme jusqu'à l'exagération des Jacobins, soit oublié à jamais ». Le député Louvet, proche de Boissy d'Anglas, va dans le même sens lorsqu'il déclare que « chacun des partis qui a jusque-là divisé la France » pourra reconnaître dans la République thermidorienne « tout ce qu'il a réclamé de plus sage ». Le nouvel ordre des choses allait donc satisfaire et convertir tout un chacun : aristocrates et sans-culottes, ex-monarchistes et ex-jacobins. Il est fondé sur le libre développement du commerce, censé permettre l'enrichissement de chacun et donc le bonheur de tous.

Pour cette raison, les Thermidoriens estiment que seule une élite peut détenir le pouvoir. Comprendre les mécanismes de l'économie, savoir comment gouverner sagement, n'est l'apanage que d'un petit nombre, que Boissy d'Anglas nomme « les meilleurs ». C'est donc la République « des meilleurs », et non celle du peuple, qui doit diriger la France. Souverain, le peuple serait capable d'élire une assemblée de robespierristes, ou de monarchistes. « Si le peuple élisait son président comme aux États-Unis, il ramènerait bientôt un Bourbon au pouvoir », estime Louvet. Conclusion logique de ce raisonnement : le suffrage universel est supprimé dans la Constitution de 1795, et remplacé par un suffrage censitaire. On ne trouve des hommes aptes à gouverner, estime Boissy d'Anglas, que parmi « ceux qui possèdent une propriété ».

La Constitution de 1795 inaugure donc un renversement considérable dans la manière dont se définit la République. Institution censée garantir le contrôle permanent des représentants par les représentés, elle devient, après Thermidor, un cadre élitaire qui a pour fonction de mettre les représentants hors d'atteinte des représentés.

La République cesse d'être la propriété de ceux que Saint-Just nomme « les malheureux » (« les malheureux sont les puissances de la terre ; ils ont le droit de parler en maîtres aux gouvernements qui les négligent ») pour devenir celle des « meilleurs ». Elle perd sa dimension plébéienne pour revêtir un caractère résolument aristocratique, qu'assume parfaitement Madame de Staël : « aristocratie ne veut-il pas dire le gouvernement des meilleurs ? Qu'est-ce qu'un gouvernement représentatif, si ce n'est le gouvernement du petit nombre et le pouvoir remis entre les mains des plus éclairés ? ».

De « l'économie politique populaire » au triomphe du libre commerce

Les Thermidoriens encouragent une dépolitisation des débats, qui touche en particulier les questions économiques. Puisque le libre commerce permet l'accroissement de la richesse globale, qui profite à tous, comment peut-on s'y opposer ? L'air du temps, marqué par l'influence des économistes « physiocrates », est propice à de tels raisonnements. Résolument libéral, le courant « physiocratique » a joué un rôle important dans la dépolitisation et l'autonomisation de l'économie, comme sphère séparée des autres disciplines, au cours du XVIIIe siècle. Ce courant de pensée exerce une influence diffuse sur les députés de l'Assemblée. Les physiocrates placent d'immenses espérances dans la science économique naissante, qui détiendrait la clé de l'abondance pour les sociétés. Le pouvoir politique doit donc reconnaître que sa souveraineté est limitée par les lois naturelles que découvre la science économique. L'économie ne donne-t-elle pas les clés d'un « ordre naturel pour le gouvernement des hommes », comme l'écrit le physiocrate Lemercier de la Rivière dans *L'ordre naturel et essentiel des sociétés politiques* ? Ce statut métapolitique et méta-social accordé à l'économie, cette confiance, presque religieuse, dans les vertus de la science économique, ont été moqués dès les premiers écrits des physiocrates, que l'on a affublés du surnom d'*économystificateurs*, ou taxés *d'économisme*. Jean Cartelier, historien spécialiste des physiocrates, y voit quant à lui une « pensée totalitaire avant la lettre ». Les physiocrates dressent ainsi les premiers rudiments d'un discours économiciste, destiné à connaître un long développement au cours des siècles suivants.

On comprend donc les multiples appels à la réconciliation sociale entre riches et pauvres lancés par les Thermidoriens. Les conflits qui opposent « gens de bien » et « gens de rien » sont le fruit d'une mauvaise appréhension de la situation – et de préjugés tenaces qui poussent les pauvres à haïr les riches : « il y a une pudeur qui retiendra les riches, et qui les empêchera toujours de priver le pauvre de la possession qui lui est destinée », estime le Thermidorien Bourdon de l'Oise. Face aux inégalités, la redistribution forcée n'est pas une solution viable : le « sentiment de fraternité » des riches leur fait « un devoir sacré de partager leurs subsistances avec leurs frères de tous états, de toutes professions », écrit le négociant Robert Lindet.

Cette communion fraternelle entre riches et pauvres était moquée deux ans plus tôt par Robespierre : « Sans doute, si tous les hommes étaient justes ou vertueux ; si jamais la cupidité n'était tentée de dévorer la subsistance du peuple ; si tous les riches se regardaient comme les frères du pauvre, on ne pourrait reconnaître d'autre loi que la liberté [économique] la plus illimitée ; mais s'il est vrai que l'avarice peut spéculer sur la misère, et la tyrannie elle-même sur le désespoir du peuple, pourquoi les lois ne réprimeraient-elles pas ces abus ? ». Faisant écho aux sans-culottes, il estime que la République doit reconnaître l'existence d'un antagonisme d'intérêts entre pauvres et riches, afin de protéger les premiers contre les seconds par la mise en place d'une « économie politique populaire ». Comme Rousseau avant lui, Robespierre refuse la réduction de l'économie à des enjeux purement techniques. Auteur d'un *Discours sur l'Économie politique*, Rousseau est l'un des premiers à accoler l'adjectif « *politique* » au concept d'« *économie* ». Il s'inscrit par là-même en faux avec ce mouvement de naturalisation de l'économie encouragé par les physiocrates et poursuivi par les Thermidoriens.

C'est ce qui explique la dimension fondamentalement antagonistique du jacobinisme : la société étant traversée par des conflits sociaux qui produisent un nombre considérable de « malheureux », la République ne peut être un cadre neutre par rapport à ces affrontements. C'est ainsi qu'au cours des années 1793-1794, la République prend une coloration sociale croissante, avec le vote d'une multitude de lois visant à réprimer la spéculation, à bloquer les prix des subsistances, et à redistribuer systématiquement aux citoyens pauvres les biens des nobles émigrés et des suspects jugés coupables par le système de Terreur.

Le 9 Thermidor tue ces projets sociaux dans l'œuf. L'Assemblée nationale s'empresse de mettre fin à ce système d'économie dirigée et de redistribution sociale. À cette fin, elle multiplie les réformes libérales. Censées produire l'abondance, celles-ci ont plongé la France dans l'une des crises de subsistance les plus aiguës du siècle durant l'hiver 1794-1795, au cours duquel la mortalité par la faim a doublé par rapport à l'hiver précédent – rendant au passage lettre morte les appels à la conciliation sociale lancés par les Thermidoriens ; dès mai 1795, une foule de sans-culottes envahit le Parlement, décapitant deux députés, et réclamant « du pain et la Constitution de 1793 ».

La réponse des Thermidoriens aux tensions sociales croissantes réside dans une surenchère rhétorique destinée à les gommer derrière l'unité factice de la République française. « Je ne reconnais plus de castes dans la République. Je n'y vois que de bons et de mauvais citoyens », déclare Tallien, l'une des figures de proue du 9 Thermidor.

Inaptitude du peuple à gouverner, naturalisation de l'économie libérale, autonomisation de l'économie comme sphère isolée du politique : ces éléments, épars sous la Révolution, ne tardent pas à produire des corpus idéologiques de plus en plus structurés et systématiques dans la pensée libérale des deux siècles suivants.

L'ÈRE DU POPULISME

Le populisme en 10 questions

Le populisme n'a jamais fait couler autant d'encre. Il sature depuis plusieurs années le débat public, employé à tort et à travers, souvent comme synonyme de démagogie ou d'extrémisme, afin de stigmatiser toute voix discordante à l'égard du consensus néolibéral. S'il a longtemps été associé aux droites nationalistes, à gauche certains ambitionnent aujourd'hui de retourner le stigmate en s'appropriant plus ou moins explicitement les thèses populistes d'Ernesto Laclau et de Chantal Mouffe. On en retrouve certains accents en 2017 dans la campagne du travailliste britannique Jeremy Corbyn et son « For the many, not the few », ou plus récemment dans l'ascension de la socialiste états-unienne Alexandria Ocasio-Cortez, dont la croisade contre l'establishment s'appuie sur des ressorts résolument populistes : « *We've got people, they've got money* ». Podemos en Espagne et La France insoumise sont les deux expériences partisanes qui se revendiquent le plus de ces théories encore largement méconnues. En France, la confusion règne : parfois associé abusivement à un souverainisme hermétique aux luttes des minorités, ou réduit à l'abandon de l'étiquette gauche, ses soubassements théoriques et l'amplitude de ses implications stratégiques demeurent souvent ignorés. Deux rédacteurs du Vent Se Lève, doctorants en science politique, abordent en dix questions les enjeux que soulève le populisme, dans l'espoir de dissiper certains malentendus et de contribuer aux débats qui agitent – ou fracturent – les gauches.

Auteurs : Laura Chazel et Vincent Dain

Date de publication : 20 juillet 2019

Laura Chazel – Le populisme pourrait être défini *a minima* comme un discours englobant une vision du monde opposant le « peuple » au « pouvoir » et une conception *rousseauiste* de la démocratie qui associe la politique à « l'expression de la *volonté générale*[1] ». Néanmoins, c'est un terme polysémique à utiliser avec précaution, car il renvoie à de nombreuses réalités. Sa définition est l'objet de luttes de pouvoir dans les champs académique, politique et médiatique.

Dans le langage ordinaire, le terme de *populisme* est avant tout utilisé pour décrédibiliser tout mouvement politique s'opposant à l'*establishment.* C'est une arme discursive redoutable, car dans l'imaginaire collectif le populisme est associé à la démagogie, à l'irrationalité des masses, aux colères « négatives », à un danger pour nos démocraties. On retrouve cette même vision péjorative dans le monde académique où le populisme se présente comme l'un des concepts les plus contestés et débattus.

Deux grandes écoles s'opposent aujourd'hui : l'*approche idéationnelle* (représentée par le politiste néerlandais Cas Mudde, largement hégémonique dans la science politique occidentale) et l'*approche discursive* (représentée par Ernesto Laclau et Chantal Mouffe). Derrière chaque définition du populisme se trouvent une vision du politique et une défense de ce que la démocratie *devrait* être. Le politiste Federico Tarragoni explique ainsi que la « populologie » se serait transformée en une « ingénierie démocratique » évaluant les « menaces/risques démocratiques » posés par le populisme.

Dans le langage ordinaire, le terme de « populisme » est avant tout utilisé pour décrédibiliser tout mouvement politique s'opposant à l'establishment [...] Dans l'imaginaire collectif, il est associé à la démagogie, à l'irrationalité des masses, aux colères « négatives », à un danger pour nos démocraties.

Dans l'approche *muddienne*, hégémonique en Europe, le populisme se présente avant tout comme une « menace » pour nos démocraties libérales. Il est *par essence* « l'autre » du libéralisme et de la démocratie. Au contraire, l'approche *laclauienne* défend la possibilité de l'existence d'un populisme progressiste. Laclau et Mouffe s'inscrivent dans une « vision dissociative » du politique : le champ politique est défini « comme l'espace du conflit et de l'antagonisme[2] ». En construisant un antagonisme entre le « peuple » et le « pouvoir », le populisme conflictualiserait le champ politique et permettrait ainsi – lorsqu'il adopte une forme progressiste et construit un peuple *inclusif* – de *revitaliser* la démocratie.

1. Voir Laclau, E. (2005). *On Populist Reason.* London : Verso ; C. Mudde (2004). The Populist Zeitgeist. *Government and Opposition.* 39 (4), 541–563.
2. Mouffe, C. (2018). *Pour un populisme de gauche.* Paris : Albin Michel. p. 123.

Les politistes dans la lignée de Cas Mudde s'inscrivent dans une approche libérale opposant les passions et la raison et voient dans le populisme l'expression de pulsions négatives. Au contraire, Laclau et Mouffe considèrent que la politique est avant tout une *lutte pour l'attribution de sens*, et qu'à ce titre les affects peuvent jouer un rôle positif dans la construction des identités collectives.

Il faut préciser qu'en Europe, la confusion autour du terme de *populisme* est liée au fait que, depuis les années 1980, le populisme était avant tout associé aux partis d'extrême droite[1], ce qui explique en partie la connotation péjorative donnée à ce concept. Récemment, l'apparition de mouvements populistes de gauche en Europe – Podemos et La France insoumise notamment – qui se réclament en partie des théories de Laclau et Mouffe, participe à la resignification de ce terme.

Comment définir le populisme selon Ernesto Laclau et Chantal Mouffe ?

Vincent Dain – Il faut d'abord préciser que pour Laclau et Mouffe, le populisme n'est pas une idéologie. C'est une méthode de construction des identités politiques à laquelle peuvent se greffer des contenus idéologiques extrêmement divers. Pour donner une définition synthétique, le populisme est un discours qui établit une dichotomie de la société en traçant une frontière *antagonique* qui oppose « ceux d'en bas » à « ceux d'en haut ».

C'est la construction d'un sujet politique, le « peuple », par l'articulation d'une série de demandes hétérogènes qui ont en commun – qui ont d'équivalent – leur opposition au pouvoir institué. Le populisme consiste donc à créer *une chaîne d'équivalence* entre une pluralité de demandes, potentiellement en tension, qui se cristallisent et trouvent leur unité autour d'un « signifiant vide » (un leader, un slogan, un symbole, une idée, etc.) : la « justice sociale » dans le cas du péronisme argentin, la « démocratie réelle » des Indignés espagnols, le gilet jaune en France.

Le populisme, est-ce la contestation de l'ordre établi ?

Laura Chazel – Si l'on s'en tient à une lecture « brute » de la théorie d'Ernesto Laclau, oui. Cependant, nombre de ses disciples s'éloignent de cette vision *romantique* du populisme comme simple opération plébéienne *contre* le pouvoir. Dans *La raison populiste*, Laclau distingue deux méthodes de construction du politique : le populisme (« l'activité politique *par excellence* ») et l'institutionnalisme (« la mort du politique »). En construisant une chaîne d'équivalence *contre* le pouvoir, le populisme obéit à la « logique de l'équivalence ». À l'inverse, l'institutionnalisme obéit à la « logique de la différence ». L'ordre institutionnel prétend pouvoir absorber chaque demande émanant de la société civile de manière individuelle (différentielle). Le populisme consisterait à transformer la *logique de la différence* en *logique de l'équivalence*.

1. Voir Moffitt, B. (2018). The Populism/Anti-Populism Divide in Western Europe. Democratic Theory, 5 (2), 1–16.

Le populisme ne se réduit donc pas à une logique de contestation, il passe aussi par un récit politique à même de laisser entrevoir la possibilité d'un ordre alternatif.

Dans la théorie de Laclau (2005), ces deux logiques, bien qu'elles aient « besoin l'une de l'autre », sont antagoniques. Au niveau analytique, cette opposition entre « populisme » (*rupture avec l'ordre*) et « institutionnalisme » (*reproduction de l'ordre*) présente des limites reconnues par Laclau (2009) lui-même lorsqu'il explique qu'un « populisme pur » ne peut exister et deviendrait « synonyme de chaos social[1] », et lorsqu'il reconnaît (2005) que « limiter » le populisme à une opération de rupture ne permet pas de penser les phénomènes populistes « dans l'horizon de l'Europe occidentale ». Le populisme devient alors une affaire de *degrés*.

Pour des auteurs comme Gerardo Aboy ou Julián Melo, le populisme doit être compris comme une double opération : (1) de rupture avec l'ordre institué, (2) de proposition d'un nouvel ordre alternatif. Ces lectures plus hétérodoxes de Laclau insistent avant tout sur le « double visage du populisme ». C'est par exemple le cas d'Íñigo Errejón qui insiste sur la nécessité de construire un mouvement politique capable de « remettre de l'ordre » tout en présentant les partis de l'*establishment* comme producteurs de désordre. Le populisme ne se réduit donc pas à une logique de contestation, il passe aussi par un récit politique à même de laisser entrevoir la possibilité d'un ordre alternatif.

Le populisme, est-ce une rupture avec le marxisme ?

Vincent Dain – Ernesto Laclau et Chantal Mouffe reprochent au marxisme orthodoxe son « essentialisme de classe », autrement dit l'idée selon laquelle l'identité politique d'un acteur découlerait mécaniquement de la place qu'il occupe dans les rapports de production. Ils dressent une critique constructiviste du déterminisme marxiste qui postule l'existence d'une subjectivité propre à un groupe social en fonction de sa position objective. Pour Laclau et Mouffe, l'identité politique est contingente, elle n'est pas le reflet de cette position objective, mais le résultat précaire du sens qui lui est attribué à un moment donné.

Ils ne sont pas davantage convaincus par la distinction classe en soi/classe pour soi et l'idée selon laquelle les ouvriers seraient objectivement liés par des intérêts communs sans en avoir nécessairement conscience. D'une manière générale, les populistes voient dans cette approche une impasse stratégique. Schématiquement, elle conduirait les gauches à se poser en avant-garde éclairée et condescendante chargée de dévoiler la vérité révolutionnaire aux masses prolétaires aliénées. Dans une vidéo populaire, Pablo Iglesias raille ainsi ses étudiants marxistes déstabilisés par la présence de « gens normaux » au sein du mouvement des Indignés et incapables de s'adresser à eux en des termes intelligibles au-delà de l'entre-soi militant.

Cette critique pourrait aussi s'appliquer aux militants de gauche fustigeant les électeurs populaires qui voteraient « contre leurs intérêts » en accordant leurs suffrages au Rassemblement

1. Laclau (2005) aborde brièvement cette question lorsqu'il explique que le populisme « subverti[t] l'état des choses existant » tout en proposant un « point de départ d'une reconstruction d'un ordre nouveau ».

national, comme s'il y avait un bug dans la matrice. Dans le populisme de gauche, il y a l'idée de se détacher d'une vision idéalisée du prolétariat et de ne pas plaquer sur les catégories sociales des subjectivités fantasmées. Il faut au contraire s'appuyer sur le sens commun de l'époque, prendre en compte les subjectivités telles qu'elles existent pour les orienter dans un sens progressiste.

Dans le populisme de gauche, il y a l'idée de se détacher d'une vision idéalisée du prolétariat et de ne pas plaquer sur les catégories sociales des subjectivités fantasmées.

Laura Chazel – Dans le cas d'Ernesto Laclau, c'est d'abord l'étude des mouvements nationaux-populaires latino-américains du XXe siècle qui l'amène à se distancier du marxisme orthodoxe. Dès le milieu des années 1970, Laclau réfléchit à la tension existante entre le *déterminisme* et la *nécessité* d'un côté – dominants dans l'idéologie marxiste – et l'idée de *contingence* de l'autre. En observant les classes populaires massivement soutenir Perón en Argentine, Laclau s'éloigne progressivement du matérialisme marxiste et de l'idée selon laquelle il existerait des intérêts de classe « objectifs » qui mécaniquement mèneraient la classe ouvrière vers la révolution prolétarienne.

En effet, comme le montrent Murmis et Portantiero (1971), la lutte des classes « prend une autre forme » en Argentine où le prolétariat ne se présente pas comme le principal sujet politique du changement. Le péronisme est d'abord caractérisé par son poly-classisme, mais l'alliance entre la bourgeoisie et les classes populaires contre l'oligarchie doit être comprise dans le contexte d'une « économie dépendante » dans laquelle cette alliance permet de s'opposer au « schéma Nord/Sud ». Le cheminement intellectuel de Laclau trouve son aboutissement en 1985 dans son ouvrage *Hégémonie et stratégie socialiste*, coécrit avec Chantal Mouffe. Cet ouvrage est considéré comme un texte fondateur du postmarxisme. Les deux auteurs y constatent la « crise du marxisme » et l'imperméabilité des gauches marxistes aux demandes post-matérialistes issues des mouvements féministes, antiracistes ou écologistes.

Le populisme suppose-t-il de reléguer au second plan les luttes féministes, LGBTQI et antiracistes ?

Vincent Dain – Non, c'est une confusion, d'autant plus ironique lorsqu'on a en tête l'ambition originelle de Laclau et Mouffe qui entendaient précisément renouveler le projet socialiste en incorporant les demandes issues de ces luttes. Cette confusion est sans doute entretenue en France par le fait que certains parmi ceux qui ont brandi le populisme en étendard sont davantage portés sur les questions de souveraineté et moins sensibles aux enjeux du féminisme, aux luttes LGBTQI. Lorsque Andrea Kotarac quitte la France insoumise pour soutenir le Rassemblement national, il le fait au nom de la stratégie populiste selon lui abandonnée au profit de concessions à des revendications communautaristes. Cette démarche nocive n'aide probablement pas à y voir plus clair.

Plus fondamentalement, on retrouve l'idée que la priorité pour la gauche doit être de reconquérir les classes populaires tombées dans l'escarcelle du Rassemblement national. Une priorité qui supposerait selon certains de hiérarchiser les combats au profit des questions sociales et au détriment des questions dites « sociétales ». Une fraction des gauches reproche notamment aux socialistes d'avoir théorisé et mis en pratique l'abandon des milieux populaires. Le rapport produit par le think tank Terra Nova en 2011 actait en effet le basculement à droite de la classe ouvrière et privilégiait la formation d'un nouveau bloc électoral composé principalement des jeunes, des minorités, des classes moyennes, auxquels il s'agissait de s'adresser par le biais d'un discours axé sur les « valeurs ».

Il n'y a pas d'incompatibilité *a priori* entre la défense de la souveraineté populaire et les luttes des groupes minorisés pour leur émancipation. Bien au contraire, elles doivent être conjuguées, et si l'on suit Mouffe et Laclau, l'hypothèse populiste peut être un instrument d'articulation de ces différentes demandes démocratiques.

Dans un débat avec François Ruffin aux Amfis d'été de la France insoumise en 2017, Chantal Mouffe mettait en garde contre la tentation de « faire l'inverse de Terra Nova » en s'adressant exclusivement aux « perdants de la mondialisation » sans prendre en considération la diversité des luttes pour la reconnaissance et l'émancipation. François Ruffin, dont la stratégie s'oriente probablement davantage vers les milieux populaires dans la pratique, ne dit toutefois pas autre chose lorsqu'il plaide pour une alliance des « deux cœurs de la gauche : les classes populaires et la classe intermédiaire ».

De fait, si la France insoumise espère reconduire ou amplifier son score de 2017, la clé réside sans doute davantage dans un alliage entre l'électorat standard de la gauche radicale, les anciens électeurs socialistes désenchantés (ces fameux électeurs qui ont hésité entre Macron et Mélenchon en 2017) et une fraction des milieux populaires réfugiés dans l'abstention ou le vote RN. Ce qui suppose de prendre en charge une pluralité de demandes et d'aspirations, sans nécessairement chercher à s'adresser à un groupe social en particulier.

En somme, il n'y a pas d'incompatibilité *a priori* entre la défense de la souveraineté populaire et les luttes des groupes minoritaires pour leur émancipation. Bien au contraire, elles doivent être conjuguées, et si l'on suit Mouffe et Laclau, l'hypothèse populiste peut être un instrument d'articulation de ces différentes demandes démocratiques. La campagne de 2017 de Jean-Luc Mélenchon allait d'ailleurs plutôt dans ce sens.

En Espagne, la figure la plus proche des thèses de Laclau et Mouffe, Íñigo Errejón, associe récit patriotique et prise en charge d'un discours résolument féministe et LGBTQI. Dans un autre registre, on pourrait citer le discours aux accents populistes d'Alexandria Ocasio-Cortez qui a pris à contrepied l'*establishment* démocrate à New York avant de conquérir le devant de la scène politique états-unienne. Ocasio-Cortez, qui a déployé une spectaculaire campagne de mobilisation sur le terrain et s'évertue à construire un leadership fondé sur l'authenticité et la proximité (« *primus inter pares* » selon la formule employée par Laclau), incarne très clairement les aspirations des minorités à l'égalité.

Comment Podemos et la France insoumise se sont-ils emparés du populisme ?

Laura Chazel – Il faut d'abord préciser que la mobilisation de la théorie du populisme d'Ernesto Laclau peut tout autant relever d'une *appropriation idéologique* que d'un simple *usage stratégique*. Il est vrai que leur théorie du populisme a permis à la gauche radicale, orpheline d'une idéologie, de repenser la réintroduction du conflit à partir de l'antagonisme opposant « le peuple » à « l'oligarchie » tout en restant dans le cadre de la démocratie libérale.

Mais la mobilisation de cette « référence théorique » peut également être analysée comme une stratégie partisane classique de *légitimation* par la mobilisation d'une autorité intellectuelle. Stratégie explicitée par Jean-Luc Mélenchon lui-même lorsqu'il explique, par exemple, que « la référence à Laclau satisfaisait le snobisme médiatique et permettait de valider l'existence d'un *populisme de gauche* sans avoir besoin de l'assumer nous-même ».

À Podemos, on observe une théorisation beaucoup plus poussée de la théorie populiste qu'au sein de LFI. Du côté d'Íñigo Errejón, c'est une réelle appropriation *idéologique,* car le populisme est utilisé comme un outil qui permet de repenser la construction de nouvelles identités politiques. À partir de 2016, Pablo Iglesias, qui vient d'un marxisme beaucoup plus traditionnel qu'Errejón, se détache de « l'hypothèse populiste » en partie, car la dimension constructiviste de la théorie *laclauienne* entre en contradiction directe avec son approche matérialiste. C'est ainsi que l'on comprend pourquoi le populisme est devenu l'un des principaux facteurs expliquant la multiplication de factions au sein du parti.

Jean-Luc Mélenchon est bien entendu influencé par les expériences nationales-populaires latino-américaines, et il dialogue régulièrement avec Chantal Mouffe. Cela dit, sa doctrine demeure très imprégnée du matérialisme historique, une tradition dont il est originaire.

Vincent Dain – L'adhésion au populisme et surtout à la vision du politique qui lui est associée est en effet plus flagrante à Podemos – *a fortiori* chez les proches d'Errejón – qu'à la France insoumise. Sans doute, car les initiateurs de Podemos sont enseignants en science politique et se sont davantage confrontés à la foisonnante littérature laclauienne. Par ailleurs, le mouvement des Indignés et ses prolongements ont contribué à forger dans une partie de la société espagnole et des sphères militantes de nouveaux cadres de perception du type « ceux d'en bas contre ceux d'en haut ».

À la France insoumise, l'appropriation est plus circonstanciée. Jean-Luc Mélenchon est bien entendu influencé par les expériences nationales-populaires latino-américaines et il dialogue régulièrement avec Chantal Mouffe. Cela dit, sa doctrine demeure très imprégnée du matérialisme historique, une tradition dont il est originaire. Si la référence au peuple était présente en 2012, la campagne de 2017 marque tout de même un tournant. Quand Jean-Luc Mélenchon présente sa candidature à la présidentielle, il oppose « le peuple » à une « caste de privilégiés ». C'est du Pablo Iglesias dans le texte. L'inspiration de Podemos est très nette. Sophia Chikirou, conseillère en communication de LFI, a d'ailleurs observé les campagnes de Podemos et de Bernie Sanders avant de diriger la communication de Mélenchon en 2017.

La stratégie populiste est alors un outil pour se démarquer des primaires du PS et solder l'échec du Front de gauche avec les communistes. On parle alors de « fédérer le peuple » plutôt que d'unir les gauches. Deux ans plus tard, à l'issue des élections européennes, le populisme de gauche est ouvertement contesté au sein de la FI. Il a cependant déjà perdu de sa centralité après la campagne de 2017, cédant le pas à des oscillations stratégiques peu lisibles.

Un discours populiste est-il forcément patriote ?

Laura Chazel – D'un point de vue analytique, il est important de garder une définition minimale du populisme. De la même manière qu'il existe des mouvements populistes sans leaders – les gilets jaunes – il peut exister des discours populistes ne mobilisant pas de rhétorique national-populaire. C'est par exemple le cas du mouvement du 15-M (« ceux du bas » contre « ceux du haut ») ou du mouvement Occupy Wall Street (les « 99 % » contre les « 1 % »). Mais il est vrai que lorsque le discours populiste s'institutionnalise dans un parti politique, il est le plus souvent adossé à un discours national-populaire qui construit la notion de « peuple » en lien avec la notion de « patrie ».

Les exemples des populismes progressistes latino-américains des années 1990-2000 sont les plus parlants. Il faut cependant préciser que leur discours patriote est construit dans l'opposition à l'impérialisme américain. Il est donc difficile d'imaginer une importation « pure » de ce modèle. À ses débuts, Podemos a d'abord mobilisé une rhétorique anti-impérialiste opposant les peuples d'Europe du Sud à l'Allemagne et à la Troïka, mais ce récit, calqué sur le discours national-populaire latino-américain, a trouvé ses limites en Espagne où l'euroscepticisme reste faible.

Lorsque le discours populiste s'institutionnalise dans un parti politique, il est le plus souvent adossé à un discours national-populaire qui construit la notion de « peuple » en lien avec la notion de « patrie ».

Cela pose la question plus générale de l'importation directe et *pure* de la théorie populiste d'Ernesto Laclau qui est d'abord pensée dans un contexte latino-américain, et qui peine parfois à trouver un écho dans des sociétés européennes beaucoup plus institutionnalisées.

Vincent Dain - La réappropriation de la *patrie* est un trait caractéristique des populismes de gauche *réellement existants*. En Europe, Podemos et LFI ont mis en valeur une conception civico-politique de la patrie qui les distingue en ce sens des nationalismes ethnoculturels. On pourrait qualifier le patriotisme de Podemos d'inclusif ou de « constructif » : il est adossé à la défense des services publics, des droits sociaux, prend la forme d'une « communauté qui se protège » de l'offensive oligarchique.

La patrie constitue alors un élément clé de l'opposition « nous »/« eux ». Le « nous », ce sont « les gens », ni plus ni moins, tandis que le « eux » est constitué de la « caste » qui brade le pays, des « *Españoles de pulsera* » qui portent au poignet un bracelet aux couleurs de l'Espagne, mais cachent leur argent sur un compte en Suisse. On retrouve une partie de ces éléments dans le discours patriotique de Jean-Luc Mélenchon, bien que celui-ci s'inscrive dans une tradition plus ancienne, identifiant la patrie à la République, à l'héritage de la Révolution française.

Mais effectivement, il n'y a pas un lien de nécessité. Ce qui prime, c'est avant tout l'idée de construire une volonté collective, une communauté, un « nous ». Il est vrai que dans un contexte d'offensive néolibérale où l'État-nation est souvent identifié comme le périmètre de protection par excellence vis-à-vis des dérives de la mondialisation, la référence à la patrie est la plupart du temps privilégiée. Mais il n'est pas impossible *a priori* d'imaginer que des acteurs politiques s'emparent d'un discours populiste à d'autres échelles d'action, municipale, européenne.

Le populisme suppose-t-il l'abandon du clivage gauche-droite ?

Laura Chazel - Le rapport au qualificatif « de gauche » fait débat parmi les théoriciens du populisme. Certains, comme Íñigo Errejón, considèrent qu'il ne fait pas sens d'un point de vue analytique et qu'il contrevient à l'ambition fondamentalement transversale du populisme. Chantal Mouffe, lorsqu'elle écrit *Pour un populisme de gauche*, et se positionne dès lors dans le champ politique, invite quant à elle à resignifier le terme « gauche » afin de mettre l'accent sur les valeurs qu'il charrie – égalité, justice sociale – et se démarquer nettement du populisme « de droite ».

Vincent Dain - C'est aussi une affaire de contextes. De même que les identités politiques ne sont pas figées, les coordonnées du jeu politique ne sont pas fixées une fois pour toutes. Il est important de comprendre qu'avant même d'être une stratégie discursive, le populisme est un « moment ».

Les théoriciens et praticiens du populisme considèrent que la crise de 2008 a ouvert la voie à un « moment populiste » où l'hégémonie néolibérale vacille et l'adhésion au consensus se fait de plus en plus chancelante à mesure que s'accumulent des demandes insatisfaites dans la société. Dans cette conjoncture, les mécontentements, les résistances et les contestations ne trouvent plus à s'exprimer par le biais des canaux institués de la représentation (partis politiques, syndicats) qui sont bien souvent décrédibilisés au même titre que le pouvoir en place. Alors que les loyautés partisanes s'affaissent, le terrain devient propice à la construction de nouvelles logiques d'identification politique en dehors des lignes de clivage traditionnelles. De nouveaux « sujets politiques » peuvent ainsi voir le jour à travers l'articulation des demandes insatisfaites, dans un sens réactionnaire – le Rassemblement national à l'ère Philippot – progressiste – La France insoumise et Podemos – ou par un attelage plus difficilement qualifiable – le Mouvement cinq étoiles italien.

Plutôt que de s'adresser au traditionnel « peuple de gauche », les populistes considèrent qu'il est possible d'agréger des fragments d'électorat en dehors des identifications habituelles à travers un discours plus transversal et le tracé d'une nouvelle frontière peuple/oligarchie.

Les acteurs du populisme « de gauche » s'efforcent de prendre leurs distances avec le clivage gauche-droite, car ils estiment que celui-ci n'est plus opérant aux yeux d'une majorité de citoyens déboussolés. Ils font donc un pari sur le niveau de décomposition des allégeances traditionnelles : plutôt que de s'adresser au traditionnel « peuple de gauche », ils considèrent qu'il est possible d'agréger des fragments d'électorat en dehors des identifications habituelles à travers un discours plus transversal, désencombré des marqueurs identitaires de la gauche radicale (le drapeau rouge, l'Internationale, etc.), et par le tracé d'une nouvelle frontière peuple/oligarchie.

Cela reste un pari dont l'issue dépend du degré de résilience de ces allégeances traditionnelles, comme l'explique fort justement Arthur Boriello dans *Mediapart*. Difficile de balayer totalement un clivage gauche-droite qui a structuré la vie politique des décennies durant en Europe occidentale. En Espagne, Podemos se trouve pris au jeu d'un système parlementaire qui oblige à nouer des alliances, et l'allié privilégié se situe à la gauche de l'échiquier politique, le PSOE. Par ailleurs, Pablo Iglesias est aujourd'hui embarrassé par une forte relatéralisation gauche-droite du système partisan, accélérée par l'émergence d'une force d'extrême droite.

En France, l'hypothèse populiste a incontestablement contribué au succès de la campagne présidentielle de Jean-Luc Mélenchon en 2017, par la capacité à conjuguer contestation plébéienne de l'oligarchie et projection d'un horizon alternatif autour de l'humanisme et de l'écologie, par le souci de s'adresser transversalement à la société. Elle a sans doute joué dans la percée de la candidature Mélenchon parmi les plus jeunes électeurs et les chômeurs, et permis de très bons reports aux législatives au cours des seconds tours. Dans le même temps, ce sont les électeurs « de gauche » qui ont fourni les gros bataillons de l'électorat du candidat insoumis, avant de se disperser entre l'abstention et une pluralité d'options à gauche en 2019.

Peut-on parler d'un moment populiste aujourd'hui en France ?

Vincent Dain – La séquence ouverte par la mobilisation des gilets jaunes réunit certaines caractéristiques majeures du « moment populiste ». Elle correspond à une agrégation des colères d'une « France d'en bas » – les catégories populaires y sont surreprésentées – cristallisées autour d'un signifiant vide, le gilet jaune, qui peut symboliser le fait que les invisibilisés entrent dans la lumière pour faire valoir leurs droits. L'ensemble des demandes pour le moins hétérogènes portées par les gilets jaunes sont condensées en une revendication particulière, le RIC, qui prend une dimension universelle.

Par ailleurs, il s'agit d'un mouvement qui émerge à distance des organisations syndicales et des partis politiques, qui font parfois l'objet d'un vif rejet. Les premiers résultats des enquêtes sociologiques en cours démontrent qu'une majorité d'entre eux ne s'identifient pas sur l'axe gauche-droite. À l'heure actuelle, les canaux institués de la contestation se sont montrés incapables de *récupérer* le mouvement, tandis que le pouvoir en place peine à intégrer les demandes qui en sont issues. Emmanuel Macron, qui entendait construire l'image d'un Président moderne à l'écoute de la société civile, incarne désormais l'oligarchie personnifiée.

Ceci dit, les gilets jaunes demeurent un mouvement sans leader, qui répugne à intégrer l'arène politico-électorale en dépit de certaines initiatives résiduelles. À court terme, comme en attestent les résultats des élections européennes, le mouvement n'a pas bouleversé le système politique, même s'il a contribué à accentuer l'identification de LREM à un « parti de l'ordre » et accéléré à ce titre le siphonnage d'une bonne partie de l'électorat des Républicains. Mais les équilibres politiques ne sont pas stabilisés, la recomposition amorcée en 2017 est toujours en cours et des chamboulements majeurs ne sont pas à exclure dans les années à venir.

Le mouvement des gilets jaunes correspond à une agrégation des colères d'une « France d'en bas » cristallisées autour d'un signifiant vide, le gilet jaune, qui peut symboliser le fait que les invisibilisés entrent dans la lumière pour faire valoir leurs droits.

Laura Chazel – Laclau distingue trois situations : (1) un ordre institutionnel stabilisé dans lequel la construction d'une « chaîne d'équivalence » est limitée ; (2) un ordre institutionnel « moins bien structuré » dans lequel le discours populiste doit porter deux masques : « insider » et « *outsider* » du système institutionnel ; (3) une crise organique qui permet au populisme de « reconstruire la nation autour d'un nouveau noyau populaire ».

Si l'on suit cette typologie, le contexte politique français semble aujourd'hui correspondre à la seconde situation. Le mouvement des gilets jaunes, l'effondrement des partis politiques traditionnels (PS, LR), l'effacement partiel du clivage gauche-droite sont autant d'éléments qui valident cette hypothèse.

Nous sommes donc bien dans un « moment populiste », car nous pouvons observer une colère populaire autour de demandes insatisfaites que le système institutionnel n'est pas capable d'absorber. Le phénomène Macron montre dans le même temps que l'ordre institutionnel est capable de *se structurer* et de *se régénérer* en adoptant des traits « populistes » – ici, la transversalité et le bouleversement des coordonnées politiques traditionnelles. Dans un tel contexte, les mouvements populistes devraient donc, si l'on suit la théorie de Laclau, se présenter dans le même temps comme des « éléments intégrés » et des « éléments extérieurs » au système.

Laura Chazel – La stratégie de Macron peut davantage être qualifiée de « transversale ». Elle est difficilement qualifiable de « populiste », car l'opposition entre *progressistes* et *conservateurs* qu'il dessine ne s'oppose pas au pouvoir en tant que tel. Dans la théorie de Laclau (1977), des leaders comme Perón, Mao, Hitler, peuvent être populistes dès lors qu'ils interpellent le peuple « sous la forme de l'antagonisme » et « pas seulement de la différence ». Dans le cas de LREM, Macron dessine un nouvel horizon avec l'idée d'une France « modernisée » et participe ainsi à la construction de nouvelles identités politiques, mais il répond de manière institutionnelle, différentielle, aux demandes émanant de la société civile. La « logique de l'équivalence » est cependant présente contre une série de menaces – les populistes, les antieuropéens, les gilets jaunes violents –, auxquelles il oppose un « art d'être Français » et « une Europe qui protège ».

La stratégie de Macron peut davantage être qualifiée de « transversale ». Elle est difficilement qualifiable de « populiste », car l'opposition entre progressistes et conservateurs qu'il dessine ne s'oppose pas au pouvoir en tant que tel.

Vincent Dain – Certains auteurs, comme Jorge Moruno, parlent de populisme néolibéral ou de populisme technocratique. Dans la campagne de 2017, Macron a pu intégrer certains aspects du discours populiste en opposant la société civile, avec son dynamisme et son désir de modernisation, au « vieux monde » des partis sclérosés au pouvoir. Mais le macronisme est avant tout une entreprise politique méticuleusement conçue dans l'objectif d'impulser une recomposition au centre de l'échiquier politique, en ralliant les franges libérales du PS et de LR, invitées ou contraintes de renoncer à leurs querelles artificielles pour rejoindre un projet fondamentalement néolibéral.

Lorsque Macron s'émancipe du clivage gauche-droite, ce n'est pas tant pour dénoncer la collusion idéologique des partis de gauche et de droite que pour souligner qu'il y a du bon des deux côtés, à gauche et à droite, que les digues qui séparent droite libérale et sociaux-libéraux ne font plus sens et qu'il est préférable de réunir les « bonnes volontés » pour faire « avancer » le pays. Il n'est pas dit qu'Emmanuel Macron parvienne à conserver *in fine* cette centralité, au regard des politiques menées – réforme du marché du travail, suppression de l'ISF, privatisations, loi asile et immigration, etc. – et du déplacement de son socle électoral vers la droite.

Une approche gramscienne serait peut-être plus intéressante pour interpréter la manière dont une fraction des classes dominantes a décidé de faire sécession vis-à-vis des appareils traditionnels, par l'élaboration d'un nouveau récit politique mobilisateur censé remédier à la crise de l'hégémonie néolibérale.

Jean-Luc Mélenchon

« La construction d'un peuple révolutionnaire n'est pas un dîner de gala. »

Le mardi 10 avril 2018, nous avons rencontré Jean-Luc Mélenchon dans son bureau à l'Assemblée nationale. Au cours d'une longue discussion, le député des Bouches-du-Rhône évoque le cheminement qui l'a conduit à construire le mouvement qui lui a permis d'obtenir 19,58 % des voix au premier tour de l'élection présidentielle. Le leader de la France insoumise revient librement sur ses influences intellectuelles, de son rapport souvent décrié à l'Amérique latine jusqu'à l'Espagne de Podemos, en passant par le matérialisme historique et le rôle central de la Révolution française. [...] Au fil de l'échange, Jean-Luc Mélenchon dévoile sa vision de l'État et du rôle de tribun, s'exprime tour à tour sur mai 68 et sur son rapport aux jeunes générations, sans oublier de saluer les mobilisations actuelles : « Il y a un facteur que personne ne prévoit et ne pourra jamais prévoir : c'est l'initiative populaire. Elle peut tout submerger, tout le monde, et tel est mon souhait. »

Entretien réalisé par Antoine Cargoet et Lenny Benbara.

Date de publication : 30 avril 2018

LVSL – Votre engagement politique est profondément marqué par l'histoire de la Révolution française et par le jacobinisme. Ceci dit, depuis quelques années, vous semblez vous inspirer du populisme théorisé par Ernesto Laclau et Chantal Mouffe et mis en pratique par Podemos. La campagne de la France insoumise, à la fois très horizontale et très verticale, paraît être une synthèse entre ces deux inspirations. Peut-on parler de populisme jacobin vous concernant ?

J.-L.M. – D'abord, commençons par dire que la référence à Laclau, pour ce qui me concerne, est une référence de confort. Certes, mon chemin politique m'a conduit à des conclusions voisines et bien souvent identiques à celles d'Ernesto. Et son œuvre comme celle de Chantal Mouffe éclaire notre propre travail. Mais celui-ci est venu de bien plus loin. Notre intérêt pour Laclau venait de la rencontre avec un penseur latino-américain et que la source de notre raisonnement provenait des révolutions démocratiques d'Amérique latine. C'était une méthode politique en rupture avec ce qui existait au moment où nous avons entrepris toutes ces démarches. Je dis « nous » pour parler de François Delapierre et de moi, qui sommes les auteurs de cette façon de penser dont le débouché a été mon livre *L'ère du peuple*. Ce que nous disions était tellement neuf qu'aucun commentateur ne le comprenait ni même n'en sentait la nouveauté. Ils ne cessaient de nous maltraiter en voulant nous faire entrer dans une case existante connue d'eux. C'était le rôle de l'usage du mot « populiste ». Le mot permettait de nous assimiler à l'extrême droite. Même les dirigeants du PCF entrèrent dans le jeu. Oubliant leurs anciens qui avaient inventé le prix du roman populiste et imaginé le projet « d'union du peuple de France » ceux-là nous montrèrent du doigt et nous adressèrent des insinuations parfois très malveillantes. La référence à Laclau satisfaisait le snobisme médiatique et permettait de valider l'existence d'un « populisme de gauche » sans avoir besoin de l'assumer nous-même.

« Le jacobinisme est un républicanisme global. Il présuppose un peuple avide de liberté et d'égalité. »

J.-L.M. – Notre propre nouveau chemin était déjà très avancé. Nous avons effectué notre évolution à partir de l'Amérique latine et à mesure que l'on avançait, nous produisions des textes qui sont devenus des étapes de référence pour nous. Par exemple, dans le numéro 3 de la revue PRS (*Pour la République Sociale*), nous travaillions sur la culture comme cause de l'action citoyenne. C'est une manière décisive de mettre à distance la théorie stérilisante du *reflet* selon laquelle les idées sont les simples reflets des infrastructures matérielles et des rapports sociaux réels. En même temps nous tournons la page du *dévoilement* du réel et autres entrées en matière d'avant-gardisme éclairé. Le jacobinisme est un républicanisme global. Il présuppose un peuple avide de liberté et d'égalité. Son action révolutionnaire investit la dynamique de ses représentations symboliques. Mais bien sûr cela ne vaut que pour un pays dont la devise nationale dit *Liberté-Égalité-Fraternité*. Pas « honneur et patrie », « mon droit, mon roi », « ordre et progrès » et autres devises en vigueur ailleurs. En bref, il ne faut jamais oublier dans la formation d'une conscience les conditions initiales de son environnement culturel national.

Nous repoussons donc la thèse des superstructures comme *reflet*. Au contraire, les conditions sociales sont acceptées parce qu'elles sont culturellement rendues désirables par tous les codes dominants. Et de son côté, l'insurrection contre certaines conditions sociales procède moins de leur réalité objective que de l'idée morale ou culturelle que l'on se fait de sa propre dignité, de ses droits, de son rapport aux autres par exemple.

Toute cette trajectoire déplace la pensée qui est la nôtre, ainsi que son cadre, le matérialisme philosophique. Ce n'était pas la première fois que nous le faisions. De mon côté, j'avais déjà entrepris le travail consistant à repenser les prémisses scientifiques du marxisme. Marx travaillait à partir de la pensée produite à son époque. Il en découlait une vision du déterminisme analogue à celle de Simon Laplace : quand vous connaissez la position et la vitesse d'un corps à un moment donné, vous pouvez en déduire toutes les positions qu'il occupait avant et toutes celles qu'il occupera ensuite. Tout cela est battu en brèche avec le principe d'incertitude qui n'est pas une impuissance à connaître, mais une propriété de l'univers matériel. Depuis 1905, avec la discussion entre Niels Bohr et Albert Einstein, l'affaire est entendue. Mais il est frappant de constater qu'il n'y a eu aucune trace de cette discussion scientifique dans les rangs marxistes de l'époque. À l'époque, Lénine continue à écrire besogneusement *Matérialisme et empiriocriticisme* – qui passe à côté de tout ça. Pour ma part, sous l'influence du philosophe marxiste Denis Colin j'avais déjà mis à distance cette vision du matérialisme en incluant le principe d'incertitude. C'est la direction qu'explore mon livre *À la conquête du chaos* en 1991. À ce moment-là, nous comprenions que le déterminisme ne pouvait être que probabiliste. Cela signifie que les développements linéaires dans les situations humaines ne sont guère les plus probables. C'était un renouveau de notre base philosophique fondamentale. Elle percuta en chaîne des centaines d'enchaînements de notre pensée. En modifiant notre imaginaire, cela modifia aussi nos visions tactiques. L'événement intellectuel pour nous fut considérable. Puis, dans les années 2000, nous avons travaillé sur les révolutions concrètes qui ont lieu après la chute du Mur. Car dans le contexte, on nous expliquait que c'était « la fin de l'Histoire », que nous devions renoncer à nos projets politiques. Il était alors décisif d'observer directement le déroulement de l'Histoire au moment où il montrait de nouveau la possibilité des ruptures de l'ordre mondial établi.

« Pour dire vrai, c'est Hugo Chávez qui nous a décomplexés. Ce fut une expérience personnelle assez émouvante. La dernière chose que j'ai faite avec lui, c'est un bout de campagne électorale en 2012. »

À ce moment-là, nous étions très polarisés dans l'observation de l'Amérique latine par le Parti des Travailleurs (PT) de Lula. Son idéologie est fondée sur une option préférentielle pour les pauvres. C'est une idéologie qui n'a rien à voir avec le socialisme historique. C'était un produit d'importation venu de « la théologie de la libération » née et propagée par les séminaires du Brésil. Elle va nous influencer par la méthode de combat qu'elle suggère pour agir et construire. Nous observions le PT de Lula, mais nous ne nous occupions alors pas du reste. Puis les circonstances nous conduisent à découvrir la révolution bolivarienne au Venezuela. D'abord cela nous déstabilise. C'est un militaire qui dirige tout cela, ce qui n'est pas dans nos habitudes dans le contexte de l'Amérique latine. Là-bas, les militaires sont les premiers suspects et non sans raison ! Dans l'idéologie dominante en Amérique du Sud, la place des militaires dans l'action politique, c'est celle que leur assigne (là encore) Samuel Huntington dans *Le soldat et la nation*, le livre de référence qui précède *Le choc des civilisations*. Pinochet en fut le modèle.

« Les gloses sur "la vraie gauche", "la fausse gauche", "gauche à 100 %", sont dépassées pour nous. Tout cela n'a pas de sens concret. »

La révolution bolivarienne a produit chez nous un changement d'angle du regard. Nous reprenons alors toute une série de questions dans laquelle le PT et l'expérience brésilienne ne seront plus centraux. Pour moi, le chavisme est une expérience radicalement différente de celle du Brésil. Puisqu'il faut bien mettre un mot sur celle-ci, on va parler de *populisme*, bien que la méthode populiste recommande précisément de ne pas se battre pour des concepts disputés et d'utiliser des mots-valises, des mots disponibles, afin de les remplir de la marchandise que l'on veut transporter. Il ne sert donc à rien de lutter en Europe pour s'approprier le terme « populiste ». C'est dommage, mais c'est aussi stupide que de se battre pour le mot « gauche ». Les gloses sur « la vraie gauche », « la fausse gauche », « gauche à 100 % », sont dépassées pour nous. Tout cela n'a pas de sens concret. Au contraire cela rend illisible le champ que l'on veut occuper. La bataille des idées est aussi une bataille de mouvement. Les guerres de positions ne sont pas pour nous.

« Il ne s'agit plus de construire une avant-garde révolutionnaire, mais de faire d'un peuple révolté un peuple révolutionnaire. La stratégie de la conflictualité est le moyen de cette orientation. »

Le changement d'angle nous conduit à considérer des dimensions que nous avions laissées de côté. Pour dire vrai, c'est Hugo Chávez qui nous a décomplexés. Ce fut une expérience personnelle assez émouvante. La dernière chose que j'ai faite avec lui, c'est un bout de campagne électorale en 2012. On m'avait envoyé là-bas pour m'aider à descendre du ring après la présidentielle et la législative de 2012. Le résultat fut à l'inverse. J'ai fait campagne avec lui. J'ai tellement appris ! Dans tant de domaines. J'ai pu voir par exemple la manière de parler à l'armée. Il s'agissait d'une promotion de cadets, un quatorze juillet. J'ai écouté le discours de Chávez, qui correspondait à l'idée que je me fais de ce que doit être l'outil militaire. Il faut dire que mon point de vue a toujours été décalé par rapport aux milieux politiques desquels je viens. Peut-être parce que j'ai commencé mon engagement politique avec le fondateur de l'Armée rouge, ce qui modifie quelque peu le regard que j'ai toujours porté sur l'armée.

Je cite ce thème comme un exemple. En toutes circonstances Chávez éduquait sur sa ligne nationaliste de gauche. Évidemment le contact avec Chávez percutait des dizaines de thèmes et de façons de faire. Et surtout, il illustrait une ligne générale qui devint la mienne à partir de là. Il ne s'agit plus de construire une avant-garde révolutionnaire, mais de faire d'un peuple révolté un peuple révolutionnaire. La stratégie de la conflictualité est le moyen de cette orientation. J'ai vu Chávez manier le dégagisme contre son propre gouvernement et les élus de son propre parti devant des dizaines de milliers de gens criant « c'est comme ça qu'on gouverne pour le peuple » ! Chávez partait d'un intérêt général qu'il opposait pédagogiquement aux intérêts particuliers en les déconstruisant.

« Jamais autant qu'à présent, ma façon de voir n'a été aussi enracinée dans l'apprentissage des épisodes de la Révolution française de 1789 et de la Commune de Paris. »

Au total, nourris de ces expériences, forts de ce renouveau théorique nous avons produit notre propre corpus doctrinal, consigné dans la quatrième édition de *L'ère du peuple*. Nous n'avons pas fait du Laclau, nous n'avons pas fait du Podemos. Nous avons fait autre chose, autrement, à partir de notre propre histoire politique et de notre propre culture politique nationale. Jamais autant qu'à présent, ma façon de voir n'a été aussi enracinée dans l'apprentissage des épisodes de la Révolution française de 1789 et de la Commune de Paris. Dans ces événements, l'auto-organisation de masse et la fédération des luttes sont omniprésents.

Pour comprendre notre trajectoire, il est important de bien observer les différentes vagues qui se sont succédé dans notre espace politique. Il y a d'abord eu l'étape d'influence du Parti des travailleurs du Brésil. Elle donne Die Linke en Allemagne, SYRIZA en Grèce, Izquierda Unida en Espagne, Bloco de Esquerda au Portugal. Ici c'est la formule par laquelle une coalition de petits partis se regroupe dans un front avant de finir par fusionner. La vague suivante voit naître Podemos et ensuite la France insoumise. Elle marque une rupture dans le processus commencé au Brésil et une série d'innovations majeures aux plans conceptuel et pratique.

En France, cette rupture arrive au terme d'un bref cycle sous l'étiquette Front de gauche. Il s'est achevé dans une impasse dominée par des survivances étroitement partisanes, des coalitions négociées entre appareils et le reste des pratiques dérisoires de la diplomatie des petits partis de l'autre gauche. Pour ma part, la rupture se produit au cours des campagnes des municipales, des régionales et des départementales. Ce fut une agonie au goutte-à-goutte. Le Front de Gauche s'est dilué dans des stratégies de coalitions d'un noir opportunisme qui l'ont rendu illisible. Mais on ne pouvait rompre cet engrenage à ce moment-là. En effet, les élections municipales étaient collées aux élections européennes. Il n'y avait pas le temps de redéfinir le positionnement et aucun moyen de le faire valider dans l'action de masse. Nous avons donc dû aborder les élections européennes avec la ligne Front de Gauche dans des conditions d'un chaos d'identification indescriptible. Pour finir, la direction communiste, notre alliée, n'a respecté ni l'accord ni sa mise en œuvre stratégique, expédiant l'élection comme une corvée bureaucratique, tout en tuant la confiance entre partenaires. En Espagne, Podemos a pu faire son apparition à ce moment-là à partir d'une scission de Izquierda Unida. Ce fut le moment de sa percée. En France, la direction communiste refusa absolument toute construction du Front par la base et le débordement des structures traditionnelles.

LVSL – Quelle a été l'influence de Podemos alors ?

J.-L.M. – À l'inverse des tendances de ce moment, Podemos naît dans une logique de rupture avec Izquierda Unida. Delapierre suivait de près le groupe qui a constitué Podemos. Il fréquentait leurs dirigeants et suivait leur évolution. Dès 2011, Íñigo Errejón est venu faire un cours de formation à notre université d'été du Parti de Gauche que je présidais alors. On ne s'est plus quittés. Nous avons participé à toutes leurs soirées de clôture des campagnes électorales, et réciproquement. Pendant ce temps, Syriza trahissait et le PT se rapprochait du PS en s'éloignant ostensiblement de nous. En fait, nous sommes tous des rameaux de ce qui a démarré dans le cycle du PT brésilien, qui a continué dans le cycle bolivarien et qui s'est finalement traduit par la rupture en Espagne puis en France, et dans l'invention d'une nouvelle forme européenne.

Aujourd'hui, le forum du plan B en Europe regroupe une trentaine de partis et de mouvements. Il remplit la fonction fédératrice du forum de São Paulo en Amérique latine, dans les années qui ont précédé la série des prises de pouvoir. Finalement, entre Podemos et nous, la racine est la même. C'est à Caracas que j'ai rencontré Íñigo Errejón par exemple, et non à Madrid. Ce dernier était extrêmement fin dans ses analyses. Il me mettait alors en garde contre l'enfermement du discours anti-impérialiste de Chávez dont il percevait l'épuisement. Il me disait que cela ne fonctionnerait pas auprès de la jeune génération qui en a été gavée matin, midi et soir, pendant quatorze ans. Pour lui, cette perspective stratégique et culturelle devenait stérile et donc insuffisante pour mobiliser la société. Immodestement, j'ai plaidé auprès du Commandant [Chávez] qu'il faudrait se poser la question d'un horizon positif qui témoigne de l'ambition culturelle du projet bolivarien.

« On combat les États-Unis, mais on mange, on roule, on boit, on s'amuse comme eux. »

Comme je l'ai dit, ce que nous apporte fondamentalement Chávez, c'est l'idée que notre action a pour objectif de construire un peuple révolutionnaire. C'est donc une bataille culturelle globale. Mais finalement, la bataille culturelle, au sens large, est restée presque au point zéro à Caracas. Le programme bolivarien de Chávez, c'est pour l'essentiel de la social-démocratie radicalisée : le partage des richesses avant tout. C'est remarquable dans le contexte d'une société si pauvre et si inégalitaire, assaillie par la pire réaction vendue à la CIA. Mais cela laisse de côté les interrogations sur le contenu des richesses, les motivations culturelles du peuple, et ainsi de suite. On combat les États-Unis, mais on mange, on roule, on boit, on s'amuse comme eux. Pourtant la révolution citoyenne est nécessairement une révolution culturelle, qui doit aussi interroger les modes de consommation qui enracinent le modèle productiviste.

Voilà ce que je peux dire de ma relation à ce que l'on appelle le *populisme de gauche*, à supposer que ce concept ait une définition claire. L'appropriation du mot ce n'est pas le plus important. Ce qui compte, c'est le contenu de ce qui est impliqué. Je l'ai détaillé dans *L'ère du peuple*.

Il s'agit d'admettre un nouvel acteur : le peuple, qui inclut la classe ouvrière, mais qui ne s'y résume pas. Je n'identifie ni ne résume la formation du peuple comme le font Ernesto Laclau et Chantal Mouffe à l'acte purement subjectif d'autodéfinition du « nous » et du « eux ». Je redoute les spirales qu'entraîne souvent la philosophie idéaliste. Pour moi, le peuple se définit d'abord et avant tout par son ancrage social. Il s'agit là, d'abord, du lien aux réseaux du quotidien urbanisé dont dépend la survie de chacun. Ce sont souvent des services publics et cela n'est pas sans conséquence sur les représentations politiques collectives.

Ensuite, le peuple c'est le sujet d'une dynamique spécifique : celle du passage aux 7 milliards d'êtres humains connectés comme jamais dans l'histoire humaine. L'histoire nous enseigne qu'à chaque fois que l'humanité double en nombre, elle franchit un seuil technique et civilisationnel. Mais comme on a le nez dessus, on ne le voit pas. Je suis moi-même né dans un monde où il n'y avait que 2 milliards d'êtres humains. La population a donc triplé en une génération alors qu'il avait fallu 200 ou 300 000 ans pour atteindre en 1800 le premier milliard. Un nouveau seuil a bel et bien été franchi. Il se constate de mille et une manières. Mais l'une d'entre elles est décisive : le niveau de prédation atteint un point où l'écosystème va être détruit. Émerge donc un intérêt général humain qui sera le fondement idéologique de l'existence du peuple comme sujet politique. Le peuple va ensuite se définir par son aspiration constante, son besoin de maîtriser les réseaux par lesquels il se construit lui-même : réseaux de santé, réseaux d'écoles, etc. Le moteur de la révolution citoyenne se situe dans le croisement de ces dynamiques. Il est au cœur de la doctrine de *L'ère du peuple*. [...]

LVSL – Lorsque des individus sont aptes à incarner le pouvoir et la dignité de la fonction suprême, on a pris l'habitude de parler « d'hommes d'État ». Lors du premier grand débat de la présidentielle, beaucoup d'observateurs ont noté que vous sembliez être le plus présidentiable et ont évoqué votre posture gaullienne. De même, votre hommage à Arnaud Beltrame a été largement salué. Qu'est-ce qu'implique le fait de « rentrer dans les habits », lorsqu'on aspire à la conquête du pouvoir et que l'on souhaite devenir une option crédible ? N'est-on pas aujourd'hui face à un vide de l'incarnation ?

« Il y a un égalitarisme spontané du peuple français, dont la racine profonde est la grande Révolution de 1789, qui est d'abord une révolution de liberté. »

J.-L.M. – J'espère que j'ai contribué à le remplir. Parce que ma campagne de 2017, davantage encore que celle de 2012, a mis en scène un personnage en adéquation avec un programme. J'ai toujours eu des discussions sur cet aspect avec mes camarades d'autres pays, je n'y suis donc pas allé à reculons. C'est ce que j'avais dit à mes amis italiens : ou bien vous assumez la fonction tribunicienne et vous montez sur la table pour incarner votre programme, ou bien cette fonction incontournable sera incarnée par d'autres. C'est ce qui s'est passé l'année où le Mouvement Cinq Étoiles de Beppe Grillo a envoyé aux pelotes la coalition qui s'était construite autour de Rifondazione comunista. Cela a été une catastrophe et j'en ai aussi tiré les leçons.

La question de « l'incarnation » est d'ordre métaphysique. Je l'aborde avec sang-froid. Je crois à ce que je dis et à ce que je fais. Si vous constatez une « incarnation », c'est un résultat, pas un rôle. Vous ne vous levez pas le matin en mettant les habits d'un personnage comme vous avez enfilé votre pyjama le soir. C'est le programme qui produit l'incarnation s'il arrive à son heure dans le moment politique de la prise de conscience populaire. Je crois connaître le peuple français, notamment les fondamentaux de son histoire et l'essentiel de son territoire que j'ai parcouru dans tous les sens et dans bien des recoins. Le peuple français, c'est le peuple politique du continent. Il use d'expressions uniques qui traduisent son esprit égalitaire. Voyez comment on reproche un comportement à quelqu'un : « si tout le monde faisait comme vous… ». C'est une façon de dire : ce qui est bien, c'est ce que tout le monde peut faire.

Il y a un égalitarisme spontané du peuple français, dont la racine profonde est la grande Révolution de 1789, qui est d'abord une révolution de liberté. Les gens étaient persuadés que ce serait en votant qu'ils régleraient le problème. Ils voulaient même élire leurs curés à un moment donné ! Et ils se sont substitués à l'État monarchique écroulé. Jusqu'au point de vouloir fédérer ces prises de pouvoir dans une « fête de la fédération » un an après la prise de la Bastille. Le contenu de la Révolution de 1789 a produit une dynamique qui permet de comprendre comment un personnage à première vue aussi éloigné de la forme de la Révolution l'a autant et aussi fortement incarnée que Maximilien Robespierre.

Lorsqu'on comprend cela, on comprend la substance de l'action politique. Quel est l'enjeu de la politique ? On peut le chercher chez celui-là même que l'on m'oppose parfois si stupidement : Marx, dans le « catéchisme » de la Ligue des justes, le premier texte qu'il a signé. Première question : qu'est-ce que le communisme ? Réponse : ni les soviets, ni le développement des forces productives, mais « l'enseignement des conditions de la libération du prolétariat ». C'est un fait radicalement subjectif qui est mis en avant. De même, dans *L'idéologie allemande* : « Le communisme est le mouvement réel qui abolit l'état actuel des choses, (les contradictions du système) et sa conscience. » La conscience, dans la formule marxiste, pèse du même poids que le mouvement réel qui abolit l'état actuel des choses. Et vous avez cette phrase définitive de Marx : « le prolétariat sera révolutionnaire ou il ne sera rien ». Comment cela *rien* ?

On croyait alors qu'il était défini par sa place dans les rapports de production. Mais en réalité, il était défini dans le marxisme initial par son rapport culturel à lui-même ! C'est pourquoi le marxisme distingue l'*en-soi* du *pour-soi*, et entre les deux se trouve la place du politique, ce qui fait de la conscience l'enjeu principal de l'action politique en vue de la conquête du pouvoir. La stratégie de *L'ère du peuple* est donc dans une continuité philosophique et politique. La construction de cette conscience nécessite une prise en compte de la globalité de la condition humaine de ceux à qui l'on s'adresse.

Je dis cela pour la masse de ces discours qui n'ont aucun lien avec le quotidien des gens, et notamment avec l'idée morale qu'ils se font de leur dignité et de leur rapport aux autres. Dans *L'ère du peuple*, il y a un chapitre sur la morale comme facteur d'unification et de motivation d'action sociale. En ce qui nous concerne, nous avons définitivement épousé l'idée que les êtres humains sont des êtres de culture et c'est d'ailleurs à cause de cela qu'ils sont des êtres sociaux.

LVSL – Revenons à votre stratégie. Vous avez réalisé des scores très importants chez les jeunes au premier tour de l'élection présidentielle, notamment chez les primo-votants, avec 30 %

chez les 18-24 ans. Néanmoins, vous n'avez enregistré aucun gain chez les seniors, qui pèsent énormément dans le corps électoral effectif et ont largement voté pour Macron et Fillon. Les clivages politiques semblent devenir de plus en plus des clivages générationnels. Pourquoi votre discours a-t-il autant de mal à toucher les plus âgés ? Les baby-boomers se sont-ils embourgeoisés et sont-ils devenus irrémédiablement néolibéraux ?

J.-L.M. – Mes discours passent plus difficilement chez les seniors pour les mêmes raisons qu'ils passent plus facilement dans la jeune génération. La jeune génération a une conscience collectiviste écologiste extrêmement forte, en dépit des reproches qu'on lui fait sur l'égoïsme qu'elle semble exprimer. La conscience de la limite atteinte pour l'écosystème, du gâchis, de l'asservissement que provoque une société qui transforme tout en marché est très avancée. Nous atteignons, dans la jeune génération, la limite d'une vague qui a d'abord submergé les jeunesses précédentes.

« Mai 68, on ne montre que des personnages aussi ambigus et conformistes que Romain Goupil ou Daniel Cohn-Bendit. C'est une génération de gens qui n'ont jamais été autre chose que des libéraux-libertaires, petits bourgeois confits d'un égoïsme hédoniste sans borne, et sans danger pour le système. Ils sont restés conformes à ce qu'ils étaient. »

J'ai connu celle des années 1990 où l'idéal dominant, c'était le trader qui a réussi son opération. J'ai toujours fait des conférences dans les grandes écoles. J'y aperçois les enfants des classes socioprofessionnelles supérieures. Cela me permet de voir comment les enfants de cette classe sociale, qui aimante la société, évoluent. À travers leurs enfants, on peut identifier ce qui sera rejeté ou pas ensuite. Dans les années 1990, à la fin d'une conférence, il y avait deux ou trois mohicans qui venaient me voir pour me dire qu'ils étaient de mon bord. Ils le faisaient en cachette et tout rouges. Maintenant, dans le moindre amphithéâtre, il y a 20 % ou 30 % qui se déclarent de notre côté. Ce qui m'intéresse en particulier, c'est que les autres, ceux qui ne sont pas de mon avis, sont en désaccord avec mes conclusions, mais s'accordent avec mon diagnostic. Il y a eu là la construction d'une conscience collective nouvelle. Cette génération est consciente de la rupture que cela exige. Elle l'aborde avec plus d'enthousiasme parce qu'elle sent que, par sa qualification, ses connaissances, elle est capable de répondre aux défis du monde.

En ce qui concerne les plus âgés, c'est le moment de disperser les illusions sur mai 68. Les leaders qui sont mis en exergue aujourd'hui n'ont jamais cessé d'être des commensaux du système. Or, il ne faut pas perdre de vue que mai 68, c'est d'abord une grande révolution ouvrière. C'est 10 millions de travailleurs qui se mettent en grève. Pourtant ils sont éjectés du tableau, comme s'ils n'existaient pas. Et dans la célébration, ou la commémoration de mai 68, on ne montre que des personnages aussi ambigus et conformistes que Romain Goupil ou Daniel Cohn-Bendit. C'est une génération de gens qui n'ont jamais été autre chose que des libéraux-libertaires, petits bourgeois confits d'un égoïsme hédoniste sans borne, et sans danger pour le système. Ils sont restés conformes à ce qu'ils étaient. Dans la représentation de mai 68, les médias se régalent de leurs prestations qui permettent d'effacer la réalité de classe de 68. Ils aiment montrer que la lame est définitivement émoussée. La preuve ? Leurs héros de pacotille s'en amusent eux-mêmes. Goupil ne supporte plus les militants, Cohn-Bendit les vomit…

Ce qui doit nous intéresser, c'est justement de regarder comment les vainqueurs de cette histoire en ont profité pour faire croire qu'on peut « transformer le système de l'intérieur ». « Après tout, disent-ils, on peut en tirer des avantages. Ce ne serait pas la peine de tout brutaliser ». Comment le nier ? Mais c'est avaler avec chaque bouchée l'addiction au repas tout entier. Un énorme matériel propagandiste s'est mis en mouvement contre tout ce qui est révolutionnaire. Du socialisme, on a fait une diablerie où Staline est inscrit dans Robespierre. La propagande s'est acharnée à disqualifier à la fois l'intervention populaire et son histoire particulière dans la Révolution.

« Les révolutions ne sont jamais de purs parcours idéologiques. Ce sont toujours les résultats de principes auto-organisateurs à l'œuvre dans une situation. »

En France, où se situe son modèle initial, les porte-plume du système ont accompli un travail considérable dans ce sens, avec François Furet par exemple. Cela s'est traduit méthodiquement par des opérations d'appareils comme *L'Obs* et les autres organes de cette mouvance. Ils ont répandu cette disqualification du fait révolutionnaire au sein des classes moyennes sachantes qui font l'opinion et déterminent les modes de vie sur lesquels essaient de se caler la classe ouvrière et les contremaîtres, c'est-à-dire ceux qui sont la catégorie juste d'avant. De ce fait, les générations de l'échec de 68 puis du programme commun ont été pétries à pleines mains dans ces registres.

Il est alors normal que les seniors entendent moins mon discours. Il y a le poids de l'âge. On est plus conservateur en vieillissant. On s'aperçoit des vanités de l'existence qui vous agitaient quand vous étiez plus jeune. Les seniors se disent que le changement que nous proposons n'est pas possible, qu'il est trop compliqué. Prenez n'importe quel jeune d'une école d'ingénieur, il sait que c'est facile de fermer les centrales nucléaires et de les remplacer par des énergies renouvelables. Cela prendra 4, 5, 10 ans. 4, 5, 10 ans, quand vous avez 70 ans, c'est beaucoup. On se demande entre-temps si on aura de l'électricité. On me dit : « Mais Monsieur Mélenchon, vous n'allez tout de même pas sortir du nucléaire en appuyant sur un bouton ? » Dans la génération senior, une majorité trouve la tâche politique d'un niveau trop élevé. Ce qui est rassurant cependant, c'est que la tâche révolutionnaire ne résulte jamais d'un acte idéologique, mais d'une nécessité qui résulte des circonstances. C'est cela notre force.

Les révolutions ne sont jamais de purs parcours idéologiques. Ce sont toujours les résultats de principes auto-organisateurs à l'œuvre dans une situation. Furet affirmait que la révolution aurait dérapé à cause d'idéologues exagérés. En étudiant les lettres qui viennent des élus des états généraux, Timothy Tackett a montré que les révolutionnaires ne sont pas des enragés, mais des notables motivés, mais perplexes. Ils font face à des situations qui les dépassent et apportent des réponses révolutionnaires parce qu'ils ne voient pas quoi faire d'autre. Leurs répliques sont juste celles qui leur paraissent adaptées aux circonstances. La seule chose qui est idéologiquement constante et qui traverse les bancs de l'assemblée, c'est l'anticléricalisme. Mais Timothy Tackett montre comment les gens ont répondu à des circonstances, qui, en s'enchaînant, ont détruit peu à peu tout l'ordre ancien.

« La guerre civile va défigurer la révolution de 1917 de la même manière que la guerre contre toute l'Europe a défiguré la Révolution de 1789 et a mené à la victoire de Bonaparte plutôt qu'à celle de Robespierre. »

L'ordre nouveau qui découle de cet écroulement ne s'appuie pas sur une idéologie, mais sur la nécessité de répondre à la situation de tous les jours. Par exemple, en réplique populaire à la Grande Peur en 1789, se créent des milices pour se protéger des brigands. Le problème, c'est qu'il n'y a pas de brigands, et une fois que la garde nationale est constituée, les miliciens ne rendent pas les armes et se donnent des missions. Les processus révolutionnaires enracinés partent toujours des préoccupations qui répondent à des circonstances qui sont insurmontables autrement que par des méthodes révolutionnaires. C'est le cas de la révolution de 1917 : il était impossible de changer le cours des évènements tant que l'on n'arrêtait pas la guerre. C'est en tout cas pour cela que s'écroulent les gouvernements successifs. Après, cela devient autre chose : la guerre civile va défigurer la révolution de 1917 de la même manière que la guerre contre toute l'Europe a défiguré la Révolution de 1789 et a mené à la victoire de Bonaparte plutôt qu'à celle de Robespierre.

LVSL – Un des problèmes récurrents des forces qui veulent changer radicalement la société, c'est la peur du « saut dans l'inconnu » pour une part non négligeable des électeurs. Comment comptez-vous affronter ce déficit de crédibilité, qu'il soit réel ou qu'il s'agisse d'un fantasme ? Comment faire en sorte que les Français n'aient aucune difficulté à imaginer un gouvernement insoumis, et comment passer du moment destituant, celui du dégagisme, au moment instituant ?

J.-L.M. – J'en traite justement dans un récent post de blog, dans lequel je commente l'actualité, en fonction des phases connues du mouvement révolutionnaire « populiste », la phase destituante et la phase instituante sont liées par un mouvement commun. On rejette en s'appropriant autre chose et *vice versa*. Il ne faut jamais oublier le contexte. Nous sommes dans un moment de déchirement de la société.

Nous offrons un point de rassemblement. La France insoumise est le mouvement de la révolution citoyenne. C'est-à-dire de la réappropriation de tout ce qui fait la vie en commun. Il englobe des catégories qui ne sont pas toujours dans des dynamiques convergentes. Elles sont même parfois contradictoires. La fédération des catégories sociales, d'âge et de lieu se fait par leurs demandes respectives. Il y a besoin d'une coïncidence des luttes avant d'avoir une convergence de celles-ci. Chacune a sa logique. On vient d'évoquer les seniors : l'augmentation de la CSG les rapproche d'autres catégories. Rien à voir avec l'attrait de mon image. Le programme d'un côté, et la capacité du groupe parlementaire à le mettre en scène de l'autre, voilà de solides repères pour l'opinion qui observe et se cherche.

« Si je deviens moins franc du collier, je sors de la stratégie de la conflictualité qui est la seule capable de produire de la conscience, de l'action, de la confiance et du regroupement. »

Alors, qu'est-ce qui va rassurer ? La perception de notre détermination. Pourquoi les gens seraient-ils attirés par Monsieur Macron, qui sème un désordre indescriptible dans tout le pays et qui raconte des choses insupportables sur la laïcité et ainsi de suite ? La France insoumise, elle, sait où elle va. Nous défendons l'idée qu'il y a un intérêt général et que la loi doit être plus forte que le contrat. Il y a des gens que ça rassure, à proportion du fait qu'ils se détournent des autres. Ça ne se fait pas tout seul. Je ne cherche pas à devenir de plus en plus rassurant pour rassembler autour de moi. Si je le faisais, je renoncerais au ciment qui unit notre base entre l'aile la plus radicale et l'aile la plus modérée.

« La construction d'un peuple révolutionnaire n'est pas un dîner de gala. »

On me reproche d'être clivant ? Mon score n'en serait-il pas plutôt le résultat ? Il faut abandonner l'illusion communicationnelle. Avoir le bon slogan et le bon message ne réconciliera pas tout le monde. Pour réconcilier tout le monde, il faudrait baisser d'un ton ? Je ne le ferai pas. Je compte davantage sur l'obligation de la prise de conscience de devoir sauter l'obstacle de la routine et de la résignation. Et si je deviens moins franc du collier, je sors de la stratégie de la conflictualité qui est la seule capable de produire de la conscience, de l'action, de la confiance et du regroupement. La construction d'un peuple révolutionnaire n'est pas un dîner de gala.

LVSL – Mitterrand s'est confronté aux mêmes types de problématiques pour accéder au pouvoir en 1981…

J.-L.M. – 1981, ce n'est pas la révolution. La société n'est pas déchirée, et François Mitterrand n'est pas lui-même un révolutionnaire. Toutes les composantes du programme commun ont pensé qu'elles allaient changer les choses par le haut. La « force tranquille », c'est un slogan à la fin de la campagne. Il y a maintenant un mythe sur ce sujet. On aurait gagné grâce à un slogan ? Réfléchissez ! Ça n'a aucun sens. On a gagné par trente ans d'accumulation politique. Le programme commun commence dans la bouche de Waldeck-Rochet en 1956. Cela a pris un temps fou avant d'arriver à construire une base où socialistes et communistes arrivent à se réconcilier et à entraîner le reste de la société ! Et il aura fallu la grève générale de mai 68 pour brasser la conscience populaire assez profondément.

On ne gagne pas avec des slogans sans ancrages. Les slogans doivent correspondre à des situations. La situation dans laquelle je me trouve aujourd'hui, c'est la nécessité de construire une majorité. Pour cela, elle doit trouver son enracinement social à la faveur d'une élection. Quand la température politique monte, l'information circule très vite, les consciences peuvent faire des choix positifs et négatifs. Il y a des gens qui votent pour moi parce qu'ils ne savent pas pour qui d'autre voter, il y en a qui le font parce qu'ils trouvent que ce que je dis est bien et que le programme leur paraît efficace, et puis il y a des gens qui votent pour moi en se disant que voter pour n'importe quel autre n'apportera rien. Pour eux, c'est donc le vote utile.

Nous avons construit une situation électorale. À l'intérieur de cette situation, nous construisons, à travers le programme, une base sociale de masse pour le changement de fond que nous portons. En 2012, nous avons eu 4 millions de voix. En juin 2016, j'avais dit « à chacun d'en convaincre un autre ! Si on fait 8 millions de voix, on a gagné ». Finalement, nous avons fait 7 millions, et n'avons pas gagné. Mais on a quand même gagné 3 millions d'électeurs ! Puis aux élections législatives, comme en 2012, on en a reperdu la moitié. La moitié de 4 millions, ça n'est pas la moitié de 7 millions. Cette fois-ci, on a obtenu un groupe parlementaire. Cela a permis le franchissement d'un nouveau seuil. Nous avons substitué une image collective, celle du groupe, à une image individuelle, celle du candidat. Et, dorénavant tous azimuts, nous couvrons et influençons de nombreux secteurs de la société. Voilà des acquis formidables de notre action et de notre lutte ! Le point d'appui s'est formidablement élargi.

Maintenant, le pays entre en ébullition sociale et idéologique. Tant mieux ! Parce qu'à l'intérieur de ça, pour la première fois, des milliers de jeunes gens se construisent une conscience politique. On peut voir que c'est la première fois qu'il y a un mouvement dans les facs depuis très longtemps, tout comme dans les lycées. Il y a aussi des milliers et des milliers d'ouvriers qui se mettent en mouvement pour faire la grève, et ce sont les secteurs les plus déshérités de la classe ouvrière qui tiennent le coup le plus longtemps. Par exemple, chez Onet, pendant des mois, les pauvres gens qui nettoient les trains et les voitures, les femmes qui font les chambres dans les hôtels, ont tenu trois mois de grève sans salaire !

On sent donc que dans la profondeur du pays, il y a une éruption. Je ne dis pas que ça va suffire ! Mais rappelez-vous que notre but est de construire un peuple révolutionnaire. Ce n'est pas de construire une fraction d'avant-garde révolutionnaire qui prend le pouvoir par surprise. Cela n'a jamais marché, et les nôtres en sont tous morts à la sortie. Ce n'est pas comme cela qu'il faut faire. Construire un peuple révolutionnaire, cela veut dire ne compter que sur la capacité d'organisation qu'il contient et avancer pour qu'il se constitue en majorité politique.

« Nous ne sommes pas les psalmodieurs d'un catéchisme auquel devraient se conformer les masses. Nous sommes leurs éclaireurs, parfois leurs déclencheurs, toujours leurs serviteurs. »

En ce moment, l'école de la lutte fonctionne à plein régime : si le pouvoir macroniste fait une erreur de trop, le mouvement va s'accélérer. Je ne peux pas vous dire aujourd'hui dans quel sens il va s'accélérer. De la même manière que je ne peux pas vous dire aujourd'hui ce qui se passera le 5 mai. Est-ce que ce sera un rassemblement de protestation ? Ou est-ce que ce sera le moment qui verra converger une colère terrible du pays ? Je compte qu'il soit la dernière étape avant la formation d'une fédération des luttes qui vienne à l'appel commun des syndicats et des mouvements politiques. C'est ce qu'on appelle une stratégie : un ensemble de tactiques de combat au service d'un objectif.

Nous ne sommes pas les psalmodieurs d'un catéchisme auquel devraient se conformer les masses. Nous sommes leurs éclaireurs, parfois leurs déclencheurs, toujours leurs serviteurs. [...]

Mais il y a aussi un facteur que personne ne prévoit et ne pourra jamais prévoir : c'est l'initiative populaire. Elle peut tout submerger, tout le monde, et tel est mon souhait le plus profond. Parce que quand l'initiative populaire submerge les structures, elle n'a pas de temps à perdre. Elle va droit au but et elle frappe à l'endroit où se trouve le nœud des contradictions.

La France insoumise

Du parti au mouvement

Un des faits les plus notables des dernières années est l'évolution accélérée des partis vers l'adoption de formes mouvementistes. Sous l'effet de la critique de la représentation et de l'entrée dans une société plus liquide, les entreprises politiques ont fini par intégrer de nouvelles formes d'engagement politique, pas nécessairement plus démocratiques. Les cas les plus notables en France sont En Marche ! et La France insoumise, en partie héritière du Parti de gauche. Analyse d'une mutation à partir du cas du mouvement fondé par Jean-Luc Mélenchon.

Auteur : Lenny Benbara

Date de publication : 12 mars 2019

Dans *La raison populiste* (2005), Ernesto Laclau expliquait déjà comment les effets du capitalisme globalisé produisaient des formes de dislocations internes des champs politiques, et ce qu'on peut appeler une *liquéfaction* des rapports sociaux – le caractère toujours plus friable des normes et des repères. Il prédisait, à cet égard, l'émergence accélérée de formes mouvementistes au détriment des formes partisanes traditionnelles. Les mouvements restent, au sens générique, des *partis,* mais ils rompent avec les formes institutionnalisées héritées de la généralisation du suffrage universel aux XIXe et XXe siècles. Plus encore, lorsqu'ils émergent dans la gauche traditionnelle, ils rompent avec la forme du *parti de masse*[1], modèle des mouvements ouvriers. En France, le PCF a longtemps constitué un idéal-type[2] du parti de masse, organisé de façon pyramidale et avec de multiples strates censées obéir au principe du centralisme démocratique : la section, la fédération, le conseil national et la direction nationale. À certains égards, le PS, dans la continuité de la SFIO, a maintenu ces formes, tout en s'organisant par courants. À côté de ce modèle existaient des petits partis trotskystes fondés sur le principe de l'*avant-garde éclairée.* Ces partis étaient élitaires, sélectifs, et reposaient sur le rôle moteur d'une petite minorité dans les processus révolutionnaires. Le Parti de gauche, fondé en 2009 par Jean-Luc Mélenchon, à partir d'une scission du PS, est de ce point de vue plus proche de la tradition trotskyste et du modèle du *parti de cadres*[3].

Il y a plusieurs causes à l'émergence des mouvements et à l'affaissement des structures traditionnelles. Cela commence par l'émergence de la mouvance altermondialiste des années 1990, comme ATTAC, qui a abouti aux comités du « Non » lors du référendum de 2005 sur le Traité constitutionnel européen. Ensuite, depuis les années 2000, on assiste au développement très rapide de l'usage politique d'internet et des réseaux sociaux. Le M5S italien est un des pionniers en la matière, puisqu'il est né dans le prolongement d'un blog associé à une plateforme qui s'appelait Meetup (lancée en 2005) sur laquelle les activistes pouvaient s'inscrire, voter et s'auto-organiser. En 2014, soit presque dix ans plus tard, Podemos, inspiré par la campagne de 2008 de Barack Obama qui avait contourné l'appareil démocrate avec *MyBO* et *Partybuilder*, lance sa plateforme et son site participatif, tout en conservant une forme partisane plus traditionnelle. En général, ces plateformes sont nées à partir d'un désir de démocratie directe et d'une désintermédiation permise par les technologies numériques. Finie la longue accumulation de capital politique interne pour pouvoir « approcher » les cercles dirigeants et le leader. Désormais, les réseaux sociaux permettent, ou feignent de permettre, un rapport direct au leadership. En retour, ce dernier peut observer directement l'état moral des troupes qui s'expriment sur internet, ce qui le rend moins dépendant des *remontées* du *terrain.* Les réseaux sociaux et leurs algorithmes favorisent ce double mouvement d'horizontalité et de verticalité, au détriment des structures pyramidales stratifiées.

L'apparition de nouveaux acteurs a été permise par la crise de la représentation et l'insatisfaction croissante à l'égard de l'offre politique existante. Depuis les années 1980 et l'installation progressive de l'hégémonie néolibérale, s'est développé un phénomène d'alternance sans alternative, où les différences politiques entre la gauche et la droite se sont progressivement

1. Le concept de parti de masse renvoie à la typologie de Maurice Duverger. Il désigne, comme son nom l'indique, des partis qui ont de nombreux adhérents et dont l'extension est un but en soi, car il favorise la diffusion des idées et des propositions du parti, ainsi que sa capacité à mailler le territoire.

2. Le terme idéal-type renvoie au concept de Max Weber. Il sert à désigner un modèle abstrait auquel la réalité ne correspond que partiellement.

3. Toujours selon la typologie de Maurice Duverger, le parti de cadres renvoie aux partis qui reposent sur un nombre plus restreint d'adhérents, dont l'origine sociale est plus élitaire. Ils ne cherchent pas l'adhésion d'un grand nombre de sympathisants. Ce concept a d'abord servi à qualifier les partis de notables.

effacées, pour finir par laisser place au *cercle de la raison*. À la raison politique s'est substituée la raison technocratique. Le caractère toujours plus limité des alternatives, couplé aux effets d'atomisation de la mondialisation, a affaibli la pertinence du clivage gauche-droite et a généré une accumulation de demandes frustrées dans la société. Cette accumulation a atteint un seuil critique et a ouvert une fenêtre d'opportunité pour que des *outsiders* exploitent et articulent ces demandes. Ces derniers, lorsqu'ils mettent sur pied des machines électorales, disposent au départ de peu de ressources financières et humaines. Dès lors, ils privilégient des formes où le pouvoir est plus concentré et où la structure est plus souple. En d'autres termes, il est plus simple de créer un mouvement qu'un parti qui dispose de structures complexes et développées, et de ramifications sur l'ensemble du territoire.

Le lancement de la France insoumise s'est effectué à partir de la combinaison de ces deux éléments : une concentration décisionnelle très poussée faite pour mener campagne ; une plateforme internet destinée à capter la demande d'horizontalité et à laisser faire la *spontanéité* par en bas. L'adhésion a disparu, au bénéfice de *l'appui* à la candidature de Jean-Luc Mélenchon. Le clic suffit pour participer et ne nécessite plus les procédures formelles du passé. Le niveau de contrôle des militants a été dans un premier temps très faible en raison de l'extension extrêmement rapide qu'a connue le mouvement dans le contexte de l'élection présidentielle. Cette extension revêt, à dessein, un caractère quasi incontrôlable. C'est ce qui s'est aussi passé au cours de la campagne de Bernie Sanders en 2016, où les *organizers* ont promu un modèle chaotique fondé sur l'énergie et l'autonomie des volontaires sur lesquels le contrôle est relâché. La concentration décisionnelle nécessaire à la campagne s'est traduite par l'absence de processus de légitimation démocratique, hors des consultations effectuées ponctuellement sur la plateforme. Jean-Luc Mélenchon a par ailleurs légitimé ce modèle en critiquant l'entre-soi créé par la démocratie interne, qui conduit les militants à se concentrer sur la vie interne du parti et à se *regarder le nombril*. Pour dépasser ce handicap, la France insoumise semble avoir privilégié une *démocratie de l'action* où le faible niveau de contrôle sur la base permet à chacun de se sentir libre de conduire ses propres actions. De ce point de vue, le mouvement embrasse les dynamiques postmodernes qui favorisent des formes individualistes d'engagement politique et un rejet toujours plus fort des cadres collectifs. C'est en particulier le cas des jeunes, qui ont constitué un des moteurs les plus puissants de la campagne de 2017.

Après l'élection : la maturation

La période post-élections présidentielles et législatives a conduit à une forme de rétractation progressive du mouvement, comme l'indique le nombre décroissant de votants sur la plateforme du site. Cette rétractation est à la fois le produit de la dépolitisation habituelle post-présidentielle et du modèle organisationnel de la France insoumise. En effet, lorsque l'enjeu politique disparaît, l'action immédiate a moins de sens et est moins valorisée qu'en période d'élection. La variété limitée du répertoire d'action de la France insoumise (malgré les nouvelles formes apparues après l'élection : votation citoyenne, collectes, caravanes rurales ou encore les processus participatifs comme les ateliers des lois) provoque une prise de distance logique de celles et ceux qui valorisent d'autres formes d'engagement. Ce n'est pas nécessairement un problème, car on peut tout à fait considérer qu'il n'y a pas besoin d'un mouvement de masse et qu'il suffit de mobiliser des troupes importantes lors des moments cruciaux, mais cette rétractation a rencontré d'autres transformations organisationnelles.

Le centre de gravité du mouvement a en effet basculé après les élections législatives. Le groupe parlementaire joue actuellement le rôle de direction politique du mouvement, sans que cela soit formellement acté. Il capte une partie des ressources humaines, et notamment des cadres politiques, pour les mettre au service de l'action parlementaire et des impératifs liés à l'actualité nationale. En entrant dans les institutions, la France insoumise a été partiellement extraite de son *extra-institutionnalité*. Concrètement, la vie du mouvement s'organise de façon croissante autour du groupe parlementaire où s'élaborent la ligne politique et les compromis internes. Ces compromis dépendent des positions des différents députés et de leurs intérêts respectifs, et il est évident que le groupe de la France insoumise est hétérogène. L'apparition d'une structure intermédiaire entre le leader et la base a transformé le processus d'élaboration de la ligne politique au bénéfice des cadres et des élus, au détriment des éléments hors du groupe parlementaire. Les compromis internes au groupe ne sont pas toujours ceux qui correspondent à la pluralité du mouvement, notamment quand les zones d'élections des élus sont concentrées géographiquement.

Dans le même temps, l'équipe de direction a endossé un rôle avant tout technique, de telle sorte qu'elle est nommée « équipe opérationnelle ». C'est celle qui siège rue de Dunkerque, près de la gare du Nord, qui est pilotée par Manuel Bompard et dans une moindre mesure par Bastien Lachaud. Elle traduit notamment les orientations fournies par le groupe parlementaire et par Jean-Luc Mélenchon dans les campagnes et les actions des groupes d'action. Mais la *technique* revêt toujours un caractère plus ou moins politique, et n'est pas neutre puisque l'opération de traduction des orientations fournies est en elle-même une opération politique. De telle sorte qu'on peut considérer que la France insoumise est en partie bicéphale et que son modèle de direction n'est pas stabilisé et varie en fonction des impératifs de la conjoncture, selon que le mouvement ou le groupe soit plus ou moins exposé dans l'actualité.

Le modèle de la France insoumise est donc fondé sur une forme d'indétermination de la structure décisionnelle, qui repose en dernière instance, et quand la situation l'exige, sur le leader. Cependant, au quotidien, les multiples décisions prises engagent une variété d'acteurs sans que leur hiérarchie et leur zone de compétence soient clairement délimitées, hormis lorsque Jean-Luc Mélenchon mandate l'un ou plusieurs d'entre eux sur un sujet particulier. Pour analyser et comprendre le modèle de la France insoumise, cela vaut la peine de s'intéresser aux personnes qui jouent le rôle de *nœud de réseau*.

Un groupe parlementaire qui repose sur une nouvelle génération de cadres

Clémence Guetté, que nous avons eu l'occasion d'interroger, fait partie de cette jeune génération de cadres passée par le Parti de Gauche, mais qui était insatisfaite de la forme parti. À 27 ans, elle est actuellement secrétaire générale du groupe La France insoumise à l'Assemblée nationale, et joue de ce fait un rôle important à la fois au niveau de l'élaboration des compromis internes et de la coordination avec l'équipe opérationnelle. Après avoir effectué une licence de lettres à la faculté de Poitiers et un master de sociologie politique à Sciences Po Paris, elle s'est formée aux politiques environnementales en passant par AgroParisTech.

Pendant la campagne, elle a été embauchée par le mouvement afin de travailler à plein temps sur le programme présidentiel, puis sur les législatives. Elle raconte : « Mon rôle de secrétaire générale n'était pas forcément anticipé, dans la mesure où il n'était pas certain que nous ayons un groupe. J'ai été choisie parce qu'il y avait besoin de quelqu'un qui était familier de la doctrine et qui garantirait qu'elle soit déclinée dans l'activité parlementaire. » En d'autres termes, c'est par elle que passe le maintien de la cohérence du programme, cohérence qui peut entrer en conflit avec l'hétérogénéité du groupe parlementaire. Si pour Clémence « chacun apporte sa nuance et son expérience », il est cependant « important d'avoir en tête les équilibres à construire ». Rompue à la sociologie des partis politiques, elle « assure le lien » entre les députés et « assiste Jean-Luc Mélenchon dans son rôle de président de groupe ». Vaste programme, pour un mouvement qui arrive en 2017 sans maîtriser les routines institutionnelles contrairement aux autres partis politiques présents à l'Assemblée nationale.

Arrivée sans connaître le fonctionnement de l'Assemblée, elle admet volontiers le poids de l'institution : « Il est réel, dans les pratiques, les vêtements, les corps. On nous le montre tous les jours. Il faut faire attention à la technocratisation, il faut garder en tête que nous sommes là pour un but bien précis. On essaie de montrer qu'on peut faire bien tout en remettant en cause les normes qu'on juge absurdes. » Les députés insoumis ont en effet déposé de nombreux amendements, et c'est à elle que revient la charge de les relire, ce qui est en rupture avec les usages à l'Assemblée : « Le travail de fond est la majorité de mon activité, en particulier la relecture de toutes les notes produites par les collaborateurs parlementaires, et tous les amendements, afin de rendre tout ça cohérent avec le programme. » Elle reconnait que « ce serait impossible avec un groupe plus nombreux. »

Cet investissement important dans le travail parlementaire peut presque sembler étonnant, quand on sait que le système institutionnel français est fondé sur le fait majoritaire et qu'il n'y a quasiment aucun amendement de l'opposition qui passe à l'Assemblée nationale, dont l'utilité réside plus dans le fait de fournir une tribune aux opposants. Il nécessite un investissement conséquent en ressources humaines et en attention accordée par les cadres politiques. Mais pour la jeune secrétaire générale, l'objectif est ailleurs : « En un an, on a réussi à montrer aux gens et aux services de l'Assemblée qu'on était extrêmement sérieux dans le travail. Nos députés ne portent pas de cravate, mais ils travaillent les projets de loi. »

Un mouvement autonome du groupe

C'est aussi par la secrétaire générale que passent de nombreuses informations pour que le lien se fasse avec le mouvement. De l'autre côté de la messagerie Telegram, plébiscitée par les cadres insoumis, se trouve Coline Maigre, en charge de la relation du mouvement avec les groupes d'appui, pour qui : « Le mouvement est autonome, il a sa vie propre. Il met ses capacités organisationnelles au service du groupe et les députés mettent leur tribune au service du mouvement. » À 26 ans, celle-ci est arrivée beaucoup plus fraîchement que Clémence dans le militantisme. Originaire d'Auxerre, elle a suivi une licence de droit à Lyon. Elle confie ne pas avoir baigné dans la politique : « Mes parents n'ont jamais été militants, même si comme tout le monde, ils discutaient de politique à la maison. » Son engagement plus tardif à la France insoumise est en lien avec l'émergence de la forme mouvement : « En 2012, je me suis intéressée à Jean-Luc Mélenchon, mais je ne voulais pas entrer au Parti de Gauche. Je me méfiais des partis. C'est vraiment la modernité de la France insoumise, la forme mouvement-plateforme, l'activité sur les réseaux sociaux, la porosité de la structure, qui m'ont convaincue de m'engager. Tu milites sur le terrain, tu milites sur les réseaux sociaux, tu partages des vidéos, tu fais comme tu veux. »

Elle a d'abord « filé des coups de main pendant la campagne, notamment aux législatives, sur l'organisation d'événements en région parisienne », avant d'hériter de la position de Mathilde Panot, appelée à son mandat de députée. C'est Manuel Bompard qui lui a proposé de prendre le relai de la députée d'Ivry-sur-Seine.

Ses journées ? « On envoie des mails aux référents de chaque groupe, on est à l'écoute des groupes d'appui, on s'occupe de la newsletter. On fait en sorte que les campagnes décidées aux conventions du mouvement soient menées sur tout le territoire. On organise les manifestations. » Avec elle, deux autres personnes sont là pour l'appuyer au quotidien, ce qui semble léger au regard du nombre d'inscrits sur la plateforme. Cette équipe est appuyée par une quinzaine de volontaires présents sur l'ensemble du territoire qui assurent les remontées du terrain à travers une réunion mensuelle et une boucle Telegram. Fini les centaines de cadres locaux censés mailler le territoire et l'organisation pléthorique au niveau national pour assurer le fonctionnement de l'organisation. Mais cette concentration décisionnelle et l'étendue de la tâche peut rendre sa réalisation compliquée, comme lorsque les cadres du mouvement ont été transférés à l'Assemblée nationale. Coline raconte : « Après les législatives, il ne restait plus beaucoup de personnes pour assurer le fonctionnement du siège. Beaucoup de membres de l'équipe opérationnelle précédente étaient partis travailler à l'Assemblée. »

Ce rapport direct de la structure nationale avec les groupes d'appui est revendiqué par le mouvement : « Cela évite la bureaucratisation et les chefferies locales. Cela favorise l'autonomie des groupes d'action qui agissent comme ils le veulent dans le cadre du programme l'Avenir en commun. » Or, certains militants ne l'entendent pas de cette façon. En effet, la France insoumise a aussi attiré de nombreux militants marqués par les structures partidaires qui comportent différents échelons. Il y a donc eu des tentatives pour créer des structures au niveau départemental après la campagne présidentielle. Pour Coline : « C'est compliqué de passer d'un parti à un mouvement pour certains militants. C'est souvent le produit d'une incompréhension et il y a parfois de vieux réflexes pour reproduire des formes passées. En expliquant bien l'intérêt de la forme mouvement, les gens s'y sont adaptés. Certains ne comprenaient pas que des insoumis ne voulaient pas de petits chefs, ce qui peut provoquer des conflits, mais ceux-ci se résolvent par la création d'un nouveau groupe d'action. »

Ces inerties culturelles concernent aussi les modes de légitimation de l'élite dirigeante. Si dans les vieux partis la légitimation passait par des procédures censées être démocratiques, mais toujours biaisées par l'appareil dirigeant, de telle sorte qu'elle n'est souvent qu'une illusion, la France insoumise assume son caractère non démocratique et tranche le débat : « si on applique au mouvement la “démocratie” telle que la pratiquaient les vieux partis, on va se mettre à voter sur des virgules » explique Coline. En ce qui le concerne, à l'édition 2018 des « Amfis d'été », Jean-Luc Mélenchon déclarait : « La France insoumise n'est pas démocratique, elle est collective. » Cette verticalité assumée se conjugue à une autonomie importante à la base, et à un modèle de *démocratie de l'action*. Il est notable que ce modèle s'appuie sur une nouvelle génération de cadres plus sensibles aux nouvelles formes d'engagement et au refus de s'investir de façon trop contraignante dans une organisation.

Vers la désorganisation et le leader éclairé ?

À de nombreux égards, le système organisationnel de la France insoumise semble fondé sur une forme de *chaos* et de *déséquilibre permanent* où on recherche en vain le principe articulateur qui permet d'assurer le déploiement stratégique du mouvement. Cette désorganisation organisée reste en partie fonctionnelle. Pour certains observateurs, cela cache l'autoritarisme présumé de Jean-Luc Mélenchon qui est l'unique principe qui assure le leadership.

Mais cette hypothèse résiste en définitive assez peu à l'analyse. Dans ce panorama qui ressemble plus à un archipel de petites unités chacune détentrice d'un pouvoir limité et spécifique, l'hétérogénéité prévaut. Jean-Luc Mélenchon adopte en réalité en permanence des positions de compromis internes qui peuvent être librement interprétables par l'ensemble des acteurs, qu'il s'agisse des députés, des figures variées du mouvement ou des militants. Il élabore en continu des compromis *a minima*, et joue plus le rôle d'*autorité morale* que d'organisateur du quotidien. Ce modèle génère en réalité de la conflictualité. Il encourage la polarisation interne entre différentes factions qui cherchent à faire pencher le leader d'un côté ou de l'autre, afin qu'il construise des compromis qui leur soient plus favorables, ou qu'il *choisisse* une ligne ou une autre, ce qui n'est pas dans l'habitude d'un leadership à la culture mitterrandienne, où l'ambiguïté a un rôle primordial. Cependant, l'augmentation de la conflictualité interne rend toujours plus difficile l'élaboration de compromis, de telle sorte que les conflits s'aggravent tendanciellement et poussent les acteurs toujours plus loin, jusqu'à ce qu'il faille politiquement *trancher une tête*. Cette nécessité intervient d'autant plus que le cloisonnement du leader en région parisienne, dans l'action parlementaire (malgré la présence en circonscription à Marseille), rend plus ardue la perception des questions qui s'expriment au-delà de la petite couronne, et qui pourraient être démêlées de façon moins conflictuelle. Concrètement, cela se traduit par l'exclusion ou la marginalisation de figures qui ont dépassé un seuil critique dans le conflit.

À l'inverse, quand la ligne est plus affirmée et qu'elle est mise hors des débats quotidiens, qu'un horizon est fixé clairement, comme à l'occasion du soutien aux gilets jaunes, il semblerait que le niveau de conflictualité décroisse. C'est un paradoxe bien connu de la théorie populiste : la démocratie repose non pas sur l'association, mais sur la division. Là où il y a du politique, c'est qu'il y a du conflit. Les formes de démocratie non formelles présentes dans la France insoumise, notamment à travers les tentatives de *peser* n'ont de sens que par rapport à des adversaires internes. Elles génèrent donc en permanence du conflit, mais sans les institutions adaptées pour canaliser les antagonismes. Le mouvement se retrouve donc devant l'obligation de toujours avancer pour faire diminuer le niveau de conflictualité interne et éviter les phases de flottement propices à une remontée de la conflictualité.

Cette cartographie non exhaustive du mouvement laisse entrevoir une difficile transition et l'absence de stabilisation d'un modèle organisationnel clair. Cet état *gazeux* embrasse largement les caractéristiques principales du *moment populiste* et de la postmodernité politique : une désinstitutionalisation, une atomisation et une hétérogénéité croissante en recherche continue d'un principe d'articulation. Cette instabilité est à l'image de nos systèmes politiques, mais laisse entrevoir un certain nombre de défis quant à la préparation d'une prise du pouvoir. En effet, ce modèle semble particulièrement pertinent pour les phases de campagne électorale, qui reposent sur la rapidité décisionnelle et des capacités propulsives, mais a plus de difficultés à s'adapter aux phases de reflux de la participation politique, qui conduisent à une démobilisation interne et à des déséquilibres politiques. Dès lors, il est difficile pour ces organisations de s'atteler à des tâches aussi cruciales que la production et la formation de cadres ou la séduction d'acteurs habitués à des formes institutionnelles stables, comme dans la haute fonction publique. La friabilité de l'ancrage social et territorial des militants rend le mouvement d'autant plus sensible à l'importante fluctuation de la mobilisation de son électorat, ce qui l'expose à des fragilités lors des élections intermédiaires. Le modèle de la France insoumise est donc fondamentalement tourné vers l'élection présidentielle.

Chantal Mouffe

« S'il y a du politique,
c'est qu'il y a du conflit. »

Il y a quelques temps était publié *Pour un populisme de gauche*, le dernier ouvrage de Chantal Mouffe paru chez Albin Michel. Désormais, c'est *Hégémonie et stratégie socialiste*, un des ouvrages majeurs de la philosophe belge et d'Ernesto Laclau, qui est republié chez Fayard en version poche, signe de l'intérêt grandissant pour les travaux des deux auteurs postmarxistes. L'Europe vit en effet un « moment populiste » qui se manifeste par des bouleversements politiques rapides dans de nombreux pays. À l'heure des gilets jaunes, nous avons pu nous entretenir longuement avec la philosophe sur l'ensemble de son œuvre théorique, et sur son utilité pour analyser et pour agir dans la période politique actuelle.

Entretien réalisé par Lenny Benbara. Retranscrit par Hélène Pinet, Marie-France Arnal, Vincent Dain et Vincent Ortiz.

Date de publication : 5 mars 2019

LVSL – Ce mois de janvier vient de paraître la version de poche de l'ouvrage que vous avez coécrit avec Ernesto Laclau *Hégémonie et stratégie socialiste*, initialement publié en 1985. Dans cet essai vous portez l'ambition de renouveler les schémas de pensée d'une gauche sclérosée tant du côté de la famille communiste que du côté de la famille social-démocrate. Quels étaient les fondements du projet initial ?

Chantal Mouffe – Notre projet était à la fois théorique et politique. Il s'agissait d'une réflexion théorique à partir d'un problème politique. J'utilise cette démarche dans tous mes livres. Je m'intéresse à la théorie dans la mesure où elle permet d'éclairer l'action, de la comprendre et de conduire à une intervention. Dans le cas d'*Hégémonie et stratégie socialiste : Vers une radicalisation de la démocratie* nous partions d'un questionnement politique. Le constat qui nous préoccupait était le suivant : tant la gauche marxiste – qui était encore forte à cette époque-là – que la gauche sociale-démocrate étaient dans l'incapacité de penser la nature des demandes qui émanaient des nouveaux mouvements sociaux, à savoir le féminisme, l'antiracisme ou encore les luttes pour l'écologie, et de saisir l'importance d'articuler ces demandes avec celles de la classe ouvrière. Cette gauche demeurait très ancrée dans l'idée que le socialisme concernait avant tout les demandes de la classe ouvrière.

Nous avons essayé de comprendre ce qui se passait, d'où provenait ce blocage, cet obstacle épistémologique – pour reprendre une expression de Louis Althusser – dans cette théorie qui ne nous permettait pas d'appréhender l'importance de ces luttes. Il nous fallait en fait poser la question de l'hégémonie, entendue comme la nécessité pour la classe ouvrière de s'ouvrir à d'autres demandes. Notre réflexion était bien sûr très influencée par Gramsci. D'ailleurs, le premier livre que j'ai publié est intitulé *Gramsci and Marxist Theory* (1979).

Pourtant, bien que Gramsci fût celui qui soit allé le plus loin dans la pensée marxiste, nous ne trouvions pas chez lui les éléments théoriques qui nous permettaient de poser la question de l'hégémonie au-delà d'une union de groupes sociaux autour de la classe ouvrière. Pour le penseur sarde, il s'agissait d'articuler la lutte de la classe ouvrière du Nord avec la lutte de la paysannerie du sud de l'Italie. Nous pensions que la perspective de l'hégémonie chez Gramsci constituait un point de départ, mais qu'il fallait pousser plus loin encore.

Le livre comporte trois parties. Il est intéressant de souligner que dans sa publication allemande, il avait pour titre *Hégémonie et stratégie socialiste : pour une déconstruction du marxisme*. La première partie est effectivement une déconstruction de la pensée marxiste à partir du concept d'hégémonie. Nous avons cherché à établir une généalogie pour déterminer les points d'achoppement et nous sommes arrivés à la conclusion que ce qui empêchait le marxisme de comprendre les nouveaux mouvements sociaux, c'était *l'essentialisme de classe*, comme nous l'avons formulé. Le marxisme concevait la subjectivité politique comme la stricte expression des positions de classe. Le féminisme, l'écologie, l'antiracisme n'étant pas des antagonismes directement exprimables en termes de classe, leur importance était négligée.

À partir de ce diagnostic, nous avons développé une approche théorique à même de dépasser cet obstacle épistémologique, par une approche *anti-essentialiste* qui permette d'articuler une perspective non rationaliste. Dans la partie théorique du livre, la seconde, nous avons associé la pensée de Gramsci à plusieurs éléments du courant poststructuraliste de Derrida, Lacan et Foucault. Cette articulation nous a amenés à développer une théorie du politique structurée autour de deux concepts principaux : le concept d'hégémonie et le concept d'antagonisme. Cette partie théorique visait donc à développer notre pensée anti-essentialiste.

Dans la dernière partie de l'ouvrage, nous avons tiré les conséquences de cette analyse anti-essentialiste dans le champ de la politique. Nous avons proposé de redéfinir le socialisme en termes de radicalisation de la démocratie. Cette redéfinition est primordiale pour nous, parce que l'articulation des intérêts de la classe ouvrière et des demandes qui correspondent à d'autres antagonismes conduit à poser la question de l'hégémonie dans un sens bien plus large. Le socialisme entendu comme la défense des intérêts de la classe ouvrière devient dès lors une partie d'un projet plus vaste qui englobe d'autres demandes. Voilà ce qui est à l'origine de notre questionnement, et qui nous a amenés, depuis une question politique, à élaborer toute une réflexion théorique.

LVSL – Cet essai s'inscrit dans le courant que vous avez mentionné et qu'on peut qualifier de *postmarxisme*. Quelle est votre conception de ce courant ?

C.M. – En réalité, nous ne sommes pas les initiateurs de cette expression. Avant d'écrire *Hégémonie et stratégie socialiste*, nous avions publié une série d'articles qui posaient déjà certaines de ces questions. L'un d'eux, publié dans *Marxism Today*, avait bénéficié d'un certain écho par les débats qu'il avait suscité au sein de la gauche britannique. Les opposants l'avaient qualifié de « postmarxiste » afin de le critiquer. Cette catégorisation ne nous a pas dérangés, et nous avons repris cette formule dans la préface du livre en insistant à la fois sur *post* et sur *marxisme*. Il ne s'agit pas d'un postmarxisme qui rejette le marxisme, mais plutôt d'une pensée qui part du marxisme et s'en nourrit, mais pour aller plus loin.

Le terme *postmarxisme* ne dit pas grand-chose. Il ne définit pas clairement ce que sont nos thèses. C'est plutôt un terme descriptif. D'autres courants sont considérés comme postmarxistes, comme les études postcoloniales, certaines parties des études dites « décoloniales » ou encore les *subaltern studies* pour ne citer qu'elles. Il peut être intéressant de différencier le courant postmarxiste du courant néo-marxiste. Car il y a toute une série d'auteurs influents qui reconnaissent l'importance d'adapter les catégories marxistes à la situation actuelle tout en maintenant une certaine orthodoxie. Ce sont des néo-marxistes.

Cette question de l'orthodoxie ne m'intéresse pas. Je n'ai aucun attachement sentimental à me dire marxiste. Le marxisme a été important dans ma formation, surtout avec Gramsci, mais d'autres auteurs sont tout aussi importants, comme Freud, Weber ou encore Wittgenstein. Je défends une certaine dose d'éclectisme et je me méfie de toute forme d'orthodoxie.

Notre approche est souvent présentée comme une *théorie du discours* ou comme *École d'Essex,* car Ernesto Laclau, lorsqu'il était professeur à l'université d'Essex, a développé un programme de doctorat intitulé « Idéologie et analyse du discours ». De nombreux étudiants et doctorants du monde entier sont venus travailler avec lui et ont utilisé par la suite cette approche pour étudier une grande diversité de phénomènes. De ce programme est née une école, mais ce n'est pas une école *postmarxiste*. Cette période a été très importante dans la diffusion internationale de nos idées et de notre approche discursive. Cette dernière est au cœur de notre réflexion dans *Hégémonie et stratégie socialiste*.

« S'il y a du politique c'est qu'il y a du conflit »

Pour compléter, je voudrais rapidement indiquer quels sont les points principaux de cette approche de la théorie du discours. Tout d'abord, elle s'inscrit dans une conception *dissociative* du politique. C'est une conception qui s'oppose au postulat dominant dans la théorie politique libérale – entendue ici au sens du libéralisme philosophique et non du libéralisme politique ou économique – qui est en général porteuse d'une conception *associative* du politique. Pour celle-ci, le politique est le domaine de l'agir en commun, de la liberté et de la recherche du consensus.

À côté de cela existe une théorie *dissociative* du politique. On la trouve dans les écrits de Thucydide, de Machiavel et de Hobbes et plus tard chez Max Weber, Carl Schmitt ou Claude Lefort. Nous nous inscrivons dans cette conception dissociative du politique où politique et conflit sont inséparables : s'il y a du politique c'est qu'il y a du conflit. D'un point de vue plus philosophique, et c'est un point sur lequel nous insistons beaucoup, il y a une négativité radicale que nous différencions de la négativité dialectique. Cette dernière, qui peut être dépassée dialectiquement, est présente chez Marx ou chez Hegel. À l'inverse, la négativité radicale ne peut pas être dépassée : la société est irrémédiablement divisée.

Le second point important réside dans la conception anti-essentialiste selon laquelle toute objectivité est construite de manière discursive. L'espace social est de nature discursive et il est le produit de pratiques signifiantes. Ici, nous contestons l'idée de l'immédiateté, l'idée que le monde social nous est donné, ce que Derrida appelle la métaphysique de la présence. Le monde social est toujours construit par des pratiques signifiantes. En ce qui concerne les identités, comme Freud nous l'a appris, elles sont toujours le résultat de processus d'identification. Dans le domaine politique, les identités sont toujours des identités collectives et le résultat d'un processus d'identification qui comporte des éléments affectifs.

On appelle aussi cette conception *post-fondationnaliste* dans la mesure où elle affirme qu'il n'y a pas de fondement ultime. Ce n'est pas une position anti-fondationnaliste selon laquelle tout se vaut et tout est possible. Pour nous, il y a des fondements, mais ceux-ci sont toujours contingents. Toute politique vise à établir un ordre qui est de nature hégémonique, car il n'est jamais assis sur un fondement définitif. C'est un ordre précaire, contingent et en cela il est post-fondationnaliste.

On accuse cette conception discursive d'être une conception idéaliste. Depuis *Hégémonie et stratégie socialiste,* nous avons écrit bon nombre d'articles pour expliquer que ce n'était absolument pas le cas. Ce qu'on appelle « pratiques discursives » sont des pratiques signifiantes dans lesquelles signification et action, éléments linguistiques et éléments affectifs, ne peuvent pas être séparés. Lorsqu'on parle de discours c'est au fond la même chose que ce que Wittgenstein appelle des jeux de langage, à condition bien sûr de comprendre que par jeux de langage Wittgenstein ne se réfère pas simplement à des jeux linguistiques. Pour Wittgenstein, les jeux de langage sont aussi des pratiques matérielles. C'est donc une position matérialiste et non idéaliste. J'insiste sur ce fait important, car bon nombre de personnes ne semblent pas être capables de le comprendre.

LVSL – Justement, à propos de cette conception anti-essentialiste, vous critiquez l'essentialisme de classe qui conduit à remettre en question l'existence prédéterminée d'intérêts objectifs et d'identités de classes. Intérêts objectifs et identités de classes qui découleraient mécaniquement de la place qu'occupent les individus dans le processus de production. Entendez-vous ici que la lutte des classes, qui a été longtemps au centre de la vision du monde et de l'action politique à gauche au XXe siècle, est une formulation qui est dépassée ?

C.M. – Il y a eu beaucoup de malentendus par rapport à ce que nous disions de la lutte des classes. Il est évident que la perspective théorique que je viens de développer rompt avec l'ontologie marxiste d'une loi de l'Histoire, avec la représentation de la société comme une structure intelligible qui pourrait être maîtrisée à partir de certaines positions de classe et reconstituée en un ordre rationnel par un acte fondateur. Cette perspective met en question toute l'ontologie marxiste. Elle implique la nécessité d'abandonner le rationalisme marxiste qui présente l'histoire et la société comme des totalités intelligibles qui sont établies par des lois conceptuellement explicables et une nécessité historique dont le moteur est la lutte des classes.

L'une des erreurs, à notre avis, de la perspective marxiste, est de tout réduire à la seule contradiction capital-travail et de postuler l'existence d'une classe ouvrière dotée d'intérêts objectifs adossés à la position qu'elle occupe dans les rapports de production, qui devraient la conduire à établir le socialisme. Dans cette optique, si les ouvriers empiriques ne partagent pas ces intérêts-là, ils seront taxés d'être sous l'emprise d'une fausse conscience. C'est ce que nous remettons en question.

« L'idée que la lutte des classes est le moteur de l'histoire doit être abandonnée. »

Dans notre perspective, et c'est ici que l'anti-essentialisme joue un rôle important, il n'y a pas d'intérêts objectifs, mais seulement des intérêts construits discursivement. La classe ouvrière n'a pas de rôle ontologique privilégié, ce qui ne veut pas dire que dans certains cas la classe ouvrière ne puisse pas jouer le rôle principal. Cependant, cette primauté est toujours le résultat de circonstances et de la façon dont les luttes sont construites. Ce n'est donc pas un privilège ontologique. Les intérêts sont toujours des produits historiques, précaires et susceptibles d'être transformés. L'idée que la lutte des classes est le moteur de l'histoire doit être abandonnée.

Ce que nous contestons c'est donc l'idée que la lutte des classes serait une nécessité objective. Par contre nous ne contestons pas l'existence de luttes de classe à condition d'entendre ce terme de classe au sens wébérien ou bourdieusien. Certaines luttes peuvent être appelées *luttes de classe* dans la mesure où elles sont menées par des agents sociaux à partir de leur position dans les rapports de production.

Deux choses sont importantes pour comprendre notre position sur ce sujet. Tout d'abord, ces luttes menées par des agents sociaux à partir de leurs positions dans des rapports de production ne sont pas nécessairement anticapitalistes. La plupart des luttes menées par les ouvriers sont des luttes réformistes. D'autre part, il faut reconnaître qu'il peut y avoir des luttes anticapitalistes qui ne sont pas menées par des agents sociaux qu'on va appeler « classes ». Aujourd'hui, dans la mesure où le néolibéralisme pénètre de plus en plus et crée des formes de domination dans une pluralité de rapports sociaux, des agents sociaux vont se rebeller contre le capitalisme et mener des luttes anticapitalistes. Sauf qu'ils n'agissent pas en tant que *classe*. Des luttes féministes peuvent être des luttes anticapitalistes, mais elles ne sont pas menées en tant qu'acteur de classe. De même, beaucoup de luttes écologiques peuvent mettre en question le capitalisme, mais pas au nom de positions de classe.

Nous n'avons jamais soutenu l'idée, comme certains nous en ont accusé, que les luttes de classe ne sont plus importantes et que ce sont les luttes sociétales, *ou post-matérialistes*, qui sont les seules à compter. Nous disons qu'il y a d'autres antagonismes que l'antagonisme économique et que les luttes qui leur sont liées sont importantes pour un projet de radicalisation de la démocratie. […]

LVSL – Carl Schmitt vous a fourni un appui supplémentaire pour réintroduire la dimension irréductiblement conflictuelle du politique. Néanmoins, pour le philosophe allemand, l'antagonisme ami/ennemi conduit inévitablement les démocraties libérales fondées sur le pluralisme à une forme d'autodestruction. En quoi le modèle agonistique que vous développez dans vos travaux permet-il de résoudre cette contradiction ?

C.M. – Cette dimension conflictuelle du politique est déjà présente dans *Hégémonie et stratégie socialiste*. Nous avons souvent été accusés de suivre la pensée de Schmitt, alors même que nous ne le connaissions pas au moment de l'écriture du livre ! Un ami me l'a fait découvrir au moment de la publication de notre ouvrage.

Je travaillais à l'élaboration d'une critique du libéralisme lorsque j'ai découvert celle proposée par Schmitt. Il écrivait dans les années 1920 que le libéralisme nie le politique, car le libéralisme prétend penser le politique uniquement à partir d'un modèle économique ou d'un modèle moral ou éthique. Cette idée correspondait exactement à ce que je percevais dans la théorie libérale de la démocratie avec d'un côté le modèle agrégatif, qui correspond à une façon de penser le politique à partir de l'économie ; et d'un autre côté la démocratie délibérative qui se pensait quant à elle sur le mode de l'éthique ou de la moralité. Ce que Schmitt expliquait à l'époque était tout à fait pertinent pour appréhender la pensée libérale actuelle. Je dois dire que Schmitt a représenté pour moi un véritable défi… J'étais d'accord avec son idée que le politique repose sur le rapport ami/ennemi – ce que de notre côté nous appelons l'antagonisme, mais Schmitt en conclut que la démocratie pluraliste ne peut être un régime viable parce que le libéralisme nie la démocratie, et la démocratie nie le libéralisme.

Mon projet consistait au contraire à repenser la démocratie pluraliste. Je ne voulais en aucun cas rejeter la démocratie libérale. D'ailleurs, d'une façon paradoxale, je suis devenue beaucoup plus libérale en lisant Schmitt que je ne l'étais auparavant. Je me suis rendu compte que le problème de Schmitt, et c'est la raison pour laquelle il ne s'est pas opposé au nazisme, était son antilibéralisme résolu. J'ai découvert les dangers de l'antilibéralisme, et l'importance de la dimension libérale pluraliste. Quand je parle du libéralisme, je parle du pluralisme.

Mon objectif était de penser la démocratie libérale d'une façon véritablement politique, c'est-à-dire qui fasse place à l'antagonisme, ce que Schmitt pensait impossible. Le développement du modèle agonistique a été ma réponse au défi de Schmitt. J'ai compris qu'il pensait l'antagonisme sur le seul modèle de l'opposition ami/ennemi. Dans ce cas il avait raison de dire qu'une démocratie pluraliste était non viable, car penser l'antagonisme de cette manière empêche toute légitimation dans le cadre d'une association politique et conduit donc nécessairement à la guerre civile.

Cependant, il existe une autre façon de mettre en scène l'antagonisme, non pas dans sa forme ami/ennemi, où l'ennemi est perçu comme celui qu'il convient d'éliminer, mais à la manière agonistique, en termes d'adversaires qui savent pertinemment qu'ils ne peuvent s'accorder parce que leurs positions sont antagoniques, mais qui se reconnaissent le droit de défendre leur point de vue et vont faire en sorte de s'affronter à l'intérieur du cadre d'institutions communes. L'enjeu d'une démocratie pluraliste, c'est alors d'établir les institutions qui permettent que le conflit se déroule sans déboucher sur la guerre civile. Dès lors, il est tout à fait possible de penser ensemble antagonisme et pluralisme, ce que Carl Schmitt tout comme Jürgen Habermas d'ailleurs considèrent comme impossible. Schmitt rejette le pluralisme pour défendre l'antagonisme. Habermas, au contraire, nie l'antagonisme pour sauver la démocratie. J'ai essayé de faire tenir ensemble antagonisme et pluralisme et je crois que le modèle agonistique permet cette compatibilité. C'est pour construire cette réflexion que Schmitt a été important pour moi. Un des premiers articles que j'ai publié en français dans la Revue française de science politique s'intitulait « Penser la démocratie moderne avec et contre Carl Schmitt ». La pensée de Carl Schmitt m'a beaucoup stimulée dans mon questionnement et j'ai élaboré le modèle agonistique *avec lui* et *contre lui*. [...]

LVSL – Vous parlez d'affects, notamment pour évoquer le leader et l'investissement affectif dont il fait l'objet. Ces derniers sont au centre de votre théorie, au point que l'on vous reproche parfois de verser dans l'antirationalisme et dans des positions anti-Lumières. Que dit le populisme de gauche sur la raison en politique ?

C.M. – Il n'y a pas de *nous* sans une cristallisation d'affects communs. Il est d'abord nécessaire de reconnaître l'importance de la dimension affective de ce processus. Je suis absolument persuadée qu'un des grands problèmes de la pensée de gauche vient précisément de son incapacité à reconnaître l'importance des affects en politique. Cela est lié à son rationalisme, la pensée de gauche étant extraordinairement rationaliste.

Gilles Deleuze écrivait : « Il y a des images de la pensée qui nous empêchent de penser ». Je voudrais paraphraser en disant : « Il y a des images de la politique qui nous empêchent de penser politiquement ». Une des grandes images de la politique qui nous empêche de penser politiquement, c'est justement l'idée qui domine à gauche : la politique doit uniquement avoir affaire avec des arguments. L'appel aux affects serait le monopole de la droite, alors que la gauche donnerait des arguments, des faits, des statistiques.

Cela constitue un obstacle très fort en politique – et qui a partie liée avec le rejet de la psychanalyse par une partie de la gauche. Ma réflexion sur les affects est profondément influencée par Freud, qui insiste sur le fait que le lien social est un lien libidinal. Nous insistons beaucoup sur l'idée selon laquelle les identités politiques se font toujours sous la forme d'identifications, cela implique nécessairement une dimension affective.

Cela ne veut pas dire qu'il faut privilégier les affects au détriment de la raison. Les idées n'ont de force que lorsqu'elles rencontrent des affects. Il s'agit de ne pas opposer raison et affects. Les pratiques signifiantes de l'articulation passent bien sûr par la raison, mais aussi par les affects – les idées, si elles ne rencontrent pas les affects, n'ont aucun effet.

On ne peut pas comprendre l'opération hégémonique sans comprendre qu'elle comporte toujours une dimension affective. Pour que l'hégémonie advienne, il faut que les agents sociaux soient inscrits dans des pratiques signifiantes, qui sont toujours à la fois discursives et affectives. Si l'on vise à transformer la subjectivité, à créer de nouvelles formes de subjectivité, il est évident qu'on ne peut pas le faire uniquement à travers des arguments rationnels.

« Pour moi, cela explique en grande partie pourquoi ce qu'on peut appeler l'extrême gauche est toujours marginale : ces gens-là ne parlent pas aux gens tels qu'ils sont, avec leurs problèmes, ils prétendent leur apporter la vérité sur leur situation et leur dire ce qu'ils devraient penser et ce qu'ils devraient être. »

Il faut toujours parler aux gens à partir d'où ils sont, pas leur dire ce qu'ils devraient faire ou penser. Il faut leur parler à partir de leurs problèmes quotidiens, de ce qu'ils ressentent, etc. J'ai connu il y a quelques années un théoricien marxiste américain, emblématique de la conception rationaliste du politique. Il était convaincu que le problème de la classe ouvrière aux États-Unis, c'était que les ouvriers ne connaissaient pas la théorie marxiste de la valeur. S'ils la connaissaient, pensait-il, ils comprendraient qu'ils sont exploités et ils deviendraient socialistes. C'est la raison pour laquelle il organisait un peu partout des groupes d'étude pour lire Marx et enseigner la théorie marxiste de la valeur.

Pour moi, cela explique en grande partie pourquoi ce qu'on peut appeler *l'extrême gauche* est toujours marginale : ces gens-là ne parlent pas aux gens tels qu'ils sont, avec leurs problèmes, ils prétendent leur apporter la vérité sur leur situation et leur dire ce qu'ils devraient penser et ce qu'ils devraient être. La gauche en général tombe dans le même travers rationaliste, et c'est lié à son manque de compréhension de l'importance des affects dans la construction des identités politiques.

Spinoza écrivait qu'un affect ne peut être contrarié que par un affect plus fort. Si on veut changer les formes de subjectivité et le type d'affect des gens, il faut les inscrire dans les pratiques discursives/affectives qui vont permettre la construction d'affects plus forts. Cela implique de ne pas en rester au seul stade du raisonnement. […]

LVSL – À propos des débats qui traversent le populisme, il y a certains tenants d'une stratégie populiste qui estiment que celle-ci, en vertu de sa vocation transversale, doit s'émanciper du clivage *gauche/droite*, et donc laisser de côté l'identification à la gauche, vue comme

symboliquement discréditée. Vous plaidez, au contraire, pour une re-signification positive du terme *gauche*, et présentez votre stratégie comme un populisme explicitement de gauche. Les métaphores *gauche* et *droite* font-elles toujours sens dans les sociétés européennes, aujourd'hui ?

C.M. – Pour moi, évidemment, *gauche* et *droite* sont des métaphores. L'avantage que je leur trouve, c'est qu'elles permettent de mettre en scène la division de la société. C'est la façon que nous avons de présenter cette division en Europe – je suis tout à fait d'accord pour dire qu'il ne faut pas essentialiser les catégories de droite et de gauche, et que cette métaphore n'est pas forcément pertinente dans un contexte extra-européen, par exemple.

Il ne faut ni essentialiser ces catégories, ni penser que droite et gauche font références à des groupes sociologiques qui auraient leurs intérêts objectifs propres.

Ce sont des catégories qu'il faut envisager d'un point de vue axiologique. Si l'on pense que les valeurs de la gauche sont des valeurs de justice sociale, de souveraineté populaire et d'égalité, à mon avis, ce sont encore des valeurs qui valent la peine qu'on les défende.

Norberto Bobbio défend un argument intéressant dans son petit livre *Droite et Gauche* : selon lui, ce clivage est structuré par un positionnement sur les inégalités. La gauche défend l'égalité, et la droite justifie, défend les inégalités. Cela permet d'établir une frontière entre populisme de gauche et populisme de droite. [...]

Íñigo Errejón

« Macron est un caudillo néolibéral. »

Íñigo Errejón a longtemps été le numéro 2 de Podemos et l'intellectuel de référence du mouvement. Il est le principal artisan de la « stratégie populiste », inspirée des thèses postmarxistes d'Ernesto Laclau et de Chantal Mouffe, qui nourrit aujourd'hui les débats des gauches européennes. Nous avons eu la chance de pouvoir le rencontrer et de réaliser un entretien lors d'un voyage de la rédaction à Madrid. De nombreux thèmes y sont abordés : le populisme comme méthode de construction des identités politiques ; la façon dont Podemos s'est approprié le patriotisme ; la France insoumise ; le populisme néolibéral d'Emmanuel Macron et la centralité politique de la notion d'ordre.

Entretien réalisé par Leo Rosell, Vincent Dain et Lenny Benbara.
Traduit par Vincent Dain et Laura Chazel.

Date de publication : 16 août 2017

LVSL – Lorsque l'on parle de populisme en France, on est confronté à plusieurs difficultés. D'abord, malgré l'essor de la France insoumise, qui a adopté à bien des égards une stratégie populiste au cours de la campagne présidentielle, de nombreux secteurs de la gauche française n'entendent pas se défaire de l'axe gauche-droite. Pourquoi selon vous les métaphores « gauche » et « droite » ne sont plus la clé de compréhension du moment politique actuel ?

Íñigo Errejón – Je commencerais par dire que c'est difficile en Espagne aussi. La bataille intellectuelle pour faire comprendre cette idée simple n'a pas encore été menée. Néanmoins, en 2014 et en 2015, une bonne partie des analystes et de nos camarades ont accepté l'idée que gauche et droite n'étaient plus les métaphores les plus aptes pour penser la transformation politique, tout simplement parce que Podemos en était la preuve vivante. Beaucoup se méfiaient encore de la stratégie populiste, mais nous avons montré dans la pratique que cela fonctionnait, il leur était donc plus difficile de la contester. Dans un sens, nous avons donc plus avancé sur le terrain électoral que sur le terrain intellectuel.

Pourquoi l'axe métaphorique gauche/droite n'est pas le plus utile aujourd'hui pour comprendre comment se construisent les identités politiques en Europe ? La première réponse que j'apporterais est davantage politique que théorique. Dans la pratique, toutes les forces qui ont fait irruption dans les systèmes politiques européens, et qui ont été capables de les transformer, rejettent cet axe gauche-droite. Certains le font depuis des positions réactionnaires, d'autres depuis des positions progressistes. Le succès de Jeremy Corbyn a parfois été perçu comme un retour en force de la gauche. Mais même Corbyn a fait l'effort de traduire le langage du travaillisme afin de s'adresser aux classes populaires et aux classes moyennes britanniques, bien plus qu'il n'a cherché à revenir à l'essence de la gauche. Dans la pratique, empiriquement, tous les phénomènes politiques qui apportent une quelconque nouveauté dans le paysage politique européen naissent à partir d'une rhétorique qui tente d'identifier une majorité non-représentée plutôt qu'à partir d'un appel à se regrouper derrière les valeurs et la phraséologie de la gauche.

« La principale frontière qui divise nos sociétés n'est pas celle qui sépare les sociaux-démocrates des conservateurs, mais celle qui sépare ceux d'en haut du reste de la société qui souffre du consensus néolibéral. »

Pendant le long cycle néolibéral européen, gauche et droite ont trop longtemps signifié sociaux-démocrates et conservateurs. Cette idée s'est profondément installée dans l'imaginaire collectif. Je ne crois pas du tout que lorsque les gens ont investi les places publiques, en Espagne, pour dire « nous ne sommes ni de droite, ni de gauche, mais nous sommes ceux d'en bas contre ceux d'en haut », ils aient voulu explicitement contester les catégories politiques caractéristiques de la modernité. Non, ils disaient « nous ne sommes ni le PSOE ni le PP », car gauche et droite ont fini par être assimilées aux partis sociaux-démocrates et conservateurs. Mais pour beaucoup de gens, et je crois qu'on l'observe bien dans les politiques publiques, la principale frontière qui divise nos sociétés n'est pas celle qui sépare les sociaux-démocrates et les conservateurs, mais celle qui sépare ceux d'en haut du reste de la société qui souffre du consensus néolibéral, des politiques technocratiques et des coupes budgétaires, appliquées tantôt par la gauche, tantôt par la droite. De sorte que la « gauche » n'est plus une expression valide, un *rempart discursif* utile, pour contester les politiques néolibérales et la prise en otage de la souveraineté populaire, car ceux qui ont hégémonisé le terme « gauche » ont été les principaux complices de ces politiques. Face à cette situation, une certaine gauche communiste ou post-communiste se contente de dire « oui, mais c'est parce qu'ils n'étaient pas *vraiment* de gauche ». Mais nous entrons alors dans un jeu de poupées russes où la gauche s'enferme dans une sorte de grand concours pour déterminer qui s'arrogera le monopole de l'étiquette : « je suis de gauche, mais toi tu ne l'es pas. Moi oui, mais celui-là non ». Cette histoire relève du religieux bien plus que du politique.

Enfin, ce qui est en jeu dans nos sociétés européennes n'est pas tant de savoir si les politiques de nos gouvernements vont s'orienter un peu plus à gauche ou à droite. Il s'agit d'un combat fondamental entre démocratie et oligarchie. Et ce combat peut rassembler beaucoup de gens qui s'associent traditionnellement aux valeurs de la droite, ou à des valeurs conservatrices, mais qui commencent à percevoir qu'il n'y a rien à espérer des élites traditionnelles de leurs pays. L'idée de méritocratie, par exemple, était traditionnellement hégémonisée par la droite. Aujourd'hui en Espagne, l'idée de méritocratie est anti-oligarchique : avec le Parti Populaire au gouvernement, il est impossible de considérer que nous sommes dans une situation où les meilleurs professionnels obtiennent les meilleurs postes. Cette idée était autrefois conservatrice. De même que l'idée de souveraineté nationale. Or, il est aujourd'hui évident que la souveraineté nationale est menacée par un gouvernement qui a placé la politique économique du pays au service de Mme Merkel. Cette idée était de droite, et pourtant elle est aujourd'hui anti-oligarchique. C'est la raison pour laquelle je crois qu'actuellement, la frontière fondamentale entre démocratie et oligarchie est une frontière plus radicale, qui laisse par ailleurs entrevoir la possibilité d'une majorité bien plus large que celle de la seule gauche.

LVSL – L'idée de disputer les signifiants hégémonisés par l'adversaire est intéressante, elle est même probablement la clé d'une stratégie politique efficace. Il y a un débat entre ceux qui, comme Chantal Mouffe, en appellent à la construction d'un populisme de gauche, tandis que d'autres, comme vous, revendiquent un populisme « démocratique » ou « transversal ». Qu'entendez-vous par ce concept ?

Í.E. – Dans *Construire un peuple*, Nous discutons précisément de ce sujet avec Chantal Mouffe. Elle avance le concept de populisme de gauche. Je crois qu'elle le fait en partie, car elle réfléchit depuis un contexte national, plus précisément le contexte national français, dans lequel il est nécessaire d'affirmer une différence morale vis-à-vis du FN. De ce fait, le populisme doit être accompagné d'un complément rassurant : « nous sommes populistes, mais ne vous en faites pas, nous sommes de gauche ». Pour ma part, je milite au sein d'un projet politique, dans un pays qui, certainement grâce au 15-M et grâce à notre irruption, n'est pas concerné par une menace fasciste. Il n'est donc pas nécessaire en Espagne de parler d'un populisme « de gauche ».

« La faim, l'exclusion sociale, la destruction des services publics, le traitement criminel infligé aux réfugiés, ne sont pas le fait de dangereuses hordes de chemises noires, mais de gouvernements parfois sociaux-libéraux et souvent libéraux-conservateurs. »

À mon avis, et j'en parle beaucoup avec Chantal, nous n'avons pas besoin d'avoir ce geste rassurant qui s'adresse avant tout au vieux progressisme européen : « nous parlons de souveraineté, de patrie, de reconstruire une idée de peuple, nous parlons de la centralité de l'État dans l'organisation de la vie collective, mais pas de panique, ce n'est pas le retour aux années 30 ». Du fait de la situation espagnole, et de la génération à laquelle j'appartiens, nous ne sommes pas contraints d'apporter cette nuance. Cela ne me fait pas peur. La gauche aime souvent exagérer le risque fasciste en Europe, mais les pires atrocités en Europe sont aujourd'hui commises par des élites subordonnées au projet financier européen. La faim, l'exclusion sociale, la destruction des services publics, le traitement criminel infligé aux réfugiés, ne sont pas le fait de dangereuses hordes de chemises noires, mais de gouvernements parfois sociaux-libéraux et souvent libéraux-conservateurs. Voilà la véritable menace de dérive autoritaire qui pèse sur l'Union européenne.

En termes analytiques, la distinction entre populisme de gauche et populisme de droite est-elle utile ? Il me semble que c'est avant tout une distinction morale, qui fait moins sens d'un point de vue théorique. Le problème, c'est que la perspective théorique que nous partageons peut parfois conduire à des conclusions effrayantes : « Si le Front national est une force populiste, cela signifie-t-il que j'ai quelque chose à voir avec eux ? Peut-on être apparentés dans notre manière d'envisager la politique avec des forces que nous détestons et qui nous sont antagonistes ? ». Je pense qu'il est possible de partager une même approche théorique tout en ayant des visions antagonistes quant à la société que nous souhaitons construire. Je crois donc que le populisme « de gauche » reste un complément tranquillisant. Il ne me dérange pas, mais je ne sais pas s'il apporte grand-chose.

LVSL – Où se situe dès lors la distinction entre le populisme démocratique et le populisme du Front national, par exemple ?

Í.E. – Si l'on veut différencier le populisme démocratique du populisme réactionnaire, il y a selon moi deux grandes distinctions à opérer. La première réside dans la conception du peuple. D'un côté, le *peuple* est considéré comme une unité organique, qui préexiste à la volonté générale. De l'autre, il est envisagé comme un *construit* culturel permanent.

Pour les réactionnaires, le peuple *est*, car il en a toujours été ainsi, depuis leurs grands-parents et leurs arrière-grands-parents. Le peuple existe de manière organique, en tant qu'essence, indépendamment de la volonté qu'ont les citoyens qui habitent un pays à un moment donné. Ainsi, la vision selon laquelle le peuple de France est immortel, et selon laquelle il est directement relié à Jeanne d'Arc. Non pas tant par la volonté des Français d'aujourd'hui de reproduire l'héroïsme de Jeanne d'Arc, mais par le sang et par la terre. C'est ce lien de filiation essentialiste qui débouche facilement sur une vision réactionnaire et raciste du peuple.

Dans la version démocratique du populisme, le peuple n'existe pas, mais il est dans le même temps indispensable. Il n'y a pas un lieu dans lequel se rendre pour trouver le peuple mythique, pas ici ni même dans les villages indigènes des Andes. Il n'y a pas de lieu mythique dans lequel il suffirait de soulever le rideau pour découvrir le peuple dans toute sa splendeur. Le peuple est une volonté générale qui résulte d'une construction culturelle. Il dote un ensemble de citoyens fragmenté et dispersé d'un horizon qui leur permet de regrouper leurs volontés, leurs désirs, leurs attentes, leurs craintes, et d'avancer dans le même sens. Mais cette unité n'est pas organique, elle n'est pas donnée une fois pour toutes. C'est d'ailleurs cette dernière idée que l'on retrouve dans les vieux concepts de nation pour les fascistes et de classe dans le marxisme : quelque chose qui existerait avant le politique, et que nous devrions ensuite découvrir. Je ne crois pas que ce soit le cas, le peuple est une construction culturelle qui doit se reproduire chaque jour.

De ce fait, je n'accepte pas la critique des libéraux selon laquelle tout populisme serait totalitaire, car ils croient que le peuple est un et que la représentation est une. Ils nous ont mal lus. Nous pensons que le peuple est une construction quotidienne de l'intérêt général. Mais cet intérêt général ne préexiste pas dans l'attente d'être découvert, c'est un travail de tous les jours. Le peuple n'existe pas, et en même temps le peuple est inévitable, car sans le peuple il n'y a pas de possibilité d'envisager des fins collectives au politique.

LVSL – Quelle est la deuxième distinction ?

Í.E. – La seconde distinction découle de la première, elle tient à la désignation d'un ennemi ou d'un adversaire. Pour les populistes réactionnaires, les ennemis sont les travailleurs immigrés, les populations les plus démunies : c'est la logique de la haine de l'avant-dernier contre le dernier. Pour nous, l'ennemi ou l'adversaire contre lequel nous *construisons le peuple*, ce sont les oligarchies qui n'ont cessé de séquestrer nos institutions et nos États de droit en Europe. C'est ce qui me semble faire la différence.

LVSL – En 2012, dans un débat avec Chantal Mouffe et Ernesto Laclau, Jean-Luc Mélenchon expliquait qu'il lui était difficile d'utiliser le concept de populisme, car il était connoté négativement (assimilé à l'extrême droite, aux « bas instincts » du peuple). Selon Ernesto Laclau, en revanche, « il faut faire avec le populisme ce que les chrétiens ont fait avec la croix : transformer un symbole d'ignominie en un symbole positif »...

Í.E. – Je n'étais pas d'accord avec Ernesto Laclau lorsqu'il disait que le populisme est un terme que l'on peut *disputer* et *resignifier* pour l'utiliser à des fins de communication politique. Je ne le crois pas, je pense que le terme est trop chargé négativement dans les sociétés européennes. Dans ma pratique politique et médiatique quotidienne, il ne me sert à rien. Il m'est utile dans ma pratique intellectuelle et analytique. Dans un entretien à tête reposée, plus théorique, je peux reconnaître que le populisme m'apparaît comme la meilleure grille d'analyse pour comprendre la naissance et le développement de Podemos, mouvement qui s'est largement abreuvé d'expériences populistes ou national-populaires, en Amérique latine notamment. Lorsqu'il s'agit de communiquer, le concept de populisme ne me sert pas. Je nous identifie comme une force démocratique confrontée à des forces représentant les intérêts de minorités de privilégiés.

LVSL – Quel rôle a pu jouer la spectaculaire vague de mobilisations sociales qui a secoué l'Espagne ces dernières années, et tout particulièrement le mouvement des Indignés, dans le processus de construction du peuple ?

Í.E. – Un processus radical de transformation, une révolution démocratique, suppose que les « sans-titres », comme le dirait Jacques Rancière, aient la capacité de rééquilibrer la répartition des pouvoirs dans leur société d'une manière plus juste, plus favorable aux gens ordinaires, à *ceux d'en bas*. Et pour cela, il est nécessaire de produire une certaine idée de transcendance, de mystique et d'épique, afin d'assurer que nous ne représentons pas seulement des intérêts corporatistes. C'est un peu l'idée que l'on retrouve dans Gladiator, « ce que nous faisons dans nos vies trouve un écho dans l'éternité » : l'idée que nous sommes en train de faire l'histoire.

Dans la sémantique politique espagnole, normalement, « peuple » est un terme que les gens n'osent pas utiliser sauf dans les manifestations de grande ampleur. Personne ne chante « *El pueblo unido jamás será vencido* » dans un rassemblement de 2000 personnes. Mais si ce sont 200 000 personnes qui se regroupent, tout le monde le chante, comme s'il s'agissait d'un terme réservé aux grandes occasions, un mot que nous utilisons uniquement lorsque nous croyons représenter légitimement une majorité au-delà de la rue. En 2011, les Indignés manifestaient cette ambition de représenter la véritable volonté populaire. Une dirigeante du PP disait à l'époque « ceux qui sont sur les places sont 500 000 au maximum. Ils n'ont pas le droit de dire qu'ils représentent le peuple alors que moi j'ai été élue par 11 millions de personnes ».

« C'est un peu l'idée que l'on retrouve dans Gladiator, ce que nous faisons dans nos vies trouve un écho dans l'éternité : l'idée que nous sommes en train de faire l'histoire. »

Je crois que, sans même le savoir, elle touchait du doigt le nerf central du débat politique : qui peut parler au nom du peuple ? Et ce n'est pas une question purement statistique. Elle avait raison, 11 millions de personnes avaient voté pour le PP. Sur les places, nous n'étions pas aussi nombreux. En termes mathématiques, elle pouvait compter sur plus de citoyens que nous. Mais le peuple n'est pas une somme de citoyens, il n'est pas même la majorité absolue des citoyens. C'est une idée qui transcende la somme des individualités. On peut très bien représenter le peuple tout en étant en minorité numériquement, dès lors que nous sommes une majorité culturelle. C'est-à-dire lorsqu'existe la sensation qu'un groupe, plus ou moins grand, représente à un moment donné les grandes espérances de la communauté, et sa volonté d'avancer. De ce fait, le groupe a la capacité de parler au nom de tous, de proposer de grands objectifs collectifs.

Si le 15-M a eu cette capacité de construction populaire, ce n'est pas parce qu'une majorité des Espagnols étaient rassemblés sur les places. Il y a une vision gauchiste qui consiste à expliquer nos succès électoraux comme le résultat mécanique de l'ampleur des mobilisations sociales. Mais ce qu'il faut bien voir, c'est que ces mobilisations sociales ont avant tout bousculé le *sens commun de l'époque*, à tel point que les enquêtes sociologiques indiquaient que 75 % de la population espagnole était d'accord avec les revendications portées par le mouvement des Indignés. Cela signifie qu'il y avait dans le lot de nombreux électeurs de droite, du centre, de la gauche, des abstentionnistes. C'est pourquoi nous qui étions sur les places pouvions parler au nom d'un peuple espagnol oublié et non représenté. Non pas par le nombre de personnes présentes, mais du fait de la résonance que rencontrait notre propos dans tout le pays.

LVSL – C'est donc cette capacité à créer de la transcendance, à produire un discours englobant et inclusif qui permet de construire une majorité politique capable de prendre le pouvoir ? Dans *Construire un peuple*, vous insistez tout particulièrement sur la nécessité pour les forces de progrès social d'« hégémoniser l'identification nationale ». Quelle importance accorder à la notion de patrie ?

Í.E. – Pour que les protestations puissent déboucher sur la possibilité d'une majorité, et par la suite conquérir l'État, il faut un certain horizon transcendant. Tout au long de l'histoire de la modernité européenne, cet horizon transcendant s'est incarné dans trois grandes références : la patrie, la religion, la classe. Ce sont les trois grandes idées pour lesquelles les gens sont morts, en considérant que cela en valait la peine. Aujourd'hui, nous sommes en quelque sorte une force politique laïque, dans le sens où nous estimons que le paradis ne peut se construire, mais que si quelque chose de semblable peut être construit, il faudrait le faire ici et maintenant. Donc nous écartons la religion. Par ailleurs, je doute que quiconque défende aujourd'hui que la classe sociale constitue à elle seule un élément susceptible de regrouper une majorité sociale. En Espagne, les gens ont participé à la contestation davantage en tant que citoyens qu'en tant que travailleurs. Car sur les lieux de travail se sont avant tout installées la peur et la précarité, au détriment d'une identité salariale forte.

Aujourd'hui, je crois que même ceux qui continuent à se définir « communistes », ou qui se reconnaissent dans les mythes de la gauche, ne soutiennent plus qu'il soit possible de construire une majorité sociale capable de représenter le renouveau en faisant de la *classe sociale* l'identité politique centrale. Ils le disent peut-être encore dans les fêtes du parti, à travers les rites, mais tous ont ajouté à leurs discours des notions telles que « majorité sociale », « secteurs populaires ». C'est-à-dire qu'ils ont dû s'ouvrir.

Nous avons appris en Amérique latine, mais plus généralement en étudiant tous les processus de transformation politique, que les révolutions s'opèrent au sein de pays dans lesquels les manuels les déclarent impossibles. Les leaders qui les ont conduits, ou les intellectuels qui les ont guidés, ont toujours fait le contraire de ce que dictait l'orthodoxie marxiste-léniniste dans leurs pays. Dans l'immense majorité des cas, à l'exception peut-être de la révolution russe, ce sont fondamentalement des révolutions de type national-populaire, au cours desquelles l'identification des masses à la révolution tenait davantage à l'idée qu'il était nécessaire d'émanciper la nation, de la libérer et de faire coïncider ses intérêts avec ceux des plus démunis. Bien sûr, une fois au pouvoir, les leaders adoptent une rhétorique différente, plus proche de celle qu'apprécie la gauche. Mais la révolution menée par Fidel Castro, celle de Mao, ou toutes les transformations politiques progressistes qui ont eu lieu en Amérique latine, ont toujours été le fruit d'un mariage entre la *nation* et le *peuple* bien plus que de la récupération d'une rhétorique « de gauche » : la patrie, ce sont les pauvres, les « *descamisados* » dans le cas du péronisme.

LVSL – Dans le cas de Podemos en Espagne, comment vous êtes-vous réappropriés le concept de patrie ?

Í.E. – Nous avons commencé par le faire sur le plan intellectuel dans un premier temps, sans le revendiquer sur le plan politique. Nous avons commencé à dire qu'une gauche – on parlait encore de la gauche à ce moment-là – incapable de se montrer fière de son pays ne pouvait que difficilement représenter les aspirations générales de ses concitoyens. Nous avons commencé à l'évoquer, et c'est important, lorsque l'Espagne a gagné la Coupe du monde de football contre les Pays-Bas, en 2010. Moi j'aime le football, ce n'est pas le cas de tous mes camarades. Mais dans notre pays, la victoire de la sélection nationale au mondial a été un véritable événement. Évidemment, au Pays basque ou en Catalogne, les gauches indépendantistes avaient une solution, puisqu'il leur suffisait de dire que c'était à leurs yeux la victoire d'un pays étranger et qu'il ne valait donc pas la peine de la célébrer. Mais pour nous, il était évident que c'était notre pays qui avait gagné. Et il faut bien voir que le drapeau officiel de l'Espagne, les symboles nationaux espagnols se sont généralisés depuis qu'une bonne partie des immigrés équatoriens, subsahariens ou marocains se les sont appropriés.

Il est vrai que ces symboles restent encore associés au camp qui a gagné la guerre civile, puisque les vainqueurs de la guerre ont changé l'hymne, le drapeau, et ont patrimonialisé l'idée même d'Espagne. La Transition à la démocratie n'a pas résolu ce problème. La plupart des forces démocratiques qui avaient lutté contre la dictature ne considéraient pas l'idée d'Espagne et les mythes nationaux comme les leurs. La victoire de la sélection nous a fait prendre conscience que les secteurs révolutionnaires et progressistes, ou la gauche plus généralement, ne pouvaient construire l'hégémonie dans un pays dont ils ne voulaient pas prononcer le nom. Une gauche qui disait en permanence « l'État espagnol », ou « notre pays ». Non, l'Espagne ! Il s'agit là clairement d'un signifiant relativement vide à disputer.

« On ressentait la chaleur émotionnelle lorsqu'on expliquait que la patrie, ce sont les écoles publiques, l'égalité des opportunités, la santé publique, le fait que les riches paient des impôts ici. »

Nous avons donc commencé à en discuter d'un point de vue intellectuel. Et le lancement de Podemos nous a permis d'expérimenter dans la pratique nos discussions théoriques. Dans un premier temps, nous n'affirmions pas la patrie en termes positifs, mais en termes négatifs, en désignant les ennemis de la patrie, ou plutôt ceux qui n'étaient pas patriotes. Nous avons utilisé des métaphores très simples : n'est pas patriote celui qui porte un bracelet aux couleurs de l'Espagne au poignet, mais qui cache son argent sur des comptes en Suisse. Nous avons commencé par employer ce type d'images sans même encore nous revendiquer comme patriotes, en affirmant qui ne l'était pas. Et cela fonctionnait : pendant nos meetings, toute une partie du public qui ne provenait pas du militantisme se mettait à vibrer lorsqu'on parlait de patrie. On ressentait la chaleur émotionnelle lorsqu'on expliquait que la patrie, ce sont les écoles publiques, l'égalité des opportunités, la santé publique, le fait que les riches paient des impôts ici, que la patrie, c'est ne pas permettre qu'il puisse y avoir des contrats à 4 euros de l'heure. Nous avons mis en avant une conception radicalement démocratique et égalitaire de la patrie. La patrie, c'est une communauté dont on prend soin.

LVSL – Et cette stratégie a-t-elle réellement fonctionné dans la durée ?

Í.E. – Cette stratégie a commencé à fonctionner. Je vous conseille de regarder le meeting que nous avons fait le 2 mai dernier, à l'occasion de la célébration du soulèvement national du 2 mai 1808 contre l'armée française. Cette date a longtemps été revendiquée par la droite, car l'invasion française a coupé en deux le camp progressiste. Une partie des intellectuels libéraux de l'époque a considéré qu'il s'agissait certes d'une invasion étrangère, mais qu'elle donnait aussi l'opportunité de moderniser le pays contre l'influence du clergé et de la monarchie. De l'autre côté, il y a eu un soulèvement populaire contre l'invasion bonapartiste et contre le roi qui avait livré le pays à l'armée française. On peut donc dire qu'il y a dès cette époque une première idée nationale-populaire qui combine éléments conservateurs et éléments progressistes, qui ne se contente pas de se soulever contre l'invasion étrangère, mais qui pointe également du doigt les classes dominantes espagnoles qui ont vendu le pays.

On l'a observé à de nombreuses reprises au cours de notre histoire, y compris pendant la guerre civile. Même l'anarchisme, qui a été la principale force politique au sein du mouvement ouvrier espagnol, a mis en avant l'idée qu'il fallait libérer l'Espagne des armées allemandes et italiennes, le fascisme étant appréhendé comme une force d'invasion étrangère. Le mouvement ouvrier présenté comme la meilleure expression de la défense de la patrie. Ce sont des épisodes qui sont assez peu racontés. Ils s'inscrivent dans la narration d'une histoire du national-populaire en Espagne que nous avons cherché à reprendre. Qu'une force politique comme la nôtre organise un rassemblement le 2 mai, date traditionnellement prisée par les conservateurs, est significatif. Mais nous ne le faisons pas pour revendiquer une essence raciale ou pour dire que nous descendons de nos ancêtres par le sang. Non, nous le faisons pour revendiquer une histoire au cours de laquelle à chaque fois que l'Espagne a été en danger, ce sont les gens humbles qui ont porté la patrie sur leurs épaules. Chaque fois que la souveraineté nationale s'est retrouvée menacée, ce sont les plus pauvres, les plus opprimés qui se sont levés pour défendre leur pays. Nous avons mis en avant cette idée, et cela a marché, cela marche toujours. Beaucoup de gens en sont émus et y trouvent un sens.

Nous avons toujours reçu des critiques féroces de la part d'une gauche qui confond souvent ses propres préférences esthétiques avec celles de notre pays. Comme la revendication de l'idée de patrie ne leur plaisait pas, ils disaient toujours que cela n'allait pas fonctionner. De fait, à chaque fois que nous avons eu une baisse de régime ou que nous avons essuyé des échecs, on nous a expliqué que nous n'avions pas été suffisamment de gauche et que nous avions été trop patriotes. Ils le soutiennent sans la moindre preuve empirique, mais il existe en Espagne une gauche persuadée que les choses vont revenir à la normale, que la politique va de nouveau se déterminer par rapport à l'axe gauche/droite et que l'avenir leur donnera raison. Ils s'agrippent au moindre signal : Corbyn a gagné ? C'est le retour de la gauche ! Podemos trébuche ? C'est que le discours sur la patrie ne marche pas ! Néanmoins, ce qui est sûr, c'est que cela nous a permis d'occuper une position plus centrale que celle que nos biographies militantes – nous venons tous des mouvements sociaux et de l'extrême gauche – ne nous auraient jamais permis d'atteindre. Que les choses soient bien claires, il ne s'agit pas d'une manœuvre de marketing électoral, mais d'une tentative de reconstruction d'une identité politique qui puisse être majoritaire en Espagne. [...]

LVSL – Mais pourquoi avons-nous assisté à un tel retour en force du concept de patrie ?

Í.E. – En France, il semble que cette idée revienne sur le devant de la scène. Comme si seul quelqu'un qui revendiquait une idée forte de patrie pouvait remporter l'élection présidentielle. Pourquoi cela ? Je crois que beaucoup de citoyens français ressentent un profond malaise, qui s'est exprimé au moment des élections, qui provient du fait que la mondialisation néolibérale a provoqué l'érosion des droits et des sécurités quotidiennes, qu'elle a ébranlé les certitudes des gens ordinaires.

« L'un des plus grands échecs culturels de l'UE, c'est qu'il s'agit avant tout d'une histoire à succès pour les élites et d'une montée de l'insécurité cauchemardesque pour ceux d'en bas. »

Le récit a basculé : « avant, je savais qu'en tant que travailleur ou qu'en tant que citoyen français, je disposais d'un certain nombre de droits. Mais aujourd'hui, j'ai peur de ce qu'il va m'arriver dans les mois qui viennent. Pour vous, les élites qui voyagez en permanence à Bruxelles, qui prenez l'avion vers les quatre coins du monde, vous qui parlez quatre langues et qui envoyez vos enfants étudier à l'étranger, pour vous, la mondialisation et l'Union européenne sont un conte enchanté ». Personnellement, je crois que l'un des plus grands échecs culturels de l'UE, c'est qu'il s'agit avant tout d'une histoire à succès pour les élites et d'une montée de l'insécurité cauchemardesque pour ceux d'en bas.

Ce que les élites sociales-démocrates et libérales qualifient d'« euroscepticisme » n'est rien d'autre que la question que se pose un grand nombre de Français, d'Italiens, d'Espagnols, de Grecs, d'Irlandais : « Et moi, qu'est-ce que j'ai à gagner dans tout ça ? Qu'on m'explique en quoi mes conditions de vie se sont améliorées ces vingt dernières années alors que tout ce que je vois, c'est qu'elles ont constamment empiré. » On nous raconte que l'UE est géniale grâce au programme Erasmus, parce qu'on organise des sommets ensemble, mais le projet européen attire de moins en moins de gens. Moi j'ai été en Erasmus, mais cela concerne là aussi de moins en moins de monde. Ce qui est sûr, c'est qu'aujourd'hui en Espagne, l'accès à l'université est de plus en plus inégalitaire, et qu'obtenir un travail qui te permette de vivre sereinement les fins de mois est plus difficile qu'il y a vingt ans.

L'idée fondamentale est la suivante : « et moi, qui me protège ? ». Je crois que les élites culturelles européennes ont voulu voir dans ce questionnement une sorte de repli identitaire et réactionnaire. C'est comme s'ils disaient « quels imbéciles, quels sauvages que ces perdants de la mondialisation qui veulent en revenir à quelque chose d'aussi repoussant et archaïque que la nation, alors que nous l'avons déjà dépassée et que nous vivons heureux dans un monde sans frontières ». Ce récit est celui des gagnants, mais l'immense majorité des perdants aspire à se sentir de nouveau appartenir à une communauté qui les protège.

Quelle peut être cette communauté ? Comme il ne peut s'agir de la classe sociale, car nos identités ne découlent pas de notre lieu de travail ni de la position que nous occupons dans le système de production, on observe un retour vers la dernière communauté qui nous a protégés, la communauté nationale. Il y a toujours des camarades qui soutiennent que les États-nations sont condamnés à disparaître. Je ne le sais pas. Je ne sais pas dans combien d'années. Pour le moment, ils constituent l'unique instance démocratique capable de protéger les perdants de la mondialisation néolibérale. Il est donc normal que tant de gens se tournent vers la communauté nationale et en appellent à l'État.

L'État n'a jamais disparu, le néolibéralisme ne l'a pas affaibli, il l'a simplement mis au service de ceux d'en haut. La machine étatique n'a pas été réduite, elle a été mise au service d'une économie de prédation et d'une redistribution des richesses du bas de la pyramide vers le haut de la pyramide. C'est pourquoi l'idée de patrie et d'un État fort en vient à occuper de nouveau une position centrale.

LVSL – Nous vivons en France une période de recomposition politique accélérée. L'accession au pouvoir d'Emmanuel Macron, encore inattendue il y a quelques mois, et l'essor d'une nouvelle force néolibérale, En Marche, ont profondément bouleversé le système partisan français. Comment interprétez-vous la victoire d'Emmanuel Macron à l'élection présidentielle ? On parle parfois à son propos d'une forme de « populisme néolibéral », qu'il conjugue avec une forme d'incarnation gaullienne de la nation. Qu'en pensez-vous ?

Í.E. – Je crois que Macron incarne, d'une certaine manière, une prise de conscience des élites en France : il leur est désormais nécessaire pour gagner de développer une énergie et un récit similaires à ceux de leurs adversaires populistes, dont elles souhaitent freiner l'avancée. C'est-à-dire qu'il n'est plus possible de l'emporter en employant exclusivement un langage gestionnaire, en s'adressant uniquement à des citoyens envisagés comme des individus rationnels qui votent comme ils font leurs courses au supermarché. Il faut éveiller une idée de transcendance et mobiliser de nouveau l'horizon d'une communauté nationale. Dans le cas de Macron, ce n'est pas tant une communauté nationale qui protège, mais plutôt une communauté qui innove, qui avance. C'est ce que traduit son idée de « *start-up nation* ».

Il s'agit d'une avancée du projet néolibéral qui, pour se développer et vaincre ses adversaires, n'a d'autre choix que de copier une grande partie des formes d'identification traditionnellement populistes. En ce qui concerne la mobilisation de la jeunesse présentée comme l'avenir de la nation, ou encore la projection d'un leader en relation directe avec la nation, sans intermédiaire, un leader qui marche seul, comme il l'a lui-même mis en scène le soir de sa victoire. Un leader sans parti, sans organisation territoriale, comme une sorte d'entrepreneur innovant et audacieux qui entre en contact avec une nation de consommateurs et d'entrepreneurs.

« Il s'agit d'une avancée du projet néolibéral qui, pour se développer et vaincre ses adversaires, n'a d'autre choix que de copier une grande partie des formes d'identification traditionnellement populistes [...] Si je devais définir Emmanuel Macron, je dirais qu'il est un caudillo néolibéral. »

C'est une forme d'hybridation que nous ne connaissions pas en Europe, mais elle n'est pas nouvelle. Nous l'avons déjà connue. Nous l'avons déjà connue en Amérique latine. Alberto Fujimori au Pérou, c'était un peu cela. De même que Carlos Menem en Argentine. En Amérique latine, on a vu émerger dans les années 1990 plusieurs caudillos populistes néolibéraux – je sais que cela peut sembler contradictoire – qui portaient en étendard l'idée d'une nation qui progresse, en se libérant des corsets de l'État qui limitent les possibilités d'entreprendre. Des caudillos qui éclairent l'avenir et ouvrent le pays à la modernité, au marché, à l'innovation. La manière dont se produit l'hybridation, ici en Europe, est nouvelle. Je ne dis pas qu'il s'agit exactement de la même chose, mais j'identifie plusieurs éléments qui me permettent de le relier à ces phénomènes. Si je devais définir Emmanuel Macron, je dirais qu'il est un caudillo néolibéral. [...]

LVSL – Vous évoquez régulièrement la notion d'ordre. S'agit-il d'une manière de démontrer que Podemos n'incarne pas le chaos, mais propose à l'inverse un ordre alternatif au néolibéralisme ? D'une façon de répondre à une demande d'autorité présente dans la société, dans les milieux populaires ?

Í.E. – Je dirais les deux, mais pour une raison spécifique à l'Espagne. La crise politique, économique, sociale et territoriale que nous traversons n'est pas due à une contestation *destituante* provenant des secteurs populaires. Les gens ne se sont pas levés contre l'ordre constitutionnel de 1978, ce sont les élites qui l'ont détruit. Et ce n'est pas là seulement une ressource rhétorique, c'est crucial. En Espagne, nous avons subi une sorte d'*offensive oligarchique* contre l'État de droit et l'État social. Ce n'est pas comme lors du long moment 68 européen, au cours duquel il y a bien eu une contestation à l'offensive de l'ordre existant. Aujourd'hui en Espagne, on assiste à une démolition depuis le haut de l'État social et de l'État de droit. De sorte que la réaction populaire est une réaction de type conservatrice, non pas tant dans un sens idéologique, mais dans l'idée qu'il faut revenir à un pacte social et légal qui nous évite de sombrer dans la loi du plus fort, par laquelle seuls les privilégiés s'en sortent. Notre tâche n'est donc pas de contester l'ordre existant. L'ordre existant n'existe pas, nous avons atteint une situation d'effondrement moral et politique. Il résiste comme il peut, les choses se sont stabilisées, mais sans offrir le moindre renouvellement de la confiance parmi les Espagnols. Notre objectif est de rétablir une idée d'ordre, de mettre en avant cette idée qui parcourait les places lors du mouvement des Indignés : les antisystèmes, ce sont eux. Ce sont eux, les privilégiés, qui ont détruit les bases matérielles du pacte social en Espagne, les services publics, l'emploi en tant que source de droits sociaux, l'égalité de tous les citoyens devant la loi.

« Notre objectif est de rétablir une idée d'ordre, de mettre en avant cette idée qui parcourait les places lors du mouvement des Indignés : les antisystèmes, ce sont eux. »

Ainsi, le plus révolutionnaire que nous puissions faire n'est pas de dénoncer ceux d'en haut ou de mettre le pays sens dessus dessous : il l'est déjà. Nous devons leur nier la possibilité de la restauration, la possibilité de conserver les positions qu'ils détiennent. Et nous n'y parviendrons pas en démontrant qu'ils sont des voyous. L'immense majorité des Espagnols sait déjà que nous sommes gouvernés par des canailles. Je crois que ce qui manque aux citoyens, c'est la confiance dans l'idée qu'il y a une autre possibilité, une alternative qui ne soit pas pour autant le grand saut dans l'inconnu. Une grande partie du pays nous trouve déjà sympathiques et reconnaît que nous avons transformé le paysage politique espagnol. Désormais, il faut qu'ils nous reconnaissent la capacité de prendre les rênes de notre pays en bon ordre. Quel en est le meilleur exemple ? Les mairies du changement.

Arnaud Montebourg

« Les sociaux-démocrates
ne servent à rien. »

Nous avons retrouvé Arnaud Montebourg rue de l'Opéra, dans les locaux parisiens de son entreprise Bleu Blanc Ruche. D'abord réticent à l'idée de parler politique, nous avons finalement passé en revue avec lui les principaux thèmes qui ont structuré son engagement, du *Made in France* à la démondialisation, jusqu'au sujet lourd qu'est la politique industrielle. Ministre de l'Économie et du Redressement productif de 2012 à 2014, nous avons pu aborder le poids de la haute administration et les contraintes de l'exercice du pouvoir. « L'Union européenne s'est retournée contre les peuples » déplore-t-il en constatant la fin de l'utopie fédéraliste et le déclin accéléré de la social-démocratie partout sur le continent.

Entretien réalisé par Antoine Cargoet, Marion Beauvalet et Matis Brasca.

Date de publication : 12 novembre 2018

LVSL – Depuis votre départ du gouvernement Valls, vous avez voulu porter le combat du *Made in France* à travers une série d'initiatives, que ce soit avec les meubles (Habitat), les éoliennes (New Wind) et maintenant le miel (Bleu Blanc Ruche). Mener des initiatives privées, est-ce pour vous une nouvelle manière de faire de la politique ?

Arnaud Montebourg – C'est un combat de longue date que je menais déjà bien avant d'occuper des fonctions gouvernementales à l'économie et à l'industrie. J'ai défendu le patriotisme économique comme moyen de rassembler les forces productives d'un pays dès ma première profession de foi quand j'étais jeune député en 1997. Pour moi, c'est une ligne de vie ininterrompue. Qu'elle s'incarne dans des actes politiques ou dans des initiatives entrepreneuriales, il n'y a pas de rupture, c'est une forme d'indivisibilité de ma vie. Est-ce que c'est une nouvelle manière de faire de la politique ? Une entreprise, c'est évidemment beaucoup plus modeste. Mais c'est ce que je tente de faire en créant des entreprises qui permettent de montrer qu'il est possible de rémunérer des gens qui travaillent sur le sol français, de respecter un certain modèle social et de faire en sorte que des préoccupations environnementales soient soutenues par les consommateurs. Cet alliage est un alliage rentable et plein d'avenir. C'est une vision de la société, mais, en même temps, elle est opérationnelle. C'est-à-dire qu'il faut gagner sa vie, payer les gens, embaucher, donner les bulletins de salaires, c'est tout à fait concret. Ça me donne une certaine fierté de vivre dans le monde de l'entreprise en cohérence avec mes convictions personnelles.

LVSL – Ce combat pour le *Made in France* a été accompagné ou repris par de nombreuses personnalités de différents bords politiques, d'Yves Jégo, à Bruno Le Maire plus récemment. Ne craignez-vous pas que ce projet devienne un simple argument de communication ?

A.M. – Je l'ai fait lorsque j'étais au gouvernement avec l'exemple de la marinière qui avait surpris à l'époque, mais qui est finalement devenue un emblème. Comme une manière de dire qu'il est possible pour le producteur, pour le consommateur, pour le distributeur, pour tous les agents économiques d'avoir des réflexes patriotiques, c'est-à-dire de privilégier le travail qui est fait sur le sol français ou dans les circuits courts.

C'est un combat transpartisan. Peu importent les alternances politiques, ce combat peut être mené par tous ceux qui veulent y adjoindre leurs forces.

Cependant, cela n'a pas toujours été le cas. Nous avons déploré des pertes de contrôle d'entreprises assez importantes qui ont été décidées par le gouvernement. Cela avait été le cas de la prise de contrôle d'Alstom par General Electric, contre laquelle je m'étais élevé. J'avais défendu l'idée de la nationalisation d'Alstom, qui m'avait été accordée, mais n'a pas été mise en œuvre par mon successeur au Ministère de l'Économie Emmanuel Macron. La conséquence, c'est qu'Alstom a été vendu à Siemens. Nous avons donc donné sous François Hollande la moitié d'Alstom aux Américains, et avec Emmanuel Macron l'autre moitié aux Allemands. Pourtant Alstom représente le transport ferroviaire et la maîtrise de nos capacités technologiques de fabrication d'électricité, c'est-à-dire deux éléments stratégiques pour notre nation.

« Il est parfaitement possible d'empêcher l'hémorragie des prises de contrôle de nos entreprises. »

Je dois dire ma fierté rétrospective d'avoir soutenu la nationalisation partielle de Peugeot. Nous avons décidé d'évincer la famille Peugeot, de la ramener au niveau modeste de 14 % de participations, l'État est entré au capital à hauteur de 14 % en investissant 800 millions d'euros pour construire une alliance forte avec les Chinois, ce qui nous a permis de sauver une entreprise qui était alors en quasi-faillite. Cette nationalisation partielle montre qu'il est possible que l'État fasse des choix intelligents et durables. Aujourd'hui, les contribuables peuvent se réjouir de la décision que j'ai prise puisque les 800 millions d'euros de l'époque doivent valoir le double ou peut-être même le triple.

Surtout, Peugeot est aujourd'hui devenue une entreprise prospère qui crée des emplois et qui a racheté Opel, démontrant ainsi que l'alliance d'intérêts publics et privés dans un cadre de reconquête des outils productifs nationaux est un projet politique intelligent.

Malheureusement les libéraux, ceux qui sont d'avis qu'il faut laisser faire parce que le marché a toujours raison, contre la décision collective des nations, pensent souvent le contraire. C'est pourquoi j'ai à déplorer qu'on ait vendu, sous le mandat actuel, non seulement Alstom aux Allemands, mais aussi les chantiers navals STX aux Italiens. Ce sont là des pertes de contrôle très importantes. Une fois que le centre de décision nous a échappé, une fois que ceux qui ont acquis ces entreprises décident de faire selon leurs intérêts propres, des intérêts qui ne sont pas les nôtres, alors vous n'avez plus que vos yeux pour pleurer pour tenter d'empêcher les fermetures. Ce mode d'aliénation d'un bien industriel national est l'anti-*Made in France*.

Je constate que nous avons laissé faire beaucoup trop de choses et que sonner aujourd'hui le rassemblement autour du *Made in France*, comme le fait Bruno Le Maire, est malheureusement une sorte de posture bien tardive. Il aurait premièrement été justifié de ne pas prendre les décisions qui concernent ces deux grandes entreprises stratégiques et, deuxièmement, de chercher à les soutenir par le décret que j'ai laissé derrière moi du 14 mai 2014. Ce décret permet d'interdire les prises de contrôle par des fonds d'investissement ou des entreprises ayant des intérêts qui ne sont pas les nôtres dans des secteurs stratégiques. Il est parfaitement possible d'empêcher l'hémorragie des prises de contrôle de nos entreprises. Je déplore donc cette atteinte au patriotisme économique de la part de mes successeurs.

LVSL – En rapport avec cela, les dispositions essentielles de la Loi Florange, celles qui concernaient l'obligation d'accepter une offre de reprise en cas de cessation d'activité, ont été cassées par le Conseil Constitutionnel et le décret du 14 mai 2014 est resté d'une certaine manière lettre morte. Vous avez affirmé votre opposition à une série de privatisations des actifs nationaux (Alstom, Florange, Aéroports de Paris...), mais vos efforts ont été largement contrariés. Alors que peut faire l'État aujourd'hui ? A-t-on fait une croix définitive sur la possibilité de mener une politique industrielle indépendante ?

A.M. – L'État peut beaucoup. Il ne peut pas tout, c'est vrai, mais il peut faire énormément. Il peut se rendre maître d'entreprises qui ont une utilité stratégique pour la nation. Grâce à la

Banque Publique d'Investissement (BPI) – dont je suis l'un des géniteurs – il peut permettre le financement d'entreprises, et peut donc avoir une politique de filière. Grâce à la mobilisation que j'avais engagée autour de plans industriels, il peut planifier des développements dans de nombreux secteurs. Plans industriels qui sont d'ailleurs confiés au secteur privé. Je trouve que les entreprises d'un secteur donné sont généralement plus visionnaires que des administrations qui ne connaissent pas tout à fait le secteur, même si on a besoin que l'État et le secteur privé travaillent ensemble. En partant, j'avais laissé sur la table 34 plans industriels, mon successeur les a réduits à 9. Quand j'avais présenté à l'Élysée les 34 plans de la nouvelle France industrielle, j'avais dit qu'on ne ferait peut-être pas 34 tirs au but, mais que multiplier les initiatives permettait d'augmenter les chances de réussite. Donc la politique industrielle repose sur la volonté de ceux qui nous dirigent. Elle peut parfaitement reprendre son cours demain avec d'autres dirigeants qui ne sont pas des libéraux, c'est-à-dire qui ne sont pas des amoureux du « laissez-faire » (comme disait John Maynard Keynes en 1926 dans un livre prémonitoire de la crise de 1929 qui s'appelait *La fin du laissez-faire*), et qui n'ont pas de politique industrielle.

« La politique industrielle repose sur la volonté de ceux qui nous dirigent. »

On m'a beaucoup reproché de faire de la médecine d'urgence et de courir après les plans sociaux. Mais même quand on restructure, on peut toujours préserver un outil industriel, un outil de travail. On demande aux banquiers de renoncer à certaines de leurs prétentions, aux dirigeants de partir quand ils ont été incompétents, aux actionnaires de prendre leurs pertes et aux salariés et aux syndicats d'accepter que l'entreprise retrouve une meilleure fortune : non pas la fermeture complète, mais accepter de réduire le niveau des effectifs en attendant de repartir. C'est ce qui s'est passé dans de nombreuses entreprises où on a fait ce travail de chirurgie et de sauvetage au forceps. Il y a beaucoup d'endroits en France où on me remercie, où on me dit merci d'avoir sauvé telle ou telle entreprise qui maintenant est repartie et embauche.

Les Allemands ont fait ça. Les Allemands ne sont pourtant pas des bolcheviks, ce sont des ordolibéraux. Dans « ordolibéralisme » il y a le mot « *ordo* », c'est-à-dire qu'ils détestent le désordre. Ils considèrent que l'État ou le Land a une responsabilité dans l'action économique, ils n'ont jamais abandonné l'action de l'État et la politique industrielle. Quand il y a eu la grande crise de 2008, ils ont payé les ouvriers au chômage technique à rien faire – ils repeignaient les usines en blanc – en attendant que ça reparte. En France, on a fait des plans sociaux partout, on a tout fermé. On s'est effondrés, au point que nous sommes maintenant derrière l'Espagne et l'Angleterre en termes de part industrielle dans la richesse nationale. Les Allemands ont tout gardé : ils ont financé le maintien des outils industriels. Voilà une bonne politique industrielle.

LVSL – La politique industrielle que vous avez voulu mener s'est heurtée à un certain nombre de contraintes : le verrou du Conseil constitutionnel, les directives de la Commission européenne, le G20 etc. Comment contourner ces contraintes ?

A.M. – Le Conseil constitutionnel intervient quand la loi s'exprime, or il n'y a pas besoin de lois pour faire une politique industrielle. D'autre part il y a effectivement le contrôle *a posteriori* de la Commission européenne sur les aides d'État, mais il faut savoir lui résister. C'est le rôle d'un dirigeant politique de défendre une part de la souveraineté, ce que l'on appelle la subsidiarité, en disant : ceci ne vous concerne pas et je n'admets pas vos verdicts. Troisièmement le G20 n'a aucune capacité à intervenir dans les affaires des États. Faites des G20, je saurai pour ma part vous faire des politiques industrielles qui contrediront ses orientations. Ce qui compte ce n'est pas le dire, c'est le faire.

LVSL – Dans votre action gouvernementale, vous vous êtes aussi heurté à la haute administration, et en particulier à la direction du Trésor. Quel est le poids de la haute administration sur les décisions économiques et politiques ? S'agit-il d'un « État dans l'État » ?

A.M. – La haute administration prétend être autrement plus légitime que ne le sont les gouvernants. Elle se croit, dans sa culture et dans sa formation, dépositaire de l'intérêt national, beaucoup plus que le ministre qui passe : parce qu'elle est là, pour toujours. Donc le travail que doit faire un dirigeant politique à la tête d'un ministère, c'est soumettre son administration à ses vues. C'est un travail difficile, mais qui est réalisable assez facilement quand on a du caractère. L'administration pense toujours de la même manière, ses dirigeants sont formés avec les mêmes polycopiés, les mêmes professeurs, au sein des mêmes écoles ; ils répètent donc leurs polycopiés, leurs professeurs et leurs écoles. Ces gens-là n'ont aucune légitimité. Mais je dois dire que quand l'administration a un chef, elle le reconnaît. Le politique doit donc exercer son primat, et il n'y aura pas de difficultés.

Vous faites parfois face à des actes de déloyauté manifeste qu'il faut réprimer. Et je peux vous dire, j'ai botté les fesses des gens ! Quand vous êtes dans une entreprise, si une personne est déloyale, vous la virez, c'est pareil dans l'administration. Je ne peux pas vous dire mieux ! Il suffit de le faire et de ne pas en avoir peur. Quand on laisse faire l'administration, c'est soit qu'on est d'accord avec elle, et qu'on s'abrite derrière pour se dédouaner, soit c'est parce qu'on n'a pas les capacités ou le caractère nécessaire pour faire autrement, mais on n'a rien à faire comme ministre dans ce cas-là. Savoir soumettre son administration à ses vues c'est le critère de la compétence.

LVSL – Dans le cas des gouvernements Ayrault et Valls, ne pas aller contre la haute administration résultait donc d'un choix politique ?

A.M. – Comme le ministre ne choisit pas ses collaborateurs, il y a évidemment un problème : quand vous voulez les sortir, vous devez le faire en conseil des ministres, donc cela remonte au Président. Cela devrait être démantelé. L'article 13 de la constitution donne au Président le pouvoir de décider de toutes les nominations. Or chaque administration devrait être obéie de son chef, et pour ce faire les directeurs des administrations centrales doivent être choisis par le ministre selon des critères qui lui sont propres. C'est une réforme importante, à mener dans le cadre de ce que j'ai toujours défendu comme devant être la Sixième République.

LVSL – En lien avec le *Made in France*, vous avez longtemps incarné l'option de la démondialisation à gauche. Cette notion a-t-elle toujours du sens aujourd'hui pour vous ?

A.M. – Pour moi, démondialisation et *Made in France*, c'est le même mot. La démondialisation c'est le rétrécissement du monde, cela traduit le fait que toute une génération de dirigeants politiques convertie au libre-échange a organisé la concurrence déloyale entre des systèmes économiques, politiques et sociaux, totalement hétérogènes. Cela a eu pour conséquence de détruire beaucoup d'emplois dans les pays industrialisés, et a provoqué partout la montée des populismes. Ces conséquences justifient selon moi la nécessité d'un protectionnisme, que j'ai toujours défendu. Les peuples sont en train de nommer des gouvernements radicaux qui ne s'en prennent plus seulement aux produits, mais aussi aux hommes. Le libre-échange est aujourd'hui condamné par des peuples qui ont compris que c'était leur mort économique lente. Comme disait Hubert Védrine, quand vous mettez en concurrence des classes ouvrières qui ont 150 ans de syndicalisme et d'acquis sociaux d'une part, avec des esclaves asiatiques de l'autre, il est évident que la compétition ne s'exerce pas de façon égale et loyale. Il est naturel que les classes ouvrières se posent la question du libre-échange.

« La démondialisation est en train de se réaliser. »

J'ai relu ma profession de foi de 1997 et j'y ai découvert que je défendais déjà cette idée, ça ne s'appelait pas comme ça, mais le contenu était le même. À l'époque, les négociations préparant la création de l'Organisation mondiale du commerce (OMC), lors des accords de Marrakech, venaient de se terminer. C'était la fin du GATT [processus d'accord général sur les tarifs douaniers et le commerce, commencé en 1947, qui s'achève en 1994 avec la création de l'OMC], et le cinéma français avait défendu l'exception culturelle. Qu'est-ce que l'exception culturelle ? C'est le droit d'être protectionniste dans l'ordre du cinéma. J'avais donc dit qu'il fallait faire aussi l'exception industrielle et agricole ; c'est-à-dire le droit d'être protectionnistes dans tous les domaines, pas seulement en matière de culture. Finalement, il n'y aurait que le cinéma français qui aurait le droit d'être protectionniste, mais la classe ouvrière, elle, n'aurait pas le droit de l'être parce que ce n'est pas bien ? J'avais été élu sur ces thèmes-là.

La démondialisation est en train de se réaliser. Premièrement, mes analyses et mes propositions d'alors étaient prémonitoires : la part du commerce mondial dans les richesses nationales est effectivement en train de se rétrécir d'une façon considérable. Deuxièmement, les mouvements de capitaux ont rétréci au lavage, eux aussi. Ils n'ont pas retrouvé les mêmes niveaux qu'avant la crise de 2008. Troisièmement, il y a partout dans le monde des peuples qui veulent réduire l'état des échanges et défendre le circuit court, sur l'idée qu'il y a un rapport entre ce que je produis et ce que j'achète. Il y a en quelque sorte deux cerveaux dans la tête de l'homme ou de la femme : d'un côté le cerveau droit qui veut du low-cost, sans atteinte au pouvoir d'achat, et de l'autre un deuxième cerveau, un cerveau citoyen, qui veut des emplois pour ses enfants, des PME florissantes, un bon modèle social et des lois environnementales d'avant-garde. Ces deux cerveaux sont en train de se reconnecter. Il est normal que l'on défende nos emplois, nos PME et notre modèle social en achetant *Made in France*. La démondialisation est donc en train de se réaliser, pas seulement économiquement et financièrement, mais aussi culturellement – c'est le *Made in France* – et politiquement, par la remise en question des traités de libre-échange.

LVSL – Ne craignez-vous pas que ce changement culturel, qui doit selon vous accompagner le *Made in France*, ne soit porté que par les citoyens et les acteurs privés et induise ainsi une déresponsabilisation de l'État ?

A.M. – La société est pionnière sur le politique. C'est la société qui dirige le politique, contrairement à ce que certains croient. C'est elle qui met dehors les dirigeants qu'elle a élus et en installe d'autres. Le souverain n'est pas le dirigeant comme c'était le cas sous les anciennes monarchies. Le souverain, c'est le peuple, et c'est lui qui décide *in fine* – même s'il ne peut pas toujours intervenir comme le proposait Pierre Mendès-France dans *La République moderne*. Or la société a compris sa responsabilité et la met en œuvre. Les gens votent donc avec leurs bulletins de vote certes, mais aussi avec leurs cartes bleues. Ce mouvement transforme tous les métiers. Regardez ce qui se produit à une vitesse exceptionnelle dans la grande distribution. Les supermarchés sont partout en difficulté. Les gens utilisent internet comme moyen de contrôle de leur acte d'achat, ils enquêtent sur les producteurs. La société est en train de guider l'avenir du collectif, et les politiques devront suivre, ils n'auront pas le choix.

« Les Français sont les derniers à défendre le bien commun qu'est l'Union européenne. Tous les autres ont des politiques nationalistes. »

LVSL – Nous parlions tout à l'heure des contraintes auxquelles vous vous étiez heurté pendant votre expérience gouvernementale. Mais au-delà du Conseil constitutionnel ou de la haute administration, vous aviez dû également faire face au gouvernement allemand. Pensez-vous qu'en France nous soyons naïfs à l'égard de la politique de nos voisins européens ?

A.M. – Totalement naïfs. Les Français sont les derniers à défendre le bien commun qu'est l'Union européenne. Tous les autres ont des politiques nationalistes. Les Allemands ont une politique nationaliste : ils décident, les autres s'adaptent. Chacun défend son intérêt. La France oublie de le faire parce qu'elle est obligée de défendre cette espèce de vision que toute une génération politique nous a léguée. Mais elle est seule et se retrouve à chaque fois comme la variable d'ajustement. Puisqu'elle porte l'Europe, elle fait toujours des concessions à son détriment. Je l'ai vu dans toutes les politiques, depuis la question des pots catalytiques jusqu'à celle de l'énergie : les Allemands ont décidé tout seuls d'arrêter le nucléaire et d'ouvrir des centrales à charbon, ils sont les premiers pollueurs d'Europe, mais personne ne leur dit rien. Ils ont aussi décidé d'ouvrir les vannes aux migrants et aux réfugiés qui sont arrivés à hauteur d'un million dans leur pays, ce qui a provoqué des réactions politiques négatives de part et d'autre, dans les pays voisins… L'Allemagne prend des décisions seule, l'Italie prend des décisions seule, et la France porte encore, comme une cariatide esseulée, ce linteau fissuré qui menace de s'effondrer.

« L'Union européenne s'est retournée contre les peuples. »

Les peuples ne soutiennent plus l'Union européenne parce qu'elle ne marche pas et ne traite pas les problèmes. L'Union européenne s'est retournée contre les peuples. Depuis la crise grecque, on a eu des déclarations de dirigeants européens expliquant que les élections, c'est bien, mais que ça ne doit pas changer la politique économique décidée par l'Union européenne. Ces atteintes à la liberté de choix ont fait de l'Union européenne un épouvantail populaire.

LVSL – Cette crise de l'Union européenne a partie liée avec la crise de la social-démocratie partout sur le continent. On pense aux résultats du Parti Socialiste aux dernières élections, ou de ceux du SPD, du PD, du PASOK... Pensez-vous que ce paradigme de crise engendre la chute de toute la social-démocratie ?

A.M. – La chute de la social-démocratie correspond pour moi au fait que les sociaux-démocrates ne servent à rien. Ils ont échoué ou ils ont trahi leur mission historique qui était d'équilibrer les excès du capitalisme. Particulièrement après une crise aussi grave que celle de 2008 qui a mis par terre le niveau de vie de 600 millions de citoyens qui appartenaient aux classes moyennes. Sur ce sujet, il y a eu dernièrement une étude du cabinet McKinsey – qui n'est pas vraiment une officine mélenchoniste. Cette étude montrait que ces dix dernières années, dans les pays de l'OCDE, 580 millions de citoyens avaient vu leur niveau de vie baisser ou stagner, alors que dans la décennie précédente c'était seulement 10 millions d'entre eux. Les dix années de mondialisation et de mise en concurrence des revenus tirés vers le bas, ainsi que la gestion austéritaire de la crise, ont provoqué la révolte des classes moyennes. Cela a provoqué Trump, Salvini, les néo-nazis au pouvoir en Autriche, l'*Alternative für Deutschland* comme probable deuxième parti et force d'alternance possible en Allemagne, Marine Le Pen au deuxième tour à 33 %...

La social-démocratie a été l'auteur de cet appauvrissement : le matraquage fiscal par Hollande, Renzi et l'austérité, et je ne parle même pas du PASOK. Partout, ils ont été les agents de cette austérité contre leur propre électorat – ça a été leur bêtise – mais surtout contre la masse des gens qui n'avaient aucune responsabilité dans la crise financière. Donc la social-démocratie finit comme le Parti communiste après la chute du Mur, comme le Parti Radical après la guerre quand la République était établie et qu'on n'avait plus besoin d'eux. On n'a plus besoin de ces partis qui ont failli dans leur mission. Il est normal que les peuples se tournent vers d'autres forces politiques, pour le pire ou pour le meilleur, et que de nouvelles forces politiques émergent.

LVSL – L'Union européenne est entrée dans une crise existentielle majeure avec un paysage politique inimaginable il y a dix ans : des gouvernements illibéraux à l'Est, le Brexit, et la coalition M5S/Lega en Italie. Est-ce la fin de l'utopie fédéraliste ?

A.M. – Je le crois, parce que la construction du noyau dur fédéral s'est faite sur des orientations politiques qui ne sont pas consensuelles, et contre les majorités sociologiques de tous les pays européens. C'est une stratégie létale pour les constructeurs de l'Union européenne. Beaucoup ont défendu la réforme dans l'Union européenne, « on ne veut pas de cette Europe, on en veut une autre »… Aujourd'hui, on sait que c'est à prendre ou à laisser : et les peuples ont décidé de laisser parce qu'on leur a dit que c'était à prendre ou à laisser. Il fallait refuser le traité de Lisbonne, une partie de mon parti de l'époque, dont François Hollande, l'a approuvé avec Nicolas Sarkozy, moi je ne l'ai pas voté. On paie à présent la facture de décisions qui ont été prises à ce moment-là. Quand M. Juncker dit qu'il n'y a pas de démocratie contre les traités et que Mme Merkel déclare que « la démocratie doit se conformer aux marchés »…

Nous avons besoin de la construction européenne. Mais qu'est-ce que les peuples accepteront ? À mon avis, une Union rétrécie aux puissances qui comptent. Peut-être pas le retour aux seuls fondateurs, mais par exemple aussi à la péninsule ibérique… En tout cas à l'Europe occidentale, puisque nous n'avons pas de valeurs communes avec les pays de l'Est, il y a un problème là ! Les orientations devront donc être différentes. S'il reste des éléments fédéralistes, ils devront être cantonnés dans une Union qui n'a pas d'autre choix que d'être rétrécie. Vous ne pouvez pas prendre de décisions à 28 ! Vous avez déjà essayé de prendre des décisions à 28 dans votre famille ? Même à 6, essayez de le faire.

Aujourd'hui l'Europe est une paralytique. Elle ne prend aucune décision dans la guerre commerciale entre Trump et la Chine. Face aux excès du trumpisme, comme en matière de climat, l'Union européenne est absente. Il n'y a pas de politique climatique européenne, il y a l'Allemagne avec ses centrales à charbon, la Pologne avec ses centrales à charbon et la France avec son nucléaire : il y a un problème. Cette vision fédéraliste est absurde, et n'a aucune chance de prospérer. Il faut donc inventer autre chose pour que l'Europe reste unie et continue à être la première puissance mondiale qu'elle doit être.

Le salvinisme

Une passion de la droite italienne

Comment Matteo Salvini est-il arrivé à cette popularité foudroyante ? Son leadership politique est-il identique à ceux des autres forces politiques de l'extrême droite européenne ? En quoi le discours anti-immigration entre en jeu ? De l'apogée de la droite populiste au déclin de la gauche, Samuele Mazzolini, chercheur en théorie politique et fondateur de la revue *Senso Comune*, revient sur les grands bouleversements de la politique italienne.

Entretien paru initialement dans la revue *Nueva Sociedad*. Traduit par Marie Miqueu-Barneche.
Auteur : Samuele Mazzolini est docteur en philosophie à l'Université d'Essex. Il travaille au sein du département de Politique, Langues et Études Internationales de l'Université de Bath. Il collabore habituellement avec le journal Il *Fatto Quotidiano* et préside *Senso Comune*.
Date de publication : 29 mars 2019

Nueva Sociedad – Matteo Salvini a réussi à s'imposer comme le principal leader de la droite italienne, détrônant le Mouvement 5 étoiles, mais aussi le parti historique de Silvio Berlusconi aux dernières élections régionales. Quelles raisons expliquent que la Ligue, un parti historiquement lié au Nord et associé au sécessionnisme ainsi qu'à la haine envers les « pauvres du sud », ait pu se développer dans des régions qui lui étaient défavorables ?

Samuele Mazzolini – À partir de 2013, quand la Ligue du Nord a gagné les primaires autour de son fondateur et leader historique, Umberto Bossi, Matteo Salvini a commencé à changer lentement la direction du parti. Ce mouvement s'est accéléré au cours des dernières années. Historiquement, la Ligue du Nord était le parti des intérêts des petits propriétaires des régions du nord – Lombardie et Vénétie en particulier – opprimés par la pression fiscale, et qui, en plus, revendiquaient une différence culturelle avec le reste du pays. Cependant, il faut souligner qu'à partir de ce moment, la Ligue du Nord a commencé à capter des parts significatives du vote ouvrier grâce à l'aura démagogique de Bossi. Dans le discours du parti, Rome était une ville parasitaire, « voleuse », qui vivait d'un système étatique financé par les impôts du nord. Le sud était perçu comme une terre de paresse, de retard social et économique, soulagé par un assistanat trop généreux. Dans son époque la plus extravagante, la Ligue du Nord a fait vivre un exotisme politique qui mélangeait d'étranges fulgurances et des grossièretés. Ils ont inventé de toutes pièces la généalogie historique de la Padanie [*ndlr*, la vallée qui occupe presque tout le nord de l'Italie, que la Ligue érige en entité politique] – à travers des fêtes dans lesquelles ils allaient jusqu'à se mettre en scène en montrant un échantillon de l'eau du Po dans des ampoules. Sans parler des outrages et des gestes obscènes sur lesquels Bossi n'a pas lésiné durant ses années de gloire. La Ligue du Nord a oscillé des années 1990 à 2013 entre une position ouvertement sécessionniste (qui n'a jamais rapporté beaucoup de votes) et la collaboration avec Berlusconi au sein d'une plateforme fédéraliste. Dans le Sud, on les a toujours détestés. La Ligue du Nord était la béquille de la coalition du centre-droit dans le Nord.

Salvini, qui était encore imprégné de ce discours il y a quelques années de cela, a changé de cap en façonnant son parti selon le format du Front national de Marine Le Pen et en changeant de nom. Désormais, le parti se baptise simplement *La Ligue*, et non plus la *Ligue du Nord*. Il s'agit d'un parti national, dont le discours est principalement centré sur l'immigration. L'intensification et la médiatisation du phénomène migratoire ces dernières années, avec une hausse dramatique des débarquements d'êtres humains désespérés sur les côtes du pays, ont offert un matériel explosif à la Ligue. Dans ce cadre, Salvini était reconnu pour maintenir une posture ferme alors qu'il dépeignait une gauche naïve oubliant les intérêts des Italiens. Il a aussi accusé les autres pays européens de laisser l'Italie seule dans sa gestion de la migration. Selon Salvini, la dynamique migratoire met en difficulté le marché du travail, oblige l'État à dépenser de l'argent pour les migrants et menace l'ordre public. Ce fut une stratégie qui, dans une conjoncture d'effondrement économique et social, a canalisé le mécontentement social de la forme la plus grossière. Depuis qu'il est ministre de l'Intérieur, le respect de ces promesses électorales a accru de manière exponentielle sa cote de popularité ces derniers mois. De plus, Salvini s'est montré stratégique en introduisant sur la scène politique des thèmes autour desquels personne jusqu'à présent n'avait réussi à rassembler, comme l'opposition à la réforme des retraites et aux technocrates européens. Au sujet de ce dernier point, il a flirté avec une méfiance grandissante envers l'Union européenne qui se développe dans tout le pays et qui a même réussi à mettre en doute l'euro, mais il est revenu sur ses pas quand cela ne lui convenait plus.

N.S. – Si vous deviez décrire le profil de Salvini, quels traits ressortiraient ?

S.M. – Il faut reconnaître que Salvini a un grand flair politique. Je crois que sa plus grande force est de réussir à faire passer des consignes de la droite radicale comme des considérations de *sens commun*. Son ton est embrasé, mais il réussit toujours à présenter ses propositions comme si elles étaient parfaitement légitimes, comme si elles étaient le fruit d'un raisonnement. Il ne se contente pas de crier : au travers d'un langage simple, très linéaire, d'*homme du peuple*, il est capable de donner une image claire et évidente à des politiques d'extrême droite, et par là même d'évincer du champ de la rationalité les autres acteurs politiques. Une autre de ses facultés, cette fois-ci plus souterraine, consiste à maintenir sa popularité dans des secteurs qui sont aux antipodes de l'échiquier politique. Salvini ne plaît pas exclusivement à ceux qui ressentent un grand mécontentement social. Il garde, en même temps, un soutien très élevé de la part du secteur entrepreneurial. Dans ce secteur, tous ne tolèrent pas sa fougue xénophobe, mais face à l'inconnue du Mouvement 5 étoiles, ils préfèrent un parti dont la vocation est beaucoup plus claire en matière de défense des affaires, avec notamment la promesse de mettre en place la *flat tax*. Ceci explique que pendant des mois, Salvini a eu *bonne presse* dans quelques journaux d'orientation libérale. C'est un homme politique perspicace, étant donné qu'en montrant un mélange de radicalisme de droite et de pragmatisme pro-entrepreneurial, il arrive à faire fusionner des mondes sociaux très hétérogènes.

N.S. – Quelles ressemblances et quelles différences existe-t-il entre Salvini et les autres courants d'extrême droite – ou *populistes de droite* – européens ?

S.M. – C'est une galaxie complexe, il s'agit de formations qui ont des généalogies différentes. Au-delà du fait que dans cette conjoncture historique ils soient catégorisés heuristiquement comme des populismes de droite, il est important de garder une approche la plus analytique possible, afin de ne pas tomber dans le piège qui consiste à les accuser de fascisme. Leur point commun est une hostilité ouverte envers la migration. Ils veulent uniquement des natifs dans leurs pays (natifs souvent compris en terme strict de consanguinité ethnique), et exhibent une intolérance envers les migrants africains et asiatiques, mais aussi envers ceux d'Europe de l'Est. Certains d'entre eux expriment plus d'inquiétude que d'autres en ce qui concerne la supposée *islamisation* de nos sociétés. C'est un thème que Salvini a développé, même s'il ne l'a pas fait de manière aussi centrale que Marine Le Pen en France et Geert Wilders aux Pays-Bas. De manière un peu moins visible, certains ont une posture homophobe, mais il y a des exceptions. En effet, la leader d'Alternative pour l'Allemagne (AfD), Alice Weidel, est ouvertement homosexuelle, le néerlandais Pym Fortuyn l'était aussi.

Il me semble que, de toute façon, il existe des différences importantes. Certains n'arrivent pas à s'éloigner d'une esthétique fasciste, même si le discours (dans beaucoup de cas) ne l'est plus vraiment. C'est le cas du Front national de Le Pen, dont l'association avec le régime de Vichy est encore d'actualité. La même chose se passe avec AfD en Allemagne et Jobbik en Hongrie, qui viennent de mouvements sociaux d'extrême droite. Comme nous le savons, l'origine idéologique de la Ligue est différente, même si Salvini est clairement devenu une option électorale attrayante pour l'électorat profasciste. Cependant, je dirais que la différence fondamentale est ailleurs. Si toutes ces personnalités sont hostiles à l'Union européenne et demandent la récupération de la souveraineté nationale (depuis une perspective de droite, bien sûr), l'élément *anti-austérité* est davantage marqué dans le cas de la Ligue et, en partie, dans celui de Marine Le Pen. Ce n'est pas un hasard que les populistes du nord de l'Europe aient recours, comme beaucoup de libéraux de leurs pays, à la parabole de la cigale et la fourmi : les peuples du sud de l'Europe sont les cigales qui vivent tranquillement et demandent que leurs comptes soient alimentés par les fourmis travailleuses, qui seraient les peuples du nord. Il convient de souligner que c'est un discours qui manque totalement de fondement. Finalement, il y a une dernière source de tension entre eux – au-delà du fait qu'ils aient participé à beaucoup de sommets ensemble – autour de la constitution d'une sorte d'Internationale des populistes de droite. Salvini a demandé à maintes reprises qu'il y ait une répartition équitable des migrants qui arrivaient en Italie entre les pays européens. Le plus récalcitrant était justement son ami Viktor Orbán en Hongrie.

N.S. – Luca Morisi, le gourou des réseaux qui développe la campagne politique de Salvini, a réussi à convertir le démagogue parlant aux secteurs racistes et xénophobes en un vrai leader politique. Quelles ont été les clés de la stratégie de propagande qui a permis de donner l'image d'un Salvini « proche du peuple » ?

S.M. – C'est une autre question fondamentale. Il y a une hyperexposition médiatique de Salvini. Quand on allume la radio, c'est Salvini qui parle, et si l'on allume la télévision, c'est encore Salvini. Dans ta ville, un jour où l'autre, tu tomberas sur Salvini en train de haranguer les gens. Et si tu te connectes sur les réseaux sociaux, tu vois immédiatement apparaître une publication ou une photo de Salvini. Dans ce dernier secteur, il semble que Luca Morisi ait développé un système particulier communément nommé « la bête ». Je ne suis pas un expert en technologie numérique, mais j'ai cru comprendre que c'est un système qui gère à la fois les réseaux sociaux et les listes de mail, qui analyse constamment les contenus avec le plus de succès, le type d'utilisateurs qui ont interagi et de quelle manière ils l'ont fait. Ça leur permet de parfaire la propagande, en calibrant selon les fluctuations et les changements d'humeur politique. Quelques semaines avant les élections de l'année dernière, ils ont lancé un jeu en ligne sur Facebook qui s'appelait *Vinci Salvini !*, qui invitait les utilisateurs à interagir sur les publications du *Capitaine* [le surnom du leader de la Ligue]. Une photo du gagnant était ensuite publiée sur le profil de Salvini, le gagnant recevait également un appel téléphonique du leader de la Ligue et pouvait le rencontrer lors d'un rendez-vous « privé ». C'était une manière d'augmenter le flux des visites, mais aussi de récupérer les données d'une grande quantité d'utilisateurs. Et nous savons désormais que la gestion des *big datas* est importante pour influencer l'opinion publique.

N.S. – La montée du *salvinisme* semble aller de pair avec l'effondrement politique et intellectuel de la gauche italienne, l'une des plus fortes d'Occident. Peut-on imaginer comment pourrait se recomposer cet espace ?

S.M. – Toutes les branches de la gauche italienne vivent une époque de crise gravissime. On se souviendra pendant longtemps des élections du 4 mars 2018. La gauche modérée et social-démocrate connaît une phase d'égarement historique. Son adhésion aux politiques anti-populaires, son acceptation fort peu critique de l'austérité imposée par Bruxelles, sa proximité vis-à-vis des grands groupes multinationaux et financiers l'ont fait paraître, et à juste titre, comme complice de l'érosion des sécurités sociales et professionnelles qui l'avaient pourtant caractérisées durant l'époque précédente. Matteo Renzi, après être un temps parvenu à se faire voir comme le représentant d'une proposition innovante de renouvellement générationnel autour d'une espèce de *populisme centriste*, a rapidement jeté à la poubelle tout le capital politique qu'il avait accumulé. Il est maintenant, à 44 ans, un homme politique à la popularité décroissante. En arrivant au pouvoir, il a vite démontré que l'unique variante qu'il apportait était une modération du Parti démocrate, dans un processus qui était en gestation depuis la mort du Parti communiste italien (PCI), et dont il a représenté l'apogée et la ruine. Arrogant, présomptueux, sans contact avec la réalité, il a confirmé la thèse de Machiavel selon laquelle le leadership nécessaire pour arriver au pouvoir ne coïncide pas toujours avec celui nécessaire pour s'y maintenir.

La gauche radicale n'a pas d'avenir non plus. Elle a une image résiduelle au sein de la population. Ce secteur politique s'adresse exclusivement à lui-même, car il doit respecter certaines normes de discours et une esthétique particulière. La gauche doit s'aimer elle-même. En réalité, elle devrait plaire aux autres. Le fait est que ses procédés liturgiques, en dehors de sa propre bulle, provoquent un certain rejet. Elle s'enferme et ne se rend pas compte qu'elle choisit automatiquement un espace politique qui la neutralise. Il ne s'agit pas de cesser de lutter pour la justice sociale : c'est une histoire de symboles, de mots, de tics nerveux, d'une répétition de tout le *politiquement correct* qui est devenue odieuse. Mais c'est aussi une question de contenus. En ce sens, aucune des deux branches de la gauche n'arrive à développer une analyse socio-économique à la hauteur des circonstances, en insistant sur les droits civils et individuels dans une époque où la priorité des questions sociales est évidente. Aucun des deux secteurs n'a problématisé sérieusement le rôle de l'Union européenne et de l'euro. Les deux ont été le levier au travers duquel le néolibéralisme s'est cristallisé et consolidé, appauvrissant la démocratie en faveur des marchés et dépossédant les États européens de la souveraineté populaire. C'est un mot banni. Je me rends compte que, vu depuis l'Amérique latine, cette posture semble grotesque. Ici, seuls la droite et le Mouvement 5 étoiles ont été suffisamment perspicaces pour entrevoir la nécessité de parler de la *question nationale*, qui est un enjeu important puisqu'elle regroupe le déficit démocratique, l'asymétrie entre les pays européens et la nécessité de développer une proposition ancrée dans les traditions populaires et nationales. À l'inverse, la gauche se présente comme défenseure d'un cosmopolitisme abstrait, et ce n'est pas un hasard si ses électeurs appartiennent à des couches aisées vivant dans les centres urbains onéreux. Ses racines populaires n'existent plus.

Alessandro Di Battista

« La bataille n'est pas entre droite et gauche, mais entre citoyens et puissants. »

Alessandro Di Battista, 39 ans, est l'une des principales figures du Mouvement Cinq Étoiles, le premier parti politique d'Italie. Avant de rejoindre le mouvement de l'humoriste Beppe Grillo, Di Battista a travaillé pour l'UNESCO et auprès du Conseil italien pour les Réfugiés (CIR). Il a également parcouru l'Amérique latine en tant que reporter. Élu à la chambre des députés en 2013 pour la région du Lazio, il réalise une entrée remarquée dans la politique institutionnelle. Alors que le Mouvement Cinq Étoiles verrouille scrupuleusement sa communication, il est l'un des rares députés à s'exprimer devant les caméras, et la virulence de ses interventions en font l'un des porte-parole les plus en vue. Souvent considéré comme le représentant de l'« aile gauche » du parti, garant de son esprit contestataire originel, Di Battista est aussi régulièrement présenté comme l'alter ego de Luigi Di Maio, leader du M5S depuis 2017 et actuel ministre du Développement économique et du Travail. Lors de la campagne décisive pour les élections de mars 2018, tandis que Di Maio entame une quête de respectabilité auprès des élites économiques italiennes et européennes, Di Battista sillonne les places du pays et harangue la foule au cours de meetings survoltés. Alessandro Di Battista aime cultiver et mettre en scène sa proximité avec les citoyens ordinaires, les « gens d'en bas ». Le 25 avril dernier, avant la concrétisation de l'alliance de gouvernement entre le M5S et la Lega (extrême droite), il nous recevait au seuil d'un modeste café à deux pas de son appartement, au nord de Rome. Dans ce long entretien, celui qui a renoncé à se présenter à sa réélection pour se consacrer à sa famille, « faire le tour du monde et écrire », évoque volontiers l'identité, insaisissable, de l'OVNI politique M5S. Nous l'avons également invité à nous en dire plus sur son expérience en Amérique latine, son rapport aux gauches européennes et à Emmanuel Macron, sur la démocratie directe et la fracture Nord-Sud en Italie, ou encore sur les positions fluctuantes du M5S au sujet de la question européenne.

Entretien réalisé par Marie Lucas, Lenny Benbara et Vincent Dain. Retranscrit par Sébastien Polveche. Traduit par Rocco Marsaglia, Andy Battentier et Lenny Benbara.

Date de publication : 26 juin 2018.

LVSL – Dans votre livre *A testa in su*, vous revenez sur votre expérience en Amérique latine, et vous écrivez : « Cette année au Guatemala m'a amené à me passionner pour la politique avec un P majuscule ». Qu'entendez-vous par politique avec un P majuscule ? De quelle manière cette expérience latino-américaine a-t-elle été structurante pour vous ?

Alessandro Di Battista – La politique est sans doute l'activité la plus importante qu'un être humain puisse exercer. Les politiciens et les partis l'ont dévalorisée. Ainsi, quand je parle de politique avec un P majuscule, je parle de la politique qui se fait partout, et pas seulement à l'intérieur du Parlement. J'ai passé quasiment un an au Guatemala. J'y suis retourné pour travailler dans une communauté indigène composée d'ex-guérilleros. Ils s'étaient rassemblés après les accords de paix et tentaient de vivre une vie un peu plus digne et juste, tous ensemble. J'étais alors conscient des problématiques de ce pays, qu'elles soient sociales, économiques ou financières. J'ai vu comment s'organisaient ces gens qui cherchaient simplement à se construire une vie meilleure.

De mon point de vue, la politique, c'est la résolution collective des problèmes. C'est se mettre ensemble, et essayer de trouver une solution pour résoudre un problème précis. La politique avec un P majuscule, c'est cela. Ce ne sont pas les partis et les élections. Les élections sont importantes bien sûr, mais pour l'amour de Dieu, la politique doit signifier la tentative collective d'améliorer la société dans laquelle nous vivons.

LVSL – Ce lien avec l'Amérique latine est un point que vous avez en commun avec plusieurs leaders de Podemos et Jean-Luc Mélenchon. Qu'est-ce qui vous rapproche et qu'est-ce qui vous distingue d'eux ?

A.D.B. – Je ne connais pas les propositions qu'ils mettent en avant de manière exhaustive. Je ne connais personnellement ni Pablo Iglesias ni Jean-Luc Mélenchon. Reste que j'ai un peu étudié leurs programmes et leurs débats. Il me semble que ces forces politiques, tout comme le Mouvement 5 Étoiles, se sont beaucoup intéressées aux droits économiques et sociaux. C'est ce que toute force politique devrait faire. Cela dit, ces deux partis sont très connotés à gauche sur le plan politique. Bien que Podemos ait toujours expliqué qu'il se situait en dehors du clivage gauche-droite, ces deux forces sont ancrées dans cet espace politique. Elles restent perçues comme des formations de gauche.

Avant le Mouvement 5 Étoiles, j'ai toujours voté à gauche. Cependant, aujourd'hui, gauche et droite sont deux catégories qui ne représentent pas les citoyens. Elles ne sont plus capables de représenter, non seulement les nuances politiques qui segmentent les citoyens, mais également le fonctionnement du monde.
C'est notre principale différence. Podemos et la France insoumise appartiennent au monde de la gauche. Or, c'est une mouvance qui se meurt.

Elle dépérit avant tout parce qu'elle s'est beaucoup trop concentrée sur les droits civils. Que les choses soient claires : les droits civils sont importants. L'un des derniers votes auxquels j'ai participé favorablement au Parlement concernait précisément le bio-testament.

Durant les trente dernières années, les gouvernements occidentaux se sont concentrés sur les droits civils. Pendant ce temps, les droits sociaux, les droits économiques, et l'État social ont été démantelés. Dans une logique de « social washing », on a présenté les droits civils comme une avancée. Très bien. Les droits civils sont importants, mais si les droits économiques et sociaux sont abandonnés, alors les gens ne votent pas pour toi.

Le Partito Democratico (PD) a massacré l'État social de la même manière que Berlusconi. Du point de vue des politiques menées, je ne vois pas de différence entre le PD et Berlusconi. Durant la dernière campagne électorale, l'un des rares arguments du PD a consisté à dire : « nous avons fait tous ces droits civils ». J'ai compris. C'est important. Il n'y a aucun doute là-dessus. Reste que si les gens ne savent pas comment se déplacer, comment se soigner, et où s'installer pour vivre, ils ne votent pas pour toi. Les jeunes fuient l'Italie, car il n'y a pas de travail, et qu'il y a un énorme problème d'éducation publique.

« Le populisme, c'est la capacité de déceler les exigences populaires. Et aujourd'hui, ce que je peux vous dire, c'est qu'il est nécessaire de placer à nouveau les droits économiques et sociaux au centre du débat. Tout simplement parce qu'ils n'existent plus en Italie. Ils disparaissent aussi petit à petit en France, alors que ce pays a longtemps été un modèle international d'État social. »

En cela, le Mouvement 5 Étoiles est différent de toutes les autres formations européennes. D'ailleurs, le score du Mouvement 5 Étoiles a été beaucoup plus élevé que celui de Mélenchon ou de Podemos, ce qui laisse à penser que notre méthode est la bonne.
Une dernière remarque. Les médias et les politiques nous définissent comme populistes. C'est la même chose pour Podemos et Iglesias. C'est moins le cas pour Jean-Luc Mélenchon. Je peux me tromper, mais il me semble qu'il n'a pas été défini comme populiste comme nous l'avons été.

LVSL – Mélenchon a également été qualifié de populiste…

A.D.B. – Peut-être est-ce le cas. Je ne connais pas bien sa situation. Il n'en demeure pas moins que de mon point de vue ce n'est pas du populisme. Le populisme, c'est la capacité de déceler les exigences populaires au niveau mondial, au niveau national et au niveau local. Il s'agit ensuite de définir les réponses à apporter. Aujourd'hui, ce que je peux vous dire, c'est qu'il est nécessaire de placer à nouveau les droits économiques et sociaux au centre du débat. Tout simplement parce qu'ils n'existent plus en Italie. Ils disparaissent aussi petit à petit en France, alors que ce pays a longtemps été un modèle international d'État social.

LVSL – Avant de venir, nous avons regardé une de vos interventions télévisées. Celle-ci a eu lieu chez vous. Nous avons pu observer que votre bibliothèque est remplie d'auteurs comme Lénine, Brejnev, et Gramsci. En quoi ces auteurs et cette tradition politique et intellectuelle vous inspirent ?

A.D.B. – La pensée de Gramsci est pour moi très actuelle. C'est un homme dont l'histoire mérite un énorme respect, une énorme considération, et qui reste pertinent aujourd'hui. En ce qui concerne les biographies de Lénine et Brejnev, c'est avant tout parce que je suis un lecteur friand. Ce journaliste, qui est un peu de gauche, a cadré ces livres, pour jouer un peu, en disant qu'ils ne seraient pas chez Massimo D'Alema, et qu'il les avait trouvés chez moi. Cela dit, à côté, il y a aussi des livres de géographie, des biographies de Gengis Khan ou de Napoléon Bonaparte, ou des livres sur la Révolution française et beaucoup d'autres choses. La biographie de Brejnev ne m'a pas vraiment influencé. Je pense être l'un des rares Italiens à avoir une biographie de Brejnev. La vie de Lénine est plus intéressante. Lire crée de l'indépendance.

« De nos jours, la bataille n'est pas entre droite et gauche, mais entre les citoyens qui veulent reprendre un peu de souveraineté, et les puissants, qui continuent à centraliser non seulement le pouvoir, mais aussi d'énormes richesses. »

Certains journalistes disent que je représente « l'âme de gauche » du Mouvement 5 Étoiles. La vérité est qu'il n'y a ni âme de gauche, ni âme de droite. Je le répète, ce sont des catégories du passé. Nous analysons les problèmes, nous les décortiquons et nous cherchons une solution. Quelquefois, la solution apparaît comme une solution de droite. Soutenir les entreprises avec une banque publique d'investissement peut être vu comme une solution venant de la droite. D'autres penseront à l'inverse qu'il s'agit d'une solution de gauche. Le revenu de citoyenneté peut apparaître comme une solution de gauche au problème de la pauvreté. C'est d'abord une solution juste, qui peut ensuite influer positivement sur l'économie. En effet, certains entrepreneurs y voient des avantages, car cela augmente le pouvoir d'achat des citoyens italiens, ce qui constitue un élément positif pour les entreprises.

Je désavoue complètement ces catégories. Il en a toujours été ainsi dans l'histoire du M5S. On a toujours cherché à nous étiqueter et à nous cataloguer. Ainsi, quand on veut abolir Equitalia [*ndlr*, une société publique qui perçoit l'impôt pour le compte de l'État] et avoir une fiscalité plus juste, nous sommes de droite. Pourtant, c'est le centre-droit qui a créé Equitalia. Quand nous voulons protéger les travailleurs, nous sommes de gauche. Or, c'est le centre-gauche qui a aboli l'article 18 du Statut des travailleurs [*ndlr*, article qui protégeait les salariés contre les licenciements injustifiés]. Vous voyez bien qu'il y a une sorte de court-circuit à ce sujet. De nos jours, la bataille n'est pas entre droite et gauche, mais entre les citoyens qui veulent reprendre un peu de souveraineté, et les puissants, qui continuent à centraliser non seulement le pouvoir, mais aussi d'énormes richesses. Regardez ce qui se passe au niveau mondial. La richesse est concentrée en si peu de mains…

Dans un mois, je pars avec ma famille. Nous allons voyager de San Francisco à Panama. Je ne suis jamais allé à San Francisco. Cela dit, je lis sur le sujet. San Francisco est probablement une des villes les plus riches du monde. Cette ville a tout pour plaire : la Silicon Valley, Steve Jobs, d'immenses multinationales, des droits civils incroyables, etc. C'est une ville au discours avant-gardiste quasi libertaire. Or, c'est un des lieux où il y a le plus de sans-abris. Vous avez donc le lieu le plus riche du monde, qui en même temps est l'endroit où vivent le plus de personnes dans la rue.

« Je crois aux réseaux sociaux, car si tout n'y est pas bon à prendre, Internet est un lieu où se rompt l'intermédiation. Je me suis un peu intéressé à tout ce qui touche à la *blockchain* et aux cryptomonnaies, car cela pourrait aussi devenir une façon de rompre un peu les intermédiations financières. Aujourd'hui, ce qui dirige le monde n'est ni la droite ni la gauche, c'est le capitalisme financier. »

Vous voyez que le problème n'est plus de trouver une solution de gauche ou de droite, mais d'apporter un minimum de redistribution des richesses et de rééquilibrage dans la société au niveau mondial. Le *statu quo* nous amène à l'implosion. L'humanité ne pourra pas y survivre. Je crains des guerres pour l'eau. Je crains une centralisation des pouvoirs. Je crains également l'augmentation des phénomènes de racisme et de xénophobie. Ces phénomènes de racisme sont liés à la désintégration de l'État social. Il y a un moyen de détruire la xénophobie et d'attaquer le racisme, c'est de renouer avec les droits économiques et sociaux. Sinon, les populations se battent entre elles. Les pauvres se font souvent la guerre entre pauvres plutôt que de la faire à ceux qui sont responsables. Nous tendons à pointer du doigt ceux qui sont dans une situation pire que la nôtre.

J'ai choisi le M5S, car je crois fermement à la rupture de l'intermédiation. De mon point de vue, l'intermédiation est une manière d'exercer le pouvoir. Je suis entré au Parlement sans connaître qui que ce soit et sans argent. J'ai dépensé 140 € en frais de campagne la première fois. Je crois aux réseaux sociaux, car si tout n'y est pas bon à prendre, Internet est un lieu où se rompt l'intermédiation, malgré les problèmes avec les algorithmes et les histoires comme celle de Cambridge Analytica. De la même façon, je me suis un intéressé à tout ce qui touche à la *blockchain* et aux cryptomonnaies, car cela pourrait aussi devenir une façon de rompre en partie avec les intermédiations financières.

Aujourd'hui, ce qui dirige le monde n'est ni la droite ni la gauche, c'est le capitalisme financier. C'est le primat de la finance sur la politique. Quand je vous parle de politique avec un P majuscule, je parle d'une politique qui commanderait à la finance et qui représenterait tous les citoyens. Nous pouvons aussi parler de démocratie directe, car je crois que c'est notre avenir.

LVSL – En France, le Mouvement 5 Étoiles est défini comme populiste, antisystème, et tend à être perçu comme incohérent, ou sans colonne vertébrale idéologique. Comment le définiriez-vous ? Quelles sont ses influences idéologiques ?

A.D.B. – Qui dit cela en France ? *Le Monde* ? Ce sont sans doute eux qui nous définissent ainsi. C'est encore l'establishment. Les mêmes qui n'ont absolument rien compris à ce qui s'est passé au cours des dix dernières années. Le comble est qu'il s'agit du même establishment qui a soutenu Hillary Clinton aux États-Unis. Finalement, c'est Trump qui a gagné. C'est le même establishment qui a soutenu le « Remain ». Or, c'est le Brexit qui a gagné. Ils ne comprennent toujours pas pourquoi.

« Nous sommes le fruit d'une sorte de réaction à un système politique qui ne nous représente plus ! Auparavant, je votais PD, tandis que certains de mes camarades votaient pour d'autres partis. Nous nous sommes dit collectivement : très bien, on va se débrouiller tout seuls. »

Probablement parce qu'ils regardent le monde et le Mouvement 5 Étoiles du haut de leur tour d'ivoire dans le centre de Paris. Je les définis comme des intellectuels « faucille et cachemire » [*ndlr*, un équivalent de « gauche caviar »]. Que dois-je ajouter ? Que ce serait comme dire que 11 millions d'Italiens sont sans colonne vertébrale idéologique…

Ce n'est évidemment pas le cas. La vérité, c'est qu'à chaque fois que naît un mouvement politique qui tente de changer le système, la première chose que fait le système est de trouver quelque chose qui le décrédibilise. Il tente d'abord de l'étiqueter comme « populiste ». Cela ne marche pas, car plus le système nous attaque, plus les personnes qui sont contre ce système injuste soutiennent le Mouvement Cinq Étoiles. C'est donc une stratégie aveugle. Regardez plutôt : ils ont attaqué Trump de tous les côtés, et les gens ont finalement voté Trump.

En définitive, la chose la plus populiste qui soit aujourd'hui est de définir comme populiste une force politique qui tente de changer les choses. On nous a qualifiés d'antisystème. Que signifie antisystème ? Vouloir changer les choses ? Oui ! Mais comment essayons-nous de les changer ? En se présentant aux élections, en faisant des réunions sur des places, sans jamais un incident, sans prendre de financements publics, en gagnant les élections à Rome, à Turin, en se présentant aux élections européennes… Qu'est-ce que cela veut dire ? Qu'avons-nous fait de mal ?

Nous nous sommes présentés aux élections et nous avons obtenu de nombreuses voix, voilà tout. C'est ce que les paladins de la démocratie attaquent. La vérité est qu'ils ne parviennent pas à comprendre comment une force politique, fondée par un brillant intellectuel [*ndlr*, Roberto Casaleggio], et un comique [*ndlr*, Beppe Grillo], a pu s'imposer sans argent public et sans siège au Parlement. C'est quelque chose qu'ils ne veulent pas voir. Ils sont là à se creuser la tête. Et que disent-ils ? Attaquons-les, attaquons-les, attaquons-les… Ils ne comprennent pas qu'ils obtiennent l'effet inverse à celui attendu.

Roberto nous a dit une chose : les partis, avant de disparaître, chercheront à nous ressembler. C'est ce qui se passe en ce moment. Je note que quelques élus comme l'ancien vice-président de la Chambre, renoncent au cumul des mandats, à la double indemnité et au double salaire. Je note aussi qu'ils se déplacent tous sans escorte policière et qu'ils essaient de limiter l'usage des fonds publics. Désormais, ils cherchent à jouer les amis du peuple, à faire des photos dans la rue, en chemise plutôt qu'en costume-cravate. Tout cela est inutile !

Ils veulent diminuer l'adhésion au Mouvement 5 Étoiles ? Il n'y a qu'une manière de le faire : voter pour les lois que nous voulons ! S'ils réussissent à faire voter une vraie loi anticorruption, un revenu de citoyenneté, un paquet de lois sur les conflits d'intérêts, une politique de soutien aux finances publiques et de développement des droits économiques et sociaux, le Mouvement 5 Étoiles n'a plus de raison d'exister. Nous sommes le fruit d'une sorte de réaction à un système politique qui ne nous représente plus !

Auparavant, je votais PD, tandis que certains de mes camarades votaient pour d'autres partis. Ils faisaient comme tout le monde. Ils soutenaient un parti, puis un autre, etc. Quand ils ont compris que tous ces partis ne les écoutaient pas, nous nous sommes dit collectivement : très bien, on va se débrouiller tout seuls. Le mouvement est donc né des déceptions et lâchetés des autres forces politiques. Voilà la vérité : ils se sont mal comportés. Dans ce cas, essayons nous-mêmes, car pour l'instant personne ne nous représente. Telle est l'alternative : soit je pars du pays, soit je reste et je conspire. Conspirer est un mot merveilleux. Cela veut dire « respirer ensemble », « con spirare ». C'est cela que nous faisons, respirer ensemble, à 11 millions d'Italiens, pour essayer de changer les choses. S'ils croient pouvoir nous contrer avec des phrases du type : « ce sont des populistes », « ils n'ont pas de colonne vertébrale », « ils n'ont pas de culture politique », « ils ne savent pas ce qu'est la démocratie », ils se trompent. Je connais toutes ces phrases. Berlusconi les disait aussi. Vous pouvez donc aller dire au *Monde* qu'ils ont la même position que Berlusconi.

LVSL – En 2013, vous avez lancé l'initiative « invite un député à dîner ». En 2016, nous vous avons vu faire la tournée des places pour faire vivre l'opposition à Matteo Renzi. Cette volonté de créer une proximité avec les citoyens semble être votre marque de fabrique. Quels sont vos objectifs ?

A.D.B. – L'objectif est toujours de rompre l'intermédiation entre citoyens dans et hors de l'institution. Le terme « électeurs » lui-même ne me plaît pas. Que veut dire électeurs ? Cela signifie que je suis celui qui peut être élu, tandis que les autres sont ceux qui ont seulement le pouvoir d'élire ? Durant mes cinq années de parlementaire, j'ai mis en avant ce que vous avez défini comme ma « marque de fabrique ». Ce n'est pas seulement la mienne. C'est celle du Mouvement 5 Étoiles. Faire de la politique partout, et supprimer cette distance entre les citoyens dans et hors de l'institution. Je me suis toujours défini comme un porte-voix des citoyens, et non comme un député de la République. Je suis aussi député, mais pas dans le sens distant que l'on entend généralement. Le terme classe dirigeante ne me plaît pas non plus. Que veut dire classe dirigeante ? Dire que je suis de la classe dirigeante, cela voudrait dire qu'il existe des personnes faites pour diriger, et d'autres faites pour être dirigées.

Je crois fermement à la construction progressive de la démocratie directe. C'est pourquoi aller chez les gens, discuter avec eux, parler de ce qu'ils pensent du M5S, des aspects que l'on pourrait améliorer et de ce qu'ils jugent positivement est un exemple de démocratie directe. Il s'agit d'un rapport direct ! C'est la même chose sur les places. De la même manière, je suis uniquement allé à des émissions télévisées en direct.

Tout cela est fondamental. J'espère aussi que peut-être, un jour, parmi les personnes qui sont venues m'écouter sur les places, il y en aura qui entreront au Parlement, et ce sera alors à mon tour de les écouter depuis les places.

« Je ne dis pas que toute usine doit appartenir aux ouvriers, mais j'estime que les travailleurs doivent pouvoir coopérer au développement de l'entreprise dans laquelle ils travaillent. D'ailleurs, il y a une série d'entreprises qui sont en crise aujourd'hui en Europe, et en particulier en Italie. Ces crises peuvent être affrontées par la responsabilisation des travailleurs, en permettant à ceux-ci de contribuer non seulement au développement, mais aussi à la gestion des entreprises. »

La politique est un passage de témoin. Et le témoin, ce sont les idées, qui peuvent ensuite être améliorées par les citoyens. J'ai passé du temps à mener des batailles dans le Parlement. Désormais, il y a quelqu'un d'autre, et peut-être que j'y retournerai la prochaine fois, ou qu'une autre personne y entrera à son tour. Ce principe est fondamental. Bien sûr, il y a le modèle de la « classe dirigeante », du parti et de la politique professionnelle.

Mais la politique n'est pas une profession. Le journaliste est un professionnel. Le barman, l'avocat, le médecin, l'ouvrier, le glacier, l'entrepreneur sont des professionnels. Ce n'est pas le cas de l'homme politique. Le politique est celui qui se met à disposition de la collectivité, qui travaille un temps limité de sa vie à l'intérieur des institutions et qui retourne ensuite faire son métier. Je vis la politique de cette façon, et c'est pour cela que j'ai décidé de ne pas me présenter de nouveau.

LVSL – Toujours dans votre livre *A testa in su*, vous évoquez l'expérience autogestionnaire des ouvriers de la « Fabrica sin patron » en Argentine (l'usine Zanon reprise par les travailleurs en 2001 dans le contexte de la crise économique argentine). Vous proposez un rapprochement avec

la politique italienne, avec cette idée que les Italiens doivent s'approprier leur destin. Comment redonner aux citoyens le pouvoir dans la démocratie italienne d'aujourd'hui ? Cela peut-il passer par les instruments de la démocratie directe ?

A.D.B. – En Patagonie, j'ai pu appréhender l'expérience d'ouvriers qui ont récupéré des usines sabotées par leurs patrons. Dans le cas de Zanon, le patron était d'origine italienne. Cette expérience a renforcé ma conviction en faveur de la socialisation des entreprises. Je ne dis pas que toute usine doit appartenir aux ouvriers, mais j'estime que les travailleurs doivent pouvoir coopérer au développement de l'entreprise dans laquelle ils travaillent. D'ailleurs, il y a une série d'entreprises qui sont en crise aujourd'hui en Europe, et en particulier en Italie. Ces crises peuvent être affrontées par la responsabilisation des travailleurs, en permettant à ceux-ci de contribuer non seulement au développement, mais aussi à la gestion des entreprises. J'y crois fermement : elles doivent appartenir aux travailleurs. Comment et dans quelle situation ? C'est à voir au cas par cas. [...]

Souvent, la crise ne dépend pas seulement de la globalisation et de la crise économique, mais aussi d'une mauvaise gestion de la part des patrons. L'État et le Ministère du Développement économique doivent s'occuper de cela. En d'autres termes, ils doivent parvenir à associer les travailleurs d'une entreprise en crise, afin que cette entreprise puisse se régénérer et sortir de cette crise. Je ne dis pas qu'il ne doit pas exister des entreprises qui ont un entrepreneur. La prise de risque existe ! Je dis néanmoins que la gestion ouvrière, notamment dans certains contextes, si elle est bien codifiée et bien organisée au niveau législatif, est une réponse à cette crise que nous vivons à l'échelle mondiale.

LVSL – Vous parlez beaucoup de régénération morale et de lutte contre la vieille classe politique corrompue. Mais pensez-vous que cela puisse suffire à régénérer la politique, sans s'attaquer aux pouvoirs des oligarchies et des institutions financières ?

A.D.B. – Non, je ne pense pas que cela suffise, mais c'est nécessaire. J'ai souvent dit qu'un politicien corrompu est probablement un pantin entre les mains d'un capitaliste financier ou entre celles de la criminalité organisée. Dans notre pays, la corruption est l'arme principale utilisée par les mafias. Est-ce pour autant que, pour contrer les mafias, il suffit de contrer la corruption ? Bien sûr que non ! S'attaquer durement à la corruption est un outil pour commencer à régénérer la politique. Les pouvoirs oligarchiques existent. Le politicien corrompu est un instrument entre leurs mains. C'est pourquoi, afin de lutter contre ces pouvoirs, je lutte également contre le politicien corrompu. Ce n'est évidemment pas suffisant. Une loi anti-corruption ne résoudrait pas tous les problèmes de l'Italie. Je ne dis pas cela. Reste qu'il faut la faire pour faire le ménage.

On peut affronter les grandes oligarchies par une loi contre la corruption et les conflits d'intérêts. Il faut également s'attaquer à la concentration des pouvoirs entre si peu de mains. C'est un danger qu'il faut conjurer à tout prix. Il existe des conflits d'intérêts dans le sport, dans la politique, dans la santé, dans les médias... Il y a évidemment de l'interpénétration entre les oligarchies financières et les oligarchies médiatiques. [...]

LVSL – On semble assister à un adoucissement de votre discours sur l'euro et l'OTAN. Le temps semble révolu où vous disiez : « Pour nous, il est important de nommer aujourd'hui notre ennemi commun. Notre ennemi aujourd'hui, c'est le pouvoir central, une sorte de nazisme central, nord-européen, qui est en train de nous détruire. Ils sont en train de créer une sorte de génération Walmart, qui produira de plus en plus d'esclaves. Ils veulent, en substance, coloniser l'Europe du Sud ». Reniez-vous vos positions passées ?

A.D.B. – Non, je ne les renie pas du tout. Au cours de mon activité politique, il m'est parfois arrivé d'employer des mots très forts, afin de « donner un coup de pied dans la fourmilière ». C'est aussi un choix de communication. Nous vivons dans un pays, l'Italie, où personne ne t'écoute si tu parles tout bas. C'est pourquoi j'ai également fait le choix d'employer des mots forts dans ma communication. Cela ne veut pas dire que je pense qu'il y a une « solution finale ». Je ne l'ai jamais cru. J'ai employé des mots qui marquent, car je crois que le capitalisme financier, entendu comme phénomène de concentration des pouvoirs et de démantèlement progressif des droits économiques et sociaux, oblige beaucoup de citoyens à réduire leurs ambitions économiques et sociales et à accepter des travaux dignes d'esclaves modernes, aussi bien au niveau européen qu'au niveau global.

Ce capitalisme se transforme donc de plus en plus en société Walmart. Le seul moyen dont nous disposons afin de nous opposer à ce pouvoir financier extrêmement injuste et dangereux est de réinvestir dans l'État social et de démanteler une série de situations de conflits d'intérêts entre politiques et pouvoirs financiers.

LVSL – Quid de la zone euro ? Qu'en pensez-vous maintenant ? Aux élections européennes de 2014 vous proposiez un référendum sur le maintien de l'Italie dans la zone euro. Vous avez un peu évolué depuis. La sortie de l'euro reste-t-elle une option pour vous ? Que feriez-vous en cas d'impossibilité de réformer l'Union européenne ?

A.D.B. – À l'époque, nous étions en train de récolter des signatures pour un référendum consultatif. Il ne s'agissait pas de quelque chose d'aisé, car nous aurions dû faire une loi constitutionnelle pour demander l'opinion des citoyens italiens sur l'euro. Ce que vous dîtes est vrai. Notre évolution répond à des changements qu'on a pu observer en Europe ces dernières années. Je pense au Brexit, à l'affaiblissement de Merkel qui n'a plus un pouvoir aussi fort qu'auparavant, et même au changement politique en France. Si nous arrivons au pouvoir, nous devons essayer de changer certaines choses en Europe. Pendant la campagne, nous avons clairement dit que le référendum consultatif était une sorte d'*extrema ratio*.

Honnêtement, je suis convaincu qu'un peuple n'est pas libre s'il n'a pas la possibilité de mener des politiques fiscales et monétaires indépendantes. Nous ne sommes pas contre l'Union européenne. D'ailleurs, nous nous sommes présentés aux élections européennes et avons des élus au Parlement européen. Cependant, nous avons pris position contre certaines politiques européennes. En ce moment, nous pensons que si nous arrivons à former un gouvernement politique fort, nous aurons une opportunité importante afin d'exercer une juste pression au niveau européen, dans le but de modifier des choses qui ne vont pas.

La vérité est que cette Union européenne n'est pas une réelle union des peuples. Vous vous sentez européens ? Un peu français, un peu italien ? La construction politique et sociale de l'Europe n'a pas encore eu lieu. Pour l'instant, l'Union européenne est une organisation financière qui impose l'âge de départ à la retraite aux Italiens et le prix de la féta à la Grèce. Voilà ce qu'est l'Union européenne aujourd'hui. Toute son action s'appuie sur la monnaie unique, l'euro n'est pas une monnaie : c'est un système de gouvernement. Après, on verra ce qu'on peut faire si nous arrivons au pouvoir. Pour l'instant, nous n'y sommes pas malgré nos 32 % aux dernières élections.

CRISE DES PARTIS ET NOUVELLE DONNE STRATÉGIQUE

Comment la France insoumise est devenue un parti de gauche contestataire

Après une campagne présidentielle en 2017 quasiment parfaite, les déconvenues se sont multipliées pour la France insoumise. Bien qu'une part de celles-ci puisse être imputée à des facteurs extérieurs, la réalité est que les erreurs stratégiques ont été nombreuses et qu'elles sont bien au cœur de la débâcle qui a conduit le mouvement à passer de 19,6 % des voix à l'élection présidentielle à 6,3 % aux européennes. En cause, une vision de la politique qui relève de la guerre de mouvement permanente et d'une agressivité excessive dans le discours, notamment pendant les périodes qui se prêtaient à un récit plus consensuel et moins clivant.

Auteur : Lenny Benbara

Date de publication : 25 septembre 2019

Au cours de l'année 2017, marquée par la mise en œuvre de la recomposition politique à laquelle nous continuons d'assister, nous avons identifié deux enjeux majeurs auxquels la France insoumise allait faire face si elle voulait élargir son électorat vers l'électorat macronien flottant et dégagiste et vers les classes populaires qui sont tentées par le vote Rassemblement national. Le premier passe par la construction d'une crédibilité afin qu'une candidature telle que celle de Jean-Luc Mélenchon ne soit pas perçue comme un « saut dans l'inconnu ». Car personne ne souhaite jouer son avenir sur un coup de poker. Dans une configuration où le néolibéralisme génère de nombreuses incertitudes et une forte anxiété, les populations ont besoin de certitudes et non d'aventurisme. Le deuxième enjeu consiste en la production d'un discours de protection patriotique face aux menaces de la mondialisation. La construction de ce discours patriotique doit être fondée sur un mode inclusif, et non sur celui de l'exclusion, c'est-à-dire à partir d'une conception civique et politique de la nation plutôt qu'à partir d'une conception ethnique et culturelle. Ce patriotisme est ainsi un levier fondamental pour recréer du lien et rompre le cercle infernal de l'atomisation et de l'individualisme. Très clairement, l'électorat du Rassemblement national émet une forte demande de protection qu'il est possible de capter pour lui donner un sens différent, c'est-à-dire en désignant les élites qui ont failli comme responsables des menaces qui pèsent sur la pérennité de la société plutôt qu'en désignant les plus faibles comme boucs émissaires comme le fait le RN.

En d'autres termes, l'enjeu était de fournir une promesse d'ordre face à la pagaille néolibérale et non un simple discours de contestation et d'opposition au système. Personne n'a, du reste, besoin d'être convaincu que Jean-Luc Mélenchon est un opposant au système en place. Ce n'est donc pas sur cet aspect-là que les marges de progrès existaient. De notre point de vue, ce travail était en cours dans la France insoumise, mais il a été interrompu après la rentrée politique de septembre 2017.

Là où tout commence

Si l'on repart des suites de l'élection présidentielle, il est possible d'identifier une série d'hésitations quant à la stratégie à adopter. En manque de réponse, le mouvement est revenu à sa culture originelle qui est celle de la gauche radicale, ce qui s'est traduit par une série d'erreurs stratégiques sur lesquelles il faut revenir. Parmi celles-ci, la principale a été de vouloir mener une guerre de mouvement alors qu'il fallait mener une guerre de position. Dit autrement, la France insoumise a activé un discours adapté aux *périodes chaudes* au moment où il était nécessaire de développer une stratégie propre aux *périodes froides* où les rapports de force sont moins fluides. L'excès d'agressivité, en particulier, a laissé la formation politique désarmée et inaudible au moment de la mobilisation des gilets jaunes au cours de laquelle il fallait à la fois mobiliser un discours destituant et se présenter comme une option de recours. On nous répondra que la France insoumise n'a pas manqué de soutenir les gilets jaunes et de s'opposer au gouvernement. Sauf qu'un discours efficace ne peut pas être monotone. Plus personne n'écoute une force dont le discours n'est plus capable de produire des variations dans sa partition depuis des mois. Ce discours se mue inéluctablement en bruit de fond que tout le monde ignore ostensiblement. Pour illustrer cet argument, revenons sur les moments-clés qui ont ponctué la sortie de la présidentielle et qui démontrent que les choses ont été faites à contretemps.

Il y a d'abord eu les élections législatives qui ont été la première occurrence du retour d'une rhétorique agressive incarnée par l'attaque dirigée contre l'ancien premier ministre Bernard

Cazeneuve. Ce dernier, seul membre du gouvernement relativement populaire, avait été qualifié d'« assassin de Rémy Fraisse » alors que la France insoumise allait avoir besoin des reports de voix de l'électorat socialiste aux élections de juin. À cela, il faut ajouter la ligne de campagne : l'ex-candidat Jean-Luc Mélenchon appelait vainement les électeurs à voter pour son mouvement afin qu'il devienne Premier ministre et qu'il mette en place une VIe République. Aux yeux des gens, la partie se joue lors de l'élection présidentielle qui est le rendez-vous politique majeur : on ne refait pas le match un mois plus tard en plein processus de dépolitisation et de reflux de la participation. Une alternative simple existait pourtant : appeler à voter pour la FI afin de donner de la force au projet de pays incarné par cette force politique. En somme, l'argument est de poser la première pierre d'une société qui doit advenir un jour ou l'autre. C'est par ailleurs exactement le discours qui aurait dû être mobilisé au soir du premier tour, plutôt que de livrer une image de défaite et d'aigreur.

Malgré cette mauvaise campagne, l'obtention d'un groupe parlementaire a permis au mouvement de retrouver une dynamique positive.

L'arrivée de ce nouveau groupe parlementaire a conduit à médiatiser l'action de députés fraîchement élus. Un de leurs premiers gestes a cependant été le retrait de la cravate qui est typique d'une attitude qui consiste à flatter sa propre sociologie et le cœur de son électorat : ici le segment urbain et diplômé de l'électorat insoumis. Cette transgression vestimentaire renvoie à l'imaginaire du désordre et de la contestation. Les classes populaires, de leur côté, cherchent à être représentées correctement. Il est possible de juger cela archaïque, mais c'est une donnée politique à partir de laquelle il faut composer.

La ligne qui a été choisie pour la rentrée 2017 se situe dans la suite logique de ces premiers symboles puisque le groupe parlementaire insoumis s'est mis à dénoncer le projet d'ordonnances sur le droit du travail comme étant un « coup d'État social ». Ce choix sémantique traduit une stratégie de polarisation complètement excessive au moment où, qu'on le veuille ou non, les Français attendaient de voir avant de fixer leur jugement sur l'action d'Emmanuel Macron. On entre ici pleinement dans le vocabulaire de la contestation alors que la période était celle du refroidissement politique et de l'attentisme. De façon convergente avec cette ligne, la FI a alors appelé à ce que la population sorte avec des casseroles, pratique typique de la Tunisie et de l'Amérique latine, et à ce qu'un million de personnes descendent sur les Champs-Élysées. L'absurdité de cet appel dénote une croyance selon laquelle il est possible d'appuyer sur un bouton pour provoquer une crise de régime.

Pourtant, ce discours n'était pas encore univoque comme l'illustre le premier passage de Jean-Luc Mélenchon à *l'Émission politique* face au Premier ministre Édouard Philippe le 28 septembre 2017. Les observateurs avaient alors été positivement étonnés de la cordialité du discours et du respect entre les deux hommes.

La stratégie contestataire

C'est dans la même *Émission politique* que le sort a pourtant été scellé le 30 novembre 2017. On se souviendra ainsi de l'échange extrêmement dur avec Laurence Debray, en complète contradiction avec l'image de recours *au-dessus des partis* qu'aurait dû chérir et préserver Jean-Luc Mélenchon. Image et attitude qu'il s'emploie deux ans plus tard à construire lors de son voyage en Amérique latine. Cette émission a marqué un choix très clair : il faut s'opposer, s'opposer et s'opposer.

C'est qu'à l'époque de premiers signes de mobilisation avaient lieu autour des étudiants et des cheminots. Le choix contestataire a donc impliqué une participation pro-active à la mobilisation. Pourtant, celle-ci marquait déjà la faiblesse des syndicats et était perdante d'avance en raison de son impopularité et de son incapacité à provoquer un débordement sociologique ou à renouveler ses formes. Comme toutes les mobilisations traditionnellement de gauche, c'est-à-dire composées de fonctionnaires, d'étudiants et de diplômés précarisés, son échec était prévisible, notamment lorsque son déclenchement intervient moins d'un an après l'élection du président de la République. De ce point de vue, le mouvement de l'hiver 1995 fait figure d'exception et la société a beaucoup changé depuis. Une attitude plus prudente aurait consisté à soutenir la mobilisation, mais en jouant le rôle de courroie institutionnelle et de porte-voix dans l'Assemblée plutôt qu'en voulant se substituer aux syndicats. Le résultat est que la déroute du mouvement est devenue celle de la France insoumise, qui a donc repris le porte-étendard du *camp de la défaite*.

À la suite de cette mobilisation a eu lieu le processus d'élaboration de la liste du mouvement aux européennes. Ce processus, vanté pour son originalité, a provoqué un changement de culture au sein de la FI. C'est durant cette période que cette force est devenue *introvertie* alors qu'elle était jusqu'alors *extravertie*. Les cadres se sont de fait focalisés sur les enjeux internes et ont cherché à mobiliser des ressources pour avancer leurs pions respectifs et tenter d'influencer la ligne. C'est en raison de ce processus interminable que les divergences internes se sont exacerbées et que les conflits et les départs ont été médiatisés. Quitte à ne pas être un mouvement démocratique, ce qui est revendiqué par la France insoumise et qui n'est pas un drame pour un parti ou mouvement politique, il aurait été peut-être plus prudent de régler la question en quelques jours et d'assumer l'imposition d'une liste avec autorité sans mettre en scène les divergences.

C'était sans compter sur les perquisitions au siège et chez plusieurs élus et cadres du mouvement. Cette scandaleuse opération de police politique a fait très mal à la France insoumise, notamment parce que les scènes ont montré aux Français un visage agressif, voire inquiétant, de cette force. C'est une donnée exogène, parmi d'autres, et il faut admettre que c'est une part de l'explication de la désaffection électorale à l'égard du mouvement qu'il ne faut pas négliger.

En parallèle de ce processus de sélection des candidats, une ligne illisible a été choisie pour les élections européennes. D'une part, le mouvement revendiquait le fait d'en faire un référendum anti-Macron alors que la FI n'était plus la première force d'opposition depuis de nombreux mois. *In fine*, l'idée d'un référendum ne pouvait faire que les choux gras du RN. D'autre part, un des présupposés de la campagne était que seul l'électorat urbain et diplômé votait aux européennes. Par conséquent, le mouvement a cru qu'il fallait « aller chercher les bobos » et venir chasser sur les terres du PS, du PCF, de Génération.s et d'EELV pour gagner des parts de marché plutôt que de cultiver son originalité. Pour quiconque a regardé les débats des européennes à la télévision, il était clairement difficile de distinguer les lignes développées par ces différentes forces politiques qui se sont inscrites à gauche.

Les résultats des élections, au soir du 26 mai, ont fait la démonstration inverse : les forces qui ont gagné sont celles qui avaient un message clairement identifiable. Emmanuel Macron, malgré le manque flagrant de charisme de la tête de liste LREM Nathalie Loiseau, a ramassé la mise grâce à l'image de *parti de l'ordre* qu'il s'est taillée dans la répression violente des gilets jaunes. EELV a essentiellement capitalisé sur une marque simple et mise à l'agenda par le mouvement climat : l'écologie. Le RN, de son côté, a prospéré sur son message de protection et sur la peur de voir LREM arriver en première position à ces élections, dans le droit fil de la logique du référendum anti-Macron. Qu'a fait la France insoumise ? Elle a proposé une « voie de l'insoumission ». Comprenne qui pourra. Ces élections étaient pourtant l'occasion d'affirmer un message de protection et de défense des intérêts de la France en Europe, au moment où des instruments essentiels de notre souveraineté sont bradés. Alors que le Rassemblement national était dans les cordes, l'occasion a été manquée de récupérer une partie de ses électeurs qui désire avant tout le retour d'un État qui protège. On pourrait évidemment y ajouter des méthodes de campagne qui posent question, notamment en ce qui concerne les dépenses massives dans des *holovans* (des vans avec des interventions des candidats par hologramme) qui ne représentaient plus une innovation et qui ont fait un flop, ou encore de nombreux meetings partout sur le territoire qui ont absorbé beaucoup d'énergie et de moyens pour une campagne qui se fait en réalité essentiellement sur le terrain des médias et des réseaux sociaux.

Le retour de la gauche d'opposition

Le bilan de ces événements est la réinscription de la FI dans l'espace de la gauche contestataire, magnifiquement symbolisée par la formule de la fédération populaire, qui sonne à peu près comme un Front de Gauche 2.0. De fait, le populisme a été beaucoup trop compris comme un discours d'opposition et d'antagonisme agressif. Lorsqu'on parle de populisme, on parle de recherche de transversalité à partir d'une opposition à un adversaire commun. Cependant, il n'y a aucune raison que l'opposition à Macron se mue en *résistancialisme* et en obsession contestataire.

Dans la période post-présidentielle, des tâches fondamentales auraient pourtant pu être accomplies afin de mener une guerre de position et d'acquérir une culture institutionnelle indispensable à la conquête de l'État et à l'exercice du pouvoir. Un des défauts des mouvements, qui sont très efficaces pour gagner des élections et pour se mouvoir au sein des périodes électoralement chaudes, est précisément le défaut d'institutionnalisation. Par conséquent, sans pour autant redevenir un parti, des formes organisationnelles parallèles auraient pu être pensées pour les temps froids afin de se déployer dans la guerre de position.

C'est une des conditions importantes pour mener un travail de légitimation qui est impératif pour toute force de changement radical. Ce travail ne peut pas se réduire au programme, il passe aussi par un ensemble de codes et une culture à s'approprier. Conquérir l'État, c'est activer des réseaux et séduire des décideurs dont les logiques sont spécifiques. L'ouvrage de Marc Endeweld sur les réseaux de Macron, publié en 2019, illustre avec brio l'existence d'un État profond qui ne peut pas être délogé par les élections. Il faut donc être prêt à jouer à l'intérieur de ses interstices et de ses contradictions. Cependant, c'est un travail de longue haleine qui se prépare bien en amont. […]

De façon convergente avec cet effort à caractère institutionnel, Jean-Luc Mélenchon aurait dû prendre de la hauteur beaucoup plus tôt afin de se positionner en recours. Après 2017 et son catastrophique second tour, Marine Le Pen s'est effacée pendant presque deux ans. Cela ne l'a pas empêchée de revenir en temps voulu. De ce point de vue, le volontarisme et la guerre de mouvement se sont retournés contre la France insoumise.

En réalité, si les gilets jaunes ont émergé, c'est parce qu'il n'y a plus d'opposition en France capable de canaliser le mécontentement. Si le RN s'est légèrement remis sur pied, il semble heureusement condamné à la simple gestion d'une rente électorale. De fait, les gens ont recours à la voie extra-institutionnelle pour se faire entendre quand tous les mécanismes de canalisation de la colère à l'intérieur des institutions, politiques et syndicales, ont été sabotés. De ce point de vue, le pouvoir exacerbe les tensions lorsqu'il mène des opérations de police politique et de sabotage des forces qui lui sont opposées.

Par ailleurs, les gilets jaunes fournissent une seconde leçon stratégique : on ne déclenche pas des guerres de mouvement en appuyant sur un bouton. Il faut accepter de ne pas choisir le terrain sur lequel la bataille politique a lieu. C'est pourquoi il faut s'adapter aux différents types de périodes. Quand la société est très polarisée, il est pertinent d'activer une dose supérieure de conflit dans son discours, tout en jouant la carte du recours aux insuffisances du pouvoir. Quand la conjoncture politique s'apaise, même transitoirement, il faut faire redescendre le niveau de conflictualité.

Dans le cas contraire, le risque est d'être à contretemps et de rester très éloigné du sens commun. On pourrait faire le parallèle avec la question de l'union de la gauche. Il est paradoxal de voir que c'est juste après la présidentielle que la FI aurait pu réaliser un accord à son avantage qui lui assurait une domination durable sur les autres forces, et que c'est au moment où elle était déjà en dégringolade dans les sondages qu'elle s'est mise à considérer que Macron était le champion de la droite et qu'il fallait donc devenir hégémonique à gauche, objectif qui est d'ores et déjà hors de portée par ailleurs.

Et maintenant ?

La France insoumise est dans une position très affaiblie. Son capital politique a été dilapidé, c'est pourquoi il lui est beaucoup plus compliqué qu'auparavant de mener une guerre de position. Ce sera vraisemblablement le cas jusqu'à la prochaine élection présidentielle. Des efforts de reconstruction et d'institutionnalisation ont été amorcés par la nouvelle direction, incarnée par Adrien Quatennens qui semble vouloir clore la page des deux dernières années et renouer avec l'aspiration de l'élection présidentielle. À l'évidence, la tâche n'est pas simple dans un contexte dégradé. De ce point de vue, il semble d'ores et déjà acté qu'il faudra un nouvel outil et une nouvelle option transversale, non définie à partir du clivage gauche-droite, pour affronter l'échéance de 2022. Cependant, il paraît peu probable que le coup réalisé en 2017 avec la France insoumise puisse être réédité sans changements très importants.

À ce titre, il est possible d'identifier une série de conditions pour propulser une option potentiellement victorieuse. Premièrement, celle-ci doit construire une opposition entre la majorité de la société et la petite minorité privilégiée qui s'est accaparé l'État, les médias, l'économie, etc. C'est ce type de clivage qui peut être majoritaire dans la société et entrer en résonance avec l'état moral du pays. De plus, imposer ce type de clivage permet d'effacer celui que l'extrême droite cherche à mettre en avant pour conditionner l'agenda et réordonner le champ politique, c'est-à-dire celui entre nationaux et immigrés non-assimilés.

Deuxièmement, cette option électorale doit se situer, sur le plan de sa rhétorique et de son identité, en dehors du clivage gauche-droite si elle souhaite élargir vers des électorats qui lui sont accessibles et qui lui font défaut : la fraction dégagiste des électeurs macronistes de 2017, les abstentionnistes, les classes populaires captives du RN et les jeunes qui ont été un des points forts de la FI au cours de la dernière élection présidentielle. C'est ici que le patriotisme progressiste, inscrit dans le droit fil de la Révolution française, entre dans la danse. La transversalité de la référence à la patrie et à la nation civique permet de déborder l'imaginaire restreint de la gauche traditionnelle.

Troisièmement, cette force doit générer des certitudes et faire la démonstration de sa crédibilité. De ce point de vue, le discours sur la convocation d'une constituante au lendemain d'une élection semble contre-productif. Il n'est pas possible de déclarer « donnez-moi le pouvoir pour que le lendemain je l'abandonne. » Les électeurs élisent des représentants pour qu'ils assument le pouvoir et leurs responsabilités. La référence à l'Amérique latine trouve ici une de ses limites. À l'inverse, le système de *shadow cabinet* du Labour au Royaume-Uni est une référence intéressante.

Quatrièmement, il faudrait que cette option apparaisse comme neuve et innovante, non nostalgique des formes du passé. La France est en particulier très en retard en matière d'usage politique de l'environnement numérique. Alors qu'il y a beaucoup de place pour innover, peu de forces politiques semblent avoir pris cette voie. La France insoumise reste, à cet égard, la formation la plus en avance sur ses concurrents, exception faite d'Emmanuel Macron sur certains segments. Comme l'illustrent les champs politiques italien et étasunien, beaucoup de choses sont à faire en la matière. Enfin, il n'y a pas de discours victorieux contre Emmanuel Macron sans suivre une ligne de crête qui allie un message d'ordre et de protection d'une part, de la nouveauté, de la *hype* et de la disruption d'autre part. D'une certaine façon, il est nécessaire de définir un alliage complexe entre les aspirations progressistes et les aspirations défensives de conservation de l'existant.

Est-ce que la France insoumise est encore capable de se transformer en parti de gouvernement et de changement radical ? Il y a de nombreuses raisons d'en douter. Son avantage, pour l'heure, est que ses concurrents semblent encore moins en situation d'exploiter la nouvelle donne politique créée par le macronisme, qui a pour le moment annihilé toute forme d'alternative à l'intérieur du bloc oligarchique. 2022 est encore loin et ce quinquennat ne manque pas de surprises comme le démontrent l'affaire Benalla et le mouvement des gilets jaunes. Le champ politique français semble plus que jamais marqué par le sceau de l'incertitude radicale et par l'impossibilité d'établir des anticipations linéaires. À n'en pas douter, les rapports de force vont encore sensiblement évoluer et se déplacer. Rien n'est donc acté.

Grandeur et décadence du mouvement cinq étoiles

Le Mouvement cinq étoiles, en Italie, constitue un objet de fascination pour les politistes, tant il défie les catégories établies pour caractériser les formations politiques en fonction de leur type d'organisation ou de leur orientation idéologique. Emblématique de « l'ère populiste » dans laquelle nous sommes censés être plongés, et *outsider* autoproclamé du paysage politique italien, ce mouvement original et hétéroclite a connu une ascension rapide, jusqu'à sa nette victoire lors des élections législatives de mars 2018 et son accession au pouvoir en coalition avec la Lega de Matteo Salvini. Pourtant, la dynamique semble depuis lors s'être essoufflée, à tel point que le rapport de force entre les deux partis de gouvernement s'est inversé au profit des *leghisti*. Les difficultés rencontrées par les *Cinque Stelle* sont nombreuses, du chaotique exercice du pouvoir au niveau local à l'absence d'identité politique claire à opposer à la ligne de droite radicale avancée par Salvini, en passant par la difficile gestion de l'évolution organisationnelle rapide du parti. Au-delà de certains traits idiosyncrasiques du mouvement, la plupart des difficultés qu'il rencontre peuvent être comprises en croisant l'approche laclauienne du populisme et l'analyse politologique du contexte politique de l'Italie post-guerre froide.

Auteur : Arthur Borriello

Date de publication : *18 août 2019*

Le 4 mars 2018, jour des dernières élections législatives italiennes, David Broder publiait dans *Jacobin* un article au titre provocateur : « *Italy is the Future*[1] ». Quoi ? Un pays traînant le boulet d'une dette publique considérable et d'une croissance économique atone, décrié pour sa gestion clientéliste des ressources publiques, marqué par de profondes inégalités territoriales, en proie à la succession de mouvements populistes depuis trente ans, témoin impuissant de la montée d'une extrême droite néo-fasciste, incarnerait l'*avenir* de l'Europe ? Une telle affirmation était d'autant plus subversive qu'elle heurtait de plein fouet le récit dominant, porté par l'extrême-centre de Tony Blair à Emmanuel Macron, selon lequel l'avenir réside dans « l'économie de la connaissance », la flexibilité, l'ouverture, la rationalisation. Ce récit portait en lui un diagnostic qui a joué le rôle de *mantra* pendant la crise de la zone euro : les économies de la périphérie européenne étaient inadaptées, il fallait les réformer en profondeur pour qu'elles puissent jouir à plein des bienfaits de la mondialisation et de l'intégration européenne par les marchés. Dans ce contexte, la « tentation populiste » – il y aurait beaucoup à dire sur le recours à un champ lexical de l'antéchrist dans le discours antipopuliste, mais ce n'est pas notre objet ici – est elle-même perçue comme un signe de l'arriération de certains secteurs de la population, les fameux « perdants de la mondialisation ». Souvent à leur insu, les observateurs qui proposent ce genre d'interprétations retombent en fait sur un vieux *topos* des théories de la modernisation en vogue dans les années 1960 et 1970, qui percevaient la montée en puissance de certains mouvements et régimes dans les pays du Tiers-monde comme la marque d'une résistance de certains secteurs de ces sociétés contre les transformations induites par la modernisation/mondialisation[2].

« La convergence des principaux partis de gouvernement autour de la nomination du gouvernement "technique" et sévèrement austéritaire de Mario Monti, a achevé de décrédibiliser la classe politique italienne. »

Il y avait donc un côté extrêmement provocateur et contre-intuitif à considérer que l'Italie puisse incarner une quelconque version du « futur de l'Europe ». Pourtant, à y regarder de plus près, *il bel paese* a présenté de façon extrêmement précoce et marquée l'ensemble des traits que les politologues désignent comme des évolutions structurelles des démocraties occidentales : déclin de la participation politique, effondrement des partis traditionnels et de la gauche historique en particulier, médiatisation et personnalisation de la vie politique, montée en puissance concomitante de la technocratie et du populisme, résurgence de l'extrême droite, etc. Les appareils de partis de masse qui avaient marqué la politique italienne de l'après-guerre se sont en effet effondrés ou ont connu une recomposition forcée à la suite du scandale de *Tangentopoli* au début des années 1990 ; la montée en puissance de Berlusconi a préfiguré celle de nombreux leaders populistes actuels ; l'accès aux responsabilités exécutives se partage depuis lors entre des gouvernements populistes, d'extrême-centre et « technocratiques » (Lamberto Dini, Mario Monti) ; la *Lega Nord*, enfin, s'est très tôt affirmée comme mouvement précurseur de la déferlante d'extrême droite qui touche aujourd'hui le continent européen.

1. David Broder, « Italy is the Future », *Jacobin*, 4 mars 2018
2. Anton Jäger, « The Myth of 'Populism' », *Jacobin*, 3 January 2018

À ce contexte de moyen terme, marqué par de profondes évolutions du paysage politique italien, il faut ajouter celui de la crise de la zone euro et de sa gestion dans la péninsule. La convergence des principaux partis de gouvernement autour de la nomination du gouvernement « technique » et sévèrement austéritaire de Mario Monti, a achevé de décrédibiliser la classe politique italienne. Cette alliance dissipait en effet les dernières illusions d'une alternance possible et véhiculait l'image d'élites complices et soumises aux injonctions européennes. Bref, le scénario de la « post-politique », ou de la gouvernance « post-démocratique », pour reprendre les termes utilisés respectivement par Chantal Mouffe et Colin Crouch, semblait se matérialiser pleinement.

C'est dans ce double contexte qu'il faut comprendre l'ascension du *Movimento Cinque Stelle* (M5S), créé formellement en 2009 et qui connaît ses premiers succès électoraux durant les années de crise économique, avant que sa progression régulière ne finisse par lui ouvrir les portes du gouvernement national en 2018, en tant que première force politique de la botte. Mouvement atypique du point de vue organisationnel et idéologique, il a su se poser en unique alternative à l'*establishment*, canaliser la profonde désaffection des citoyens à l'égard de celui-ci et se construire dans l'espace laissé vide entre l'individu et l'État par la désagrégation des appareils partisans. La lune de miel entre le M5S et l'électorat italien semble pourtant déjà bel et bien terminée. Outre les difficultés liées à la normalisation et à l'institutionnalisation d'un jeune mouvement qui avait fait de son extériorité au « système » sa marque de fabrique, les précoces expériences d'exercice du pouvoir au niveau local (à Turin et à Rome, en particulier) n'ont pas été sans heurts ni sans polémiques. Surtout, les récentes élections européennes ont acté une transformation radicale du rapport de force entre les deux acteurs du gouvernement italien, le *Movimento* et la *Lega* : alors que le premier a vu son score passer de 32 % à 17 % entre le scrutin législatif national et le scrutin européen, le second a opéré un bond spectaculaire de 17 % à 34 % sur la même période. Depuis lors, le leader de la *Lega* a profité de son avantage pour précipiter une crise de gouvernement, dont l'issue reste pour l'instant très incertaine et qui pourrait même, paradoxalement, raviver un M5S moribond. C'est ici que les cinq étoiles posent un défi intellectuel majeur : est-il possible de comprendre *à la fois* leur ascension fulgurante et leurs déconvenues à partir d'un *même prisme d'analyse* ? Pour cela, il faut évoquer le contexte politique italien de ces trente dernières années afin d'analyser ce qui, parmi les caractéristiques propres du Mouvement cinq étoiles, détermine sa faculté d'adaptation à celui-ci tout autant que son incapacité à le transformer véritablement.

La post-démocratie du vide

L'Italie, décrite comme une « particratie », lieu par excellence de la confrontation entre partis fortement organisés et idéologisés pendant la guerre froide (en particulier entre la démocratie chrétienne et l'eurocommunisme), a bien changé depuis lors. Le scandale de corruption survenu au début des années 1990 (*Tangentopoli*) y a provoqué un véritable séisme politique et forcé la disparition (ou la recomposition) des forces dont l'opposition avait rythmé la vie politique des quarante années antérieures. Le pays est devenu, en l'espace de quelques années, un véritable laboratoire politique des évolutions que connaissent aujourd'hui peu ou prou toutes les démocraties occidentales.

L'effondrement des partis de masse italiens intervient en pleine période de triomphe néolibéral et de proclamation de la « fin de l'Histoire », symbolisée en Italie par l'émerveillement candide d'Achille Occhetto, dernier secrétaire du Parti communiste italien, devant le spectacle des gratte-ciel de Manhattan[1]. La disparition des appareils partisans traditionnels n'a pas donné lieu à l'émergence de formations du même type. Les nouvelles forces politiques de la « Seconde République » n'étaient plus ces structures intermédiaires, ancrées dans des univers sociaux bien distincts et fonctionnant comme des lieux-objets de l'identification collective. La forme classique du parti politique du XXe siècle était en effet celle d'une organisation fortement structurée, dotée d'un ancrage social et territorial profond et stable. Elle fonctionnait comme une courroie de transmission entre les groupes sociaux et l'État, dans les deux directions : d'une part, elle agissait comme vecteur d'expression et de représentation des revendications de sa base sociale dans les institutions étatiques et, d'autre part, elle contribuait à l'encadrement et à la politisation de cette base tout en veillant à la satisfaction de ses revendications par la redistribution de ressources publiques. Elle était à la démocratie ce que les corporations étaient à l'Ancien Régime.

« Les anciennes structures intermédiaires ont laissé leur place à des formations politiques extrêmement dépendantes de la figure d'un leader charismatique, dans un contexte de médiatisation aiguë et de personnalisation exacerbée de la vie politique. »

Ce modèle, en Italie comme presque partout ailleurs, avait déjà entamé un processus d'érosion depuis la fin des années 1970, sous le double effet d'un évidement par le bas et par le haut. Par le bas, avec le début de la désaffiliation partisane, de la complexification du jeu politique, de l'émergence d'une classe moyenne et de la désaffection à l'endroit des institutions. Par le haut, avec le phénomène de « cartellisation[2] » des partis politiques, de plus en plus associés à l'État et dépendants de ses ressources à mesure que leur ancrage dans la société se fragilisait. Là où une telle évolution s'est poursuivie sous la forme d'une érosion lente dans la plupart des démocraties occidentales – baisse continue de la participation politique, déclin électoral des partis de gouvernement traditionnels, poursuite de la désaffiliation partisane (et syndicale), etc. – l'Italie a donc connu son accélération brusque avec l'implosion du système politique au début des années 1990, qui a plongé le pays dans une nouvelle ère.

C'est le moment de l'ascension du « phénomène » Silvio Berlusconi et de son « non-parti[3] », *Forza Italia*, qui allaient profondément et durablement transformer la société et la politique

1. « Occhetto, l'ultimo amico americano », *La Repubblica,* 17 mai 1989

2. Ce phénomène de cartellisation des partis politiques a été théorisé et décrit par Richard S. Katz et Peter Mair dans plusieurs travaux devenus classiques en science politique. Il désigne le phénomène, initié dans les années 1970 et 1980, de fusion des intérêts des partis et de l'appareil d'État, généralement accompagné et favorisé par l'introduction du financement public des partis politiques. Les partis politiques, de plus en plus dépendants des ressources publiques et de moins en moins redevables vis-à-vis de leur base militante, auraient ainsi tendance à collaborer pour se partager ces ressources et empêcher l'émergence de nouveaux acteurs (d'où le terme de « cartel »). En Italie, la situation est un peu particulière, puisque le financement public des partis y a été introduit en 1974, avant d'être abrogé en 1993 dans le contexte de scandales de corruption frappant le pays, pour être ensuite progressivement réintroduit sous la forme d'un remboursement post-électoral dans les années suivantes.

3. Caterina Paolucci, « Forza Italia : un non-parti aux portes de la victoire », *Critique internationale,* 2011/1, p. 12-20.

italiennes. Manifestation avant-gardiste d'un populisme de riches hommes d'affaires dont les exemples sont légion aujourd'hui, et dont le plus édifiant est sans aucun doute celui de Donald Trump, Berlusconi a amorcé la transformation du système politique italien vers une « démocratie du leader[1] ». Les anciennes structures intermédiaires ont laissé leur place à des formations politiques extrêmement dépendantes de la figure d'un leader charismatique, dans un contexte de médiatisation aiguë (à laquelle Berlusconi, propriétaire de nombreux médias italiens, a lui-même fortement contribué) et de personnalisation exacerbée de la vie politique. Sans surprise, de telles mutations organisationnelles ont été accompagnées de transformations idéologiques correspondantes, avec l'effacement de clivages autour des grandes orientations de la société au profit d'un clivage pro-/anti-Berlusconi qui allait rythmer la vie politique italienne jusqu'au début des années 2010.

Ces évolutions sont extrêmement emblématiques de « l'évidement » des démocraties occidentales décrit par Peter Mair[2], c'est-à-dire de la disparition des formes d'encadrement, de représentation et de médiation qui avaient caractérisé le modèle de démocratie des partis à son apogée, durant les Trente Glorieuses. Par ailleurs, cette tendance s'est trouvée accentuée et ossifiée par le processus d'intégration européenne. En transférant toujours plus de compétences au niveau européen – soit pour les exercer conjointement dans les espaces de négociation intergouvernementaux, soit pour les déléguer à des institutions technocratiques non élues – les élites politiques nationales se sont insularisées vis-à-vis de toute forme de pression populaire.

Le niveau national serait devenu le règne de la « politique sans attributions », tandis que le niveau européen incarnerait au contraire une logique « d'attributions sans politique ».

Cet isolement s'est concrétisé dans deux transformations majeures. La première est une transformation institutionnelle au cœur de l'État même. L'État-nation européen se serait progressivement transformé en *État membre*[3], dont la dépendance accrue à l'égard des partenaires européens confère une prévalence toujours plus grande au pouvoir exécutif au détriment des Parlements nationaux, pourtant seuls véritables dépositaires de la souveraineté populaire. La seconde transformation réside dans le creusement d'un fossé entre les lieux d'exercice de cette souveraineté et les lieux d'élaboration concrète des politiques publiques. Le niveau national serait devenu le règne de la « politique sans attributions » (*politics without policies*), tandis que le niveau européen incarnerait au contraire une logique « d'attributions sans politique » (*policies without politics*[4]). C'est une autre manière de réciter l'adage selon lequel « ceux que nous élisons n'ont pas de pouvoir, et ceux qui exercent le pouvoir, nous ne les élisons pas », qui nourrit l'inquiétude de nombreux observateurs quant à la nature post-démocratique de notre temps.

1. Mauro Calise, *La democrazia del leader*, Roma-Bari, Laterza, 2016.
2. Peter Mair, *Ruling the Void. The Hollowing Out of Western Democracies*, London, Verso, 2013.
3. Christopher Bickerton, *European Integration : From Nation-States to Member States*, Oxford, Oxford University Press, 2012.
4. Vivien Schmidt, *Democracy in Europe : the EU and National Polities*, Oxford, Oxford University Press, 2012.

Dans une telle situation, les ressources et l'espace manquent pour conduire des politiques publiques alternatives. L'impression de collusion entre élites politiques d'obédiences variées concourt à creuser un peu plus le vide entre ceux-ci et leur base sociale. En retour, cette distance encourage les élites à approfondir encore ce processus d'auto-isolement, ce qui conduit à terme à une délégitimation du système de représentation et de décision dans son ensemble. Ce phénomène explique en grande partie la prolifération de partis dits populistes et anti-*establishment* un peu partout en Europe.

L'un des éléments-clés de ce processus est bien sûr l'appartenance à l'Union économique et monétaire. Celle-ci réduit considérablement l'espace des politiques économiques disponibles au niveau national en interdisant toute dévaluation unilatérale et en imposant des normes strictes en matière de contrôle de l'inflation et de la dépense publique. L'Italie, économie inflationniste, coutumière des dévaluations compétitives et dépositaire d'une dette publique faramineuse – mais qui n'a jamais suscité d'inquiétude véritable avant la crise de la zone euro[1] – a subi plus que quiconque l'impact de cette nouvelle donne. Les nouvelles élites politiques acquises au dogme néolibéral, du centre-gauche au centre-droit de l'échiquier politique, faisaient à l'unisson l'éloge de l'Union européenne comme « contrainte extérieure » (*vincolo esterno*) favorisant une « rationalisation » salutaire des finances publiques. Avec l'éclatement de la crise des dettes souveraines au sein de la zone euro, un cap supplémentaire a été franchi. Alors que la situation économique et sociale se détériorait considérablement dans la péninsule, et sous la pression aiguë des institutions européennes, l'ensemble des forces politiques de l'*establishment* a soutenu la nomination d'un gouvernement technique, dirigé par Mario Monti, qui a couplé des mesures d'austérité budgétaire et des réformes structurelles d'une ampleur inédite.

C'est dans ce contexte bien spécifique, situé au croisement des transformations de long terme du paysage politique et des effets de décrédibilisation de la classe politique italienne dans le cadre de la crise économique, que le *Movimento cinque stelle* a engrangé ses premiers succès électoraux.

Naissance, caractéristiques et évolutions d'un mouvement atypique

Le Mouvement cinq étoiles est né sous l'impulsion du duo constitué de Beppe Grillo, humoriste et acteur connu pour ses diatribes à l'encontre de la classe politique italienne, et de Gianroberto Casaleggio, entrepreneur et consultant informatique. Ensemble, ils fondent en 2005 le blog *beppegrillo.it* (géré par l'entreprise du second, *Casaleggio Associati*), qui deviendra en l'espace de quelques années l'un des blogs les plus consultés d'Italie. Les années suivantes seront marquées par l'organisation d'événements à partir de plateformes en ligne (rencontres *meetups*, *vaffanculo days*, etc.) et par de premières participations aux élections municipales à travers des listes « Amis de Beppe Grillo ». À l'été 2009, Grillo propose sa candidature aux élections internes du Parti démocratique (PD), d'orientation sociale-libérale, qui sera refusée en

1. La dette publique italienne était depuis bien longtemps très élevée, mais ne générait pas d'inquiétude profonde à la fois en raison de la réputation du Trésor italien en matière de gestion de celle-ci et en raison de sa structure très nationale (liée notamment au patrimoine immobilier des ménages italiens) la rendant peu vulnérable à la spéculation étrangère. Son internationalisation relative après des années d'appartenance à la zone euro, ainsi que les craintes de contagion financière dans le cadre de la crise grecque, finiront par jeter une lumière nouvelle sur la dette publique italienne et par alarmer les marchés financiers et les autres gouvernements européens.

raison de ses attaques répétées contre les élites dirigeantes de ce même parti. Dans la foulée, le nom et le symbole du Mouvement cinq étoiles sont présentés en octobre.

« Depuis ses débuts, le M5S affiche un profil organisationnel et idéologique extrêmement atypique, qui déroute les observateurs et déjoue la plupart des explications et catégories classiques de la science politique. »

À partir de là, le mouvement connaît un succès croissant lors des échéances électorales successives. Il obtient d'abord de bons résultats aux élections régionales de 2010 en Émilie-Romagne et dans le Piémont. Il est ensuite définitivement consacré comme force politique nationale lors des élections locales de 2012, au cours desquelles il obtient notamment la mairie de Parme. Premier parti en nombre de voix lors des élections régionales siciliennes de la même année, il s'impose comme troisième force politique de la botte aux élections législatives de 2013 (qui font suite à l'interlude du gouvernement « technique » de Mario Monti) avec 25,56 % des voix à la Chambre et 23,80 % au Sénat. Ces résultats spectaculaires sont tout simplement les meilleurs, pour une première participation électorale à l'échelle nationale, enregistrés en Europe depuis 1945[1]. Il confirme – quoiqu'avec un léger tassement – ces résultats lors des élections européennes de 2014, à l'issue desquelles il obtient 17 eurodéputés. Il étend ensuite sa couverture territoriale lors des élections régionales successives et parvient même, en 2016, à accéder au pouvoir dans les métropoles de Turin (Chiara Appendino) et de Rome (Virginia Raggi). L'aboutissement de cette montée en puissance régulière advient lors des élections législatives de mai 2018. Profitant de l'effondrement spectaculaire du PD et de la parabole descendante de Berlusconi, le Mouvement cinq étoiles s'impose très nettement comme première force politique avec 32,68 % des suffrages exprimés. À la suite de ce résultat, il constitue un gouvernement avec la principale force de la coalition de droite, la *Lega* de Matteo Salvini (17,35 %).

Depuis ses débuts, le M5S affiche un profil organisationnel et idéologique extrêmement atypique, qui déroute les observateurs et déjoue la plupart des explications et catégories classiques de la science politique[2]. Sur le plan de l'organisation, le parti – qui se présente comme un mouvement – est caractérisé à son origine par l'absence presque totale de structures intermédiaires. Il se partage entre le leader et son blog d'une part, et les activistes présents sur le territoire, d'autre part. Véhiculant l'image d'une organisation aux mains de ses activistes et reposant sur la délibération en ligne de ses inscrits, le mouvement se caractérise surtout par une centralisation extrême autour de son leader, qui profite de l'absence de structures intermédiaires pour exercer un droit de contrôle exclusif sur la sélection des candidats et l'élaboration des programmes. Progressivement, à partir de son entrée au Parlement en 2013, le mouvement va connaître l'apparition d'un troisième terme, le groupe parlementaire. Il s'engage alors dans un timide processus d'institutionnalisation, avec l'adoption de critères de rotation des charges internes à ce groupe, la mise en place de codes de comportement à signer avant d'entrer en fonction, ainsi

1. Nicolò Conti, Filippo Tronconi & Christophe Roux, « Le Mouvement cinq étoiles. Organisation, idéologie et performances électorales d'un nouveau protagoniste de la vie politique italienne », *Pôle Sud*, 2016/2, p. 21-41.

2. Pour une description des caractéristiques organisationnelles et idéologiques du mouvement, voir notamment : Filippo Tronconi, *Beppe Grillo's Five Star Movement. Organisation, Communication and Ideology*, Fenham, Ashgate, 2015.

que la désignation d'un « directoire » servant de point de référence. Avec la montée en puissance du groupe parlementaire et des élus locaux, la complexification de la structure du mouvement, la mort de Casaleggio en 2016 et les questions soulevées par la gestion de son entreprise, les tensions entre les trois pôles du parti (le leadership, les activistes et les élus) vont s'accentuer et émailler la vie du mouvement jusqu'à aujourd'hui.

Sur le plan idéologique et programmatique, le profil des *Cinque Stelle* n'est pas moins atypique. Les thèmes examinés sur le blog reprenaient en grande partie ceux que Grillo abordait dans ses spectacles : écologie et affres de la mondialisation, défauts de la société de consommation, corruption, servilité des grands médias et incurie de la classe politique italienne dans son ensemble. Ceux-ci se retrouvent dans les propositions programmatiques du parti, qui mêlent des thèmes classiques de la gauche (environnement, décroissance, protection sociale) et des thèmes plus nettement marqués à droite (euroscepticisme, chauvinisme économique). Le résultat de ce double ancrage est que les principales échelles de mesure positionnent le parti vers le centre (quoique légèrement à gauche) ; toutefois, ce positionnement semble résulter de l'équilibre entre des positions de gauche *et* de droite plutôt que d'une position « ni de gauche, ni de droite ».

L'identité idéologique du mouvement est rendue d'autant plus complexe et incertaine qu'elle varie considérablement entre les composantes du parti (le leadership, le groupe parlementaire, la base activiste et l'électorat) et dans le temps. En définitive, l'armature idéologique du mouvement semble reposer sur deux piliers. D'une part, elle promeut l'inclusion de thématiques délaissées par les autres forces politiques, mais rencontrant un écho considérable dans l'électorat, permettant ainsi de combler un déficit de représentation. D'autre part, elle agite la promesse d'un renouvellement et d'une « moralisation » de la classe politique. La coexistence de thèmes hétéroclites et d'éléments parfois contradictoires est assurée précisément par la focalisation sur cette « question morale », véritable ciment permettant la jonction de positions difficilement conciliables.

Les caractéristiques spécifiques du M5S, qui en font un sujet politique *sui generis* du point de vue organisationnel et idéologique, ne doivent pas être sous-estimées et oubliées au profit de son inclusion dans des catégories théoriques préétablies. Il est pourtant difficile de résister à la tentation de lire ce mouvement à partir de la grille d'analyse du populisme d'Ernesto Laclau, tant celle-ci semble idéale aussi bien pour en décrire les caractéristiques que pour en analyser la genèse et l'évolution ou en évaluer les forces et les faiblesses. Son approche du populisme, développée en partie avec sa compagne Chantal Mouffe au fil de plusieurs ouvrages[1], est désormais bien connue dans l'espace francophone. Elle tranche avec les définitions classiques qui assimilent le populisme à une idéologie, un style politique ou un type de mouvement spécifique ; elle l'envisage plutôt comme *une logique politique*, une manière de construire et d'articuler les identités politiques. Cette logique consiste en la construction d'un sujet populaire, d'un « peuple », à partir de la création d'une frontière antagonique entre un « nous » (le sujet populaire) et un « eux » (son adversaire/ennemi).

Deux éléments sont fondamentaux dans ce processus de construction. En premier lieu, ce processus est *contingent* : le contenu des identités politiques n'est pas donné au préalable (par exemple par le processus de production qui réduirait l'opposition nous/eux à un conflit entre

1. Voir, entre autres : Ernesto Laclau & Chantal Mouffe, *Hegemony and Socialist* Strategy, Londres, Verso, 1985 ; Ernesto Laclau, *On Populist* Reason, London, Verso, 2005 ; Chantal Mouffe, *Pour un populisme de gauche,* Paris, Albin Michel, 2018.

travailleurs et propriétaires), mais est le produit d'une articulation discursive. Il s'ensuit que le contenu du populisme peut tout aussi bien être émancipateur que réactionnaire, selon la façon dont sont construits le peuple (comme un sujet politique et inclusif ou ethnique et exclusif, par exemple) et son adversaire/ennemi (les élites économiques et politiques, les migrants, les intellectuels, etc.). En second lieu, l'unité du sujet populaire n'est pas le résultat de caractéristiques positives que ses membres partagent, mais est produite *négativement* par la commune opposition à l'adversaire/ennemi. Celui-ci est tenu pour responsable de l'insatisfaction d'un ensemble de demandes sociales hétérogènes qui, *parce qu'elles partagent cette commune insatisfaction*, peuvent être agrégées et former une « chaîne d'équivalence », soit l'armature du sujet populaire.

Enfin, dans ce processus, il est courant que l'une des demandes assume la fonction de représentation de l'ensemble de la chaîne. On parlera alors de « signifiant (tendanciellement) vide » : il s'agit d'une demande qui perd progressivement son contenu spécifique à mesure qu'elle devient l'incarnation de toutes les autres. L'exemple classique donné par Ernesto Laclau est celui de la lutte du syndicat Solidarnosc en URSS, devenu le symbole de l'ensemble des aspirations démocratiques de la société. Plus proche de nous, les gilets jaunes ont fourni l'exemple le plus limpide de ce processus : le gilet jaune, au départ lié à la protestation originelle contre la taxe sur le carburant, s'est progressivement chargé d'une signification beaucoup plus large pour incarner les aspirations de justice fiscale et de démocratie directe de tout une frange de la population française.

Le M5S court-circuite la logique d'affrontement entre centre-gauche et centre-droit en lui substituant une opposition entre les « citoyens honnêtes », les « petites gens », et les élites politiques et économiques de tous bords, dépeintes comme un ensemble indifférencié et corrompu.

Le M5S correspond pleinement à cette logique populiste décrite par Ernesto Laclau, tant il présente l'ensemble des traits qui lui sont associés. Il naît et prospère dans un moment de dislocation sociale profonde, où les effets de la crise économique génèrent une insatisfaction croissante des demandes sociales. Ces demandes ne peuvent toutefois pas être exprimées et traitées *via* les canaux politiques établis en raison de la crise structurelle de représentation politique dans laquelle le pays est plongé depuis les années 1980. Le M5S peut alors, sur la base de celles-ci, construire un nouveau sujet populaire uni par son opposition aux élites politiques et économiques, tenues pour responsables du dévoiement de la souveraineté populaire. Il court-circuite la logique d'affrontement entre centre-gauche et centre-droit en lui substituant une opposition entre les « citoyens honnêtes », les « petites gens », et les élites politiques et économiques de tous bords, dépeintes comme un ensemble[1] indifférencié et corrompu. D'ailleurs, le M5S est probablement l'une des manifestations *les plus pures* du populisme à la Laclau – reflétant par là le degré de délitement du paysage politique italien et la pureté de ses épisodes technocratiques.

1. Rappelons que pour Ernesto Laclau, le populisme et l'institutionnalisme constitue les deux pôles d'un continuum déterminé par l'extension respective de la logique d'équivalence et de la logique de différence. À ce titre, le populisme peut se manifester concrètement à des degrés divers.

En effet, contrairement à de nombreux partis populistes dits « de gauche » (Podemos, La France insoumise) ou « de droite » (Front national, AfD), il repose sur une chaîne d'équivalence extrêmement étendue qui couvre la quasi-totalité du spectre politico-idéologique de l'électorat italien. Ceci est rendu possible par la mise sous le tapis des questions potentiellement clivantes en son sein – celle de l'immigration, par exemple – et par la focalisation sur la « question morale » (la corruption des élites politiques et la nécessité de donner les clés de l'activité politique aux citoyens ordinaires). Cette dernière joue le rôle de signifiant vide permettant, grâce à son caractère vague et protéiforme, de maintenir l'unité du mouvement. À bien des égards, le M5S n'est pas sans rappeler, toutes proportions gardées, le phénomène du péronisme argentin, dans lequel la centralité de la figure du leader exilé jouait le rôle de signifiant vide permettant d'agréger des groupes hétérogènes allant du fascisme au marxisme[1].

En plus d'incarner à plein la logique populiste, le M5S est aussi la plus parfaite expression, sur un plan organisationnel, de l'air du temps, cette ère de la désintermédiation dont l'Italie fournit un exemple particulièrement précoce et avancé. Le rôle central dévolu au leader, l'absence presque totale de structures intermédiaires, l'organisation lâche et flexible, le recours à internet et aux réseaux sociaux, les mécanismes de participation directe en ligne, l'absence de liens organiques vis-à-vis du monde syndical et associatif, tous ces éléments font des *grillini* une espèce politique particulièrement adaptée au nouvel écosystème. Combinant paradoxalement les traits d'une verticalité et d'un centralisme extrême, d'une part, et d'un fonctionnement se voulant horizontal et participatif, d'autre part, il représente une *forme* politique aux antipodes du parti de masse du XXe siècle.

« Malgré ces nombreux points forts, le M5S est actuellement en proie à d'énormes difficultés. Sa participation au gouvernement national se révèle être un fiasco. »

Nul doute que la combinaison de ces éléments, qui fait du M5S un populisme 2.0 particulièrement adapté à l'ère de la désintermédiation, est pour beaucoup dans l'ascension fulgurante du mouvement et ses succès. Au nombre de ceux-ci, on peut compter la revitalisation d'un système politique moribond, la représentation de secteurs électoraux extrêmement défiants vis-à-vis des institutions, la mise sur le tapis de thèmes peu traités par les autres partis (l'environnement, l'éthique en politique, etc.) ou encore l'adoption de mesures économiques et sociales timides, mais tangibles (dont le fameux « revenu de citoyenneté »). C'est précisément parce qu'il est une coupole extrêmement large et ambiguë que le mouvement est parvenu à étendre son appel électoral et à concentrer sur lui le vote des secteurs aliénés de la population. L'absence de tradition idéologique bien définie – hormis l'anti-partisme de Adriano Olivetti[2] – a donné une flexibilité inédite au M5S et lui a permis de recueillir des voix chez les déçus de toutes les

1. C'est du moins l'analogie que nous avons proposée, mon collègue Samuele Mazzolini et moi-même, dans le cadre d'un autre article (Mazzolini S. & Borriello A. (2017) « Southern European populisms as counter-hegemonic discourses ? Podemos and M5S in comparative perspective », *in* Marco Briziarelli & Oscar Garcia Augustin (eds.) *Podemos and the New Political Cycle. Left-wing Populism and Anti-Establishment Politics,* Palgrave Macmillan : 227-254).

2. Ingénieur et politicien italien durant l'après-guerre, Adriano Olivetti défendait une position hostile à la « démocratie des partis » au nom d'une conception corporatiste et territoriale de l'organisation de l'État.

formations politiques, toutes obédiences idéologiques confondues. C'est aussi en raison de sa stratégie organisationnelle originale et innovante qu'il est parvenu à mobiliser et à créer un sentiment d'identification collective.

Malgré ces nombreux points forts, le M5S est actuellement en proie à d'énormes difficultés. Sa participation au gouvernement national se révèle être un fiasco. En l'espace d'un an et demi, la *Lega* emmenée par un Matteo Salvini déchaîné est parvenue à renverser le rapport de force en sa faveur, devenant très largement le premier parti d'Italie dans les intentions de vote – concrétisées lors du scrutin européen de mai 2019 – et réduisant de moitié celles du Mouvement cinq étoiles. Avec un flair politique certain, il n'a pas cherché à traduire son avantage immédiatement par une renégociation des attributions ministérielles, mais s'est attelé à le renforcer un maximum en augmentant progressivement la pression sur son partenaire de gouvernement. Au plus fort de sa domination, après des mois passés à faire porter le chapeau au M5S sur un certain nombre de dossiers et à jeter le doute sur sa loyauté politique – par exemple en le faisant passer pour complice du PD dans la confirmation des forces de l'*establishment* au niveau européen, incarnée par le vote en faveur de la nouvelle Commission – il a porté l'estocade décisive. Profitant d'un vote défavorable du M5S sur un projet de loi avancé par la *Lega* concernant la ligne Lyon-Turin, il a fait voler en éclats la coalition gouvernementale. Il espère ainsi un retour aux urnes rapide qui le consacrera comme première force politique de la botte et devrait lui permettre de gouverner seul ou en maître incontesté d'une coalition avec d'autres forces de la droite italienne.

Comment expliquer un retournement aussi rapide et profond du rapport de force entre le M5S et la Ligue ? Forte est la tentation de l'attribuer au talent communicationnel du leader de la seconde qui, à partir de sa position de ministre de l'Intérieur, est parvenu mieux que quiconque à imposer son agenda, à attirer l'attention médiatique et à utiliser les possibilités de communication directe offertes par les réseaux sociaux. Au mieux, une telle explication est cependant partielle. Au pire, elle relève d'une forme de pensée tautologique (puissance communicationnelle et force politique se confondent et s'expliquent l'une l'autre), voire magique (le charisme du chef est doté d'une origine mystérieuse et d'un statut presque mystique). Elle ne prend en compte ni les particularités du M5S – après tout, le mouvement n'est pas en reste en termes de maîtrise de la communication – ni les nombreux signes annonciateurs de ses difficultés actuelles, des tensions internes (avec force expulsions des figures dissidentes) aux turbulences ayant marqué sa gestion des grandes villes (Parme, Turin, Rome). Sans rejeter totalement cette explication, il est donc nécessaire de la replacer dans un cadre plus large et de réfléchir au déclin du M5S sur la base de l'analyse structurelle développée plus haut. De cette façon, on pourra à la fois dresser un tableau plus fin et plus complet de ce déclin et se donner les moyens de tirer les leçons politiques qui en découlent.

Le Mouvement cinq étoiles, traitement ou symptôme ?

Sur la base des éléments évoqués plus haut – le contexte de la vie politique italienne depuis le début des années 1990, les caractéristiques particulières du M5S – on peut avancer une série d'hypothèses plausibles pour expliquer le brusque déclin actuel du mouvement. Certaines ont trait à sa jeunesse, d'autres à ses particularités organisationnelles et idéologiques, d'autres enfin sont liées aux conditions structurelles du nouvel écosystème politique dans lequel il évolue, cette ère de la désintermédiation. Ces hypothèses ne s'excluent pas mutuellement, mais sont au contraire complémentaires ; mises bout à bout, elles dressent le tableau d'une scène politique italienne (et, suivant l'analogie prophétique évoquée en début d'article, européenne) complexifiée. La volatilité exacerbée des allégeances politiques rend difficile la mise en place d'une stratégie pérenne capable de jouer avec les codes de la nouvelle donne politique sans tomber dans le vide d'une politique-*marketing* orpheline de toute structure organisationnelle et de toute tradition idéologique stables.

La première hypothèse que l'on peut avancer a trait à la jeunesse du mouvement et ne lui est donc pas, à proprement parler, spécifique : le M5S serait simplement victime de son ascension trop rapide. Celle-ci aurait posé des problèmes épineux en termes de gestion de l'institutionnalisation du mouvement. Comment choisir des candidats et assurer un contrôle efficace de ceux-ci, souvent novices en matière d'exercice d'une quelconque fonction politique ? Comment garantir le respect des critères éthiques que le mouvement défend au sein de ses propres rangs ? Comment assurer la cohérence idéologique et organisationnelle d'un mouvement hétéroclite, partagé entre le leadership (un personnage fantasque dans la lumière et un entrepreneur dans l'ombre), la base des activistes en ligne et dans les groupes locaux, et un groupe d'élus qui croît exponentiellement ? Comment organiser la coexistence de ces différentes composantes et, le cas échéant, trancher les conflits qui émergeraient entre celles-ci ? Ces questions sont d'autant plus complexes à gérer pour un mouvement ayant fait de la transparence sa raison d'être et sa marque de fabrique ; à ce titre, le moindre écart de conduite risque d'être jugé bien plus sévèrement que pour ses concurrents. C'est ainsi que le M5S s'est trouvé dans l'embarras lorsque son leader, Luigi di Maio, cherchant à centraliser davantage le contrôle du mouvement et à le stabiliser, a voulu étendre à trois le nombre maximum de mandats qu'un élu peut exercer, précédemment limité à deux. Confronté à la difficile justification de ce choix pour un mouvement tirant à boulets rouges sur la professionnalisation de la politique, il a introduit le concept de « mandat zéro », selon lequel le premier mandat exercé par les élus du mouvement ne comptait pas – une expression qui sera facilement tournée en dérision par les commentateurs de tous bords.

La seconde hypothèse, la plus fondamentale, est que les caractéristiques organisationnelles et idéologiques de ce mouvement, atouts considérables pour construire rapidement une force politique majoritaire en période de crise économique et politique, sont devenus par la suite les principaux obstacles à la solidification de ce mouvement et à son inscription dans la durée en tant que force radicale porteuse d'un projet de transformation de la société.

« Le M5S ne dispose d'aucun socle électoral fidélisé sur lequel se reposer lors des périodes difficiles, ni de réseaux de clientèle pérennes facilitant l'exercice du pouvoir au niveau local ou régional. C'est peut-être là que réside une différence fondamentale avec la Lega de Salvini. »

Sur le plan organisationnel, le choix mouvementiste du M5S et son refus d'adopter un modèle d'organisation hiérarchisé et territorialisé peut constituer un désavantage relatif par rapport à ses principaux concurrents. Certes, comme cela a été avancé plus haut, aucun des partis politiques actuels (centre-gauche, centre-droit et *Lega*) ne dispose de l'ancrage territorial, de l'encadrement social et des liens organiques avec la société civile qui caractérisaient les partis de masse de l'après-guerre. Néanmoins, ceux-ci ont eu la possibilité, en vingt-cinq ans d'existence, de se construire des clientèles relativement stables. Le M5S, au contraire, ne dispose d'aucun *socle électoral* fidélisé sur lequel se reposer lors des périodes difficiles[1], ni de réseaux de clientèle pérennes facilitant l'exercice du pouvoir au niveau local ou régional. C'est peut-être là que réside une différence fondamentale avec la *Lega* de Salvini, capable mieux que quiconque de *combiner* un modèle d'organisation solide et stable dans le nord du pays avec une communication renouvelée, fondée sur la fiction d'un échange direct entre son leader et le citoyen.

Sur le plan idéologique, l'ambiguïté du mouvement constitue également une arme à double tranchant. Avantageuse dans la période de construction du mouvement dans l'opposition, cette caractéristique se retourne brusquement contre lui lorsqu'il accède à des positions de pouvoir. Confronté à la nécessité de s'allier et de mener des politiques publiques spécifiques, le M5S se trouve obligé de *prendre parti*, d'abandonner sa posture de pure extériorité vis-à-vis des acteurs du système et de déterminer quelles sont les compromissions acceptables et quelles sont ses lignes rouges. Or, quand bien même une partie de plus en plus significative des nouveaux affrontements politiques échappe à la logique gauche-droite, cela ne signifie pas pour autant qu'elle ait entièrement disparu, ne fût-ce que comme point de repère axiologique. Certes, la correspondance entre un groupe social, un appareil partisan et une position idéologique bien identifiable sur l'axe gauche-droite n'est plus aussi nette qu'auparavant ; certes, une partie toujours plus grande de l'électorat (en particulier jeune) refuse de se définir à partir de celui-ci. Mais cet imaginaire politique n'a pas pour autant disparu du jour au lendemain, et continue de peser dans la lecture d'une partie de l'électorat et du personnel politique.

Par conséquent, la plupart des acteurs et des politiques publiques continuent de charrier une *connotation* relative à cet axe, et la prétention du M5S à n'être « ni de gauche, ni de droite », se heurte à la première expérience concrète d'exercice du pouvoir. S'allier avec l'extrême droite (la *Lega*), l'extrême centre (le PD) ou un groupuscule de la gauche radicale (*Potere al Popolo*), voter une réforme fiscale ou une loi sur la sécurité et l'immigration, ne sont aucunement anodins de ce point de vue. Au moindre choix opéré en la matière, la solidarité interne du mouvement s'effrite, une partie de l'électorat fait défection et des dissensions internes apparaissent. Salvini l'a bien compris, lui qui n'a eu de cesse d'orienter l'agenda autour de son propre point fort, l'immigration, sachant que celui-ci constituait en même temps l'enjeu le plus tabou pour le M5S, dont les activistes et les électeurs sont notoirement divisés sur le sujet. Pris à la gorge, le Mouvement cinq étoiles n'a pensé qu'à se défendre et à se donner de l'air. Pourtant, il aurait pu contre-attaquer en déplaçant le débat sur le terrain où son partenaire de coalition est le plus faible, la question régionale. Celle-ci reste en effet l'objet d'un compromis extrêmement précaire entre les barons locaux, garants de l'identité historique et régionaliste de la Ligue, et Salvini, tenant d'une stratégie électoraliste et nationale[2]. Mais là aussi, une telle stratégie offensive est difficilement praticable pour un mouvement peu sûr de son identité idéologique, de son ancrage territorial et de sa base sociologique.

1. Roberto Biorcio, « The reasons for the success and transformations of the 5 Star Movement », *Contemporary Italian Politics*, Vol.6, n° 1, 2014, p. 37-53.

2. Daniele Albertazzi, Arianna Giovannini & Antonella Seddone, « 'No regionalism please, we are *Leghisti* !' The transformation of the Italian Lega Nord under the leadership of Matteo Salvini », *Regional & Federal Studies,* Vol.28, n° 6, 2018, p. 646-671.

En bref, les caractéristiques organisationnelles et idéologiques du *Movimento Cinque Stelle*, si elles étaient particulièrement adaptées à une conquête rapide du pouvoir exécutif par les urnes dans un contexte de crise économique et politique profonde, manquent cruellement de consistance lorsqu'il s'agit de promouvoir un projet de société contre-hégémonique capable de remettre en question la *doxa* néolibérale, incarnée par les forces de centre-droit et de centre-gauche, et sa transfiguration nationale-autoritaire, incarnée par la *Lega*. En termes gramsciens, le M5S s'est focalisé sur une « guerre de mouvement » prématurée en négligeant totalement de jeter les bases nécessaires à la poursuite d'une « guerre de position » sur le long terme. Pour cela, il aurait fallu recréer patiemment une véritable contre-culture populaire avec ses infrastructures, ses réseaux et ses ressources intellectuelles, sur le terrain laissé dramatiquement vide par le déclin des organisations de la gauche historique. Le M5S a pourtant fait exactement l'inverse, en construisant un modèle organisationnel et idéologique capable, en théorie, de faire l'économie de ce travail de longue haleine. Ce faisant, il a contribué à accentuer les évolutions contemporaines de la démocratie : l'atomisation de l'électorat, la désaffiliation partisane, le déclin des corps intermédiaires, la personnalisation de la vie politique, etc. Avec quelques années de recul, il nous apparaîtra peut-être évident qu'une telle initiative politique ne pouvait à la fois constituer le symptôme d'une dégénérescence démocratique et le traitement à administrer au système pour le soigner de celle-ci. Il est probablement encore trop tôt pour affirmer avec certitude lequel de ces deux diagnostics est le plus en phase avec la réalité ; néanmoins, à ce stade, le *Movimento Cinque Stelle* semble être devenu la victime choisie de la volatilité politique qu'il a contribué à accentuer et le prisonnier des caractéristiques qui semblaient faire sa force. Ce qui n'est pas le moindre, ni le dernier de ses paradoxes.

Rafael Correa

« La presse est l'arme létale des élites néolibérales. »

En exil en Belgique depuis deux ans, persécuté par son successeur qui l'a trahi et qui a récemment livré Julian Assange, Rafael Correa reste déterminé. Nous l'avons rencontré alors que son mouvement venait d'obtenir des victoires significatives au niveau local contre le pouvoir de Lenín Moreno. Au cours de cet entretien, nous avons pu aborder l'expérience de son passage au pouvoir et du processus de Révolution citoyenne, aujourd'hui en danger, mais aussi les barrières qu'il a trouvées sur sa route et la facilité avec laquelle tout ce qu'il avait construit a été démantelé. Presse aux mains de l'oligarchie, élites corrompues, judiciarisation de la politique en Amérique latine, Rafael Correa s'est livré sans détour.

Entretien réalisé par Vincent Ortiz, Maximilien Dardel et Lenny Benbara. Retranscrit par Aluna Serrano et traduit par Marie Miqueu-Barneche, Guillaume Etchenique et Maxime Penazzo.

Date de publication : 18 mai 2019

LVSL – On assiste depuis quelques années à un retour en force du néolibéralisme en Amérique latine. En Équateur, ce basculement ne s'est pas opéré par l'arrivée de l'opposition au pouvoir (comme en Argentine ou au Brésil), mais par la subversion interne d'*Alianza País*, le parti qui vous avait porté à la présidence de la République en 2006 et qui a reconduit Lenín Moreno, que l'on désignait comme votre successeur. Comment cela a-t-il été possible ?

Rafael Correa – Tout d'abord, revenons sur le contexte. Nous sommes effectivement revenus en arrière par rapport à la fin des années 2000, où huit des dix pays d'Amérique du Sud étaient dirigés par des gouvernements de gauche. Cependant, le tableau n'est pas aussi sombre que dans les années 90, où le second tour des élections opposait systématiquement la droite et l'extrême droite, où la gauche n'existait pas. Aujourd'hui, la gauche existe, et elle ne stagne pas à 3 %. Au Brésil, elle est arrivée en seconde position aux dernières élections, ainsi qu'en Argentine. En Équateur, nous avons gagné, mais nous avons été trahis. Cette année, la gauche peut remporter les élections en Argentine et en Bolivie.

Il n'y a donc pas, comme dans les années 90, une domination généralisée de la droite. En revanche, elle est prête à tout pour anéantir les dirigeants de gauche partout où elle en a la possibilité, comme à l'époque des dictatures. Regardez le cas de Lula, de Cristina Fernandez de Kirchner, le cas de mon vice-président [*ndlr*, l'ex-vice-président équatorien Jorge Glas est aujourd'hui en prison, accusé de « corruption » par les autorités judiciaires équatoriennes], et mon propre cas. Ils essaient d'anéantir la gauche, mais celle-ci est encore profondément ancrée dans les sociétés ; il y a une véritable force qui s'est exprimée il y a quelques semaines pendant les élections locales en Équateur, pour ne donner qu'un exemple.

« Le mal qui a été fait est immense, mais nous finirons par gagner. »

Que s'est-il passé en Équateur ? Nous avons été trahis. Le gouvernement a remis l'Équateur entre les mains des mêmes groupes qui dominaient le pays avant la Révolution citoyenne. Sa popularité est très faible, et il compte sur l'appui du pouvoir médiatique, contrôlé par les multinationales. Le gouvernement actuel sombre dans la dictature : il fait absolument ce qu'il veut, ne respecte pas l'ordre constitutionnel, ni les normes démocratiques, ni les droits humains, persécute ses adversaires politiques – mais comme cette persécution est dirigée contre nous, on ne dit absolument rien dans le reste du monde ; même en Équateur, les médias sont silencieux sur ces violations. Le mal qui a été fait est immense, mais nous finirons par gagner. [...]

LVSL – Nous avons évoqué tout à l'heure le basculement politique qui a eu lieu ces dernières années en Amérique latine, avec l'arrivée au pouvoir de forces néolibérales au détriment des gouvernements nationaux-populaires. Comment analysez-vous ce basculement ?

R.C. – En Amérique latine, nous avons eu l'opportunité de créer les conditions internes et externes d'un développement souverain, digne, qui aille de pair avec la justice sociale. Ces conditions étaient réunies, par exemple, au sortir de la Seconde Guerre mondiale. Quand les élites ont réalisé qu'elles perdaient le contrôle, elles ont opté pour la mise en place de dictatures militaires, dans les années 1960 et 1970. Aujourd'hui, elles sont de nouveau prêtes à tout pour anéantir tout mouvement progressiste, souverain, nationaliste, promouvant la justice sociale, qui contesterait leur pouvoir. C'est ce qui vient de se produire en Équateur.

Après avoir exercé une domination absolue dans les années 1990, elles ont subi défaite après défaite, jusqu'à ce qu'elles en viennent à se dire : « plus jamais ça ! ». Considérant que les États-Unis les avaient négligées, les élites se sont finalement concertées afin de tout mettre en œuvre pour reprendre le pouvoir. Elles sont désormais disposées à anéantir les dirigeants de gauche, comme durant les années 70, à l'époque de l'opération Condor [*ndlr*, opération conjointe de dictatures militaires et de mouvements paramilitaires en Amérique latine, coordonnée par la CIA et le département d'État américain, visant à anéantir l'influence des communistes en Amérique latine ; elle s'est soldée par des dizaines de milliers d'assassinats et de cas de tortures en quelques années]. Nous assistons en ce moment à un Plan Condor 2.0, sans appui militaire, sans assassinats politiques : les élites se contentent d'assassiner des réputations, par le lynchage médiatique et les accusations judiciaires.

Regardez ce qui est arrivé à Lula, à Cristina Kirchner, à mon vice-président : il s'est écoulé près d'un an et demi depuis qu'on les a mis en accusation judiciaire pour « corruption », sans que l'on parvienne à trouver un seul élément concluant. [...]

Les élites sont prêtes à tout pour réduire ces alternatives à néant, par l'usage de leur arme la plus létale : la presse. Ceux qui pensent que nous pouvons entamer des processus de changement sans remettre en cause le système médiatique dominant en Amérique latine n'ont rien compris. C'est quelque chose qui nécessite une réflexion sérieuse : le principal instrument dont disposent les élites pour maintenir en place des gouvernements corrompus et détruire les vestiges du progressisme se nomme la presse. Nous n'avons plus de démocratie, nous avons une démocratie médiatique. La démocratie est censée venir du peuple, et non pas des propriétaires des médias. Si nous souhaitons une véritable démocratie, nous devons réfléchir à quoi faire de cette presse que l'on appelle fréquemment la « gardienne de la démocratie » et qui, lorsqu'on prête attention à l'histoire de l'Amérique latine, s'est avérée être la gardienne des dictatures – et des pires dictatures.

LVSL – En Équateur, plusieurs ex-responsables de la Révolution Citoyenne ont été mis en accusation judiciaire sous le prétexte de la « corruption ». Votre ex-vice-président Jorge Glas est en prison, vous-même avez été attaqué par le système judiciaire équatorien. Comment analysez-vous ce processus de judiciarisation de la politique en Équateur ? Pensez-vous que l'on assiste au même phénomène qu'en Argentine ou au Brésil où les juges s'érigent en faiseurs de rois ?

R.C. – C'est une stratégie régionale. Les élites n'ont plus besoin de l'armée, mais si elles en avaient besoin, elles n'hésiteraient pas à faire appel à elle. Le pouvoir médiatique et les auxiliaires de justice leur suffisent : ils subissent diverses pressions de la part du pouvoir économique et politique, puis vous désignent comme « coupable ». Ils ne disent plus « faites entrer l'accusé », mais « faites entrer le coupable », comme à l'époque de Franco.

Ils ont pris le contrôle de la justice, ont toujours eu la mainmise sur les moyens de communication, et peuvent ainsi appliquer ce que l'on appelle le *lawfare* : la guerre légale, la judiciarisation de la politique. Voyez ce qu'ils ont fait à Lula : ils le détiennent depuis près d'un an, lui interdisent de participer aux élections présidentielles, alors qu'il était le seul qui pouvait battre Bolsonaro [*ndlr*, Lula a été libéré en novembre 2019, six mois après la publication de cet entretien]. Après quoi, le juge Moro, qui lui a interdit de se présenter aux élections, a accepté le poste de ministre de la Justice du gouvernement de Bolsonaro. Il s'est passé quelque chose de similaire avec Cristina Fernandez Kirchner et mon vice-président. [...] Nous avons mis nous-mêmes à disposition l'intégralité de nos comptes, qui contredisent leur version des faits, mais nous sommes sous le feu de vingt-trois procédures pénales et criminelles. J'ai la chance de pouvoir travailler en sécurité en Belgique, mais dans le même temps Jorge Glas est en prison. En Équateur, de nombreuses personnes doivent se défendre sans pouvoir travailler, contraints de vendre leur maison, leur voiture, etc.

Il s'agit d'une stratégie régionale destinée à anéantir les dirigeants de gauche et le progressisme. Elle se met en place par le martèlement, l'exagération, la sortie du contexte, l'accusation de corruption, qui aboutit à la destruction de vies politiques, permettant aux élites d'obtenir ce qu'elles n'avaient jamais réussi à obtenir par les urnes.

LVSL – Dans votre livre publié en 2010, *De la Banana República a la No República*, vous analysez le cadre financier, économique et juridique imposé par les États-Unis à l'Équateur : la dollarisation, la mise en place de traités de libre-échange, etc. Sous la Révolution citoyenne, vous avez finalement décidé de ne pas sortir du dollar, de ne pas remettre en cause tous les accords de libre-échange ; en 2016, vous avez même signé un nouvel accord de libre-échange avec l'Union européenne. Pourquoi ne pas avoir choisi de rompre avec ce cadre ? Pensez-vous qu'il est possible de mettre en place des mesures sociales dans le cadre de la dollarisation, en acceptant une certaine forme de libre-échange ?

R.C. – Si j'avais pu sortir de la dollarisation, je l'aurais fait. Mais les coûts étaient trop élevés. Nous avons donc tenté de mettre en place un modèle économique qui soit à la fois hétérodoxe et progressiste, dans le cadre de cette immense restriction qu'implique la dollarisation. Le principal problème tient au fait que nous n'avons pas le contrôle du taux de change ; le talon d'Achille des pays en voie de développement n'est pas le secteur fiscal, mais le commerce extérieur. Le manque de productivité est dû aux facteurs suivants : si on n'est pas compétitif, le déficit du commerce extérieur va augmenter, et si on investit, le déficit augmentera pour tout processus de croissance et de développement. Une variable-clé est la variation du taux de change, mais nous ne la contrôlons pas : ceci est la restriction de la dollarisation.

Quant au libre-échange, nous avons certes signé un accord avec l'Union européenne portant sur les bananes, à la suite de dures négociations, deux ans après la Colombie et le Pérou. Nous l'avons conclu avec réticence, mais nous étions obligés de le faire. En revanche, nous n'avons par exemple jamais conclu d'accord de libre-échange avec les États-Unis. En l'absence de politique monétaire (avoir le dollar revient quasiment à abandonner sa politique monétaire par l'instrument du taux de change), nous avons en revanche choisi de mettre en place un grand nombre de politiques commerciales (droits de douane, protectionnisme) qui ont rompu avec le libre-échange.

LVSL – La plupart des gouvernements latino-américains ont été confrontés au défi de la diversification, au fait que leur économie reposait généralement sur une logique extractiviste, concernant souvent un petit nombre de matières premières. Rétrospectivement, comment jugez-vous votre tentative de diversification de l'économie équatorienne ? Quelles ont été les principales contraintes qui ont empêché de faire aboutir ce processus ?

R.C. – Ce fut l'une de nos préoccupations dès le début. Mais ce sont des changements structurels qui ne peuvent advenir du jour au lendemain. L'absence d'une économie diversifiée, la dépendance à certains produits-clés, à certaines matières premières, est la définition même du sous-développement. Le sous-développement implique par nature une faible productivité. Pour dépasser ce modèle, qu'il s'agisse d'un modèle agro-exportateur ou extractiviste, il ne s'agit pas d'arrêter d'exporter – que l'on pense au soja pour l'Argentine ou aux bananes pour l'Équateur –, de fermer les mines, de stopper les extractions pétrolières, mais plutôt de mobiliser ces ressources pour développer d'autres secteurs. C'est ce que nous nous efforçons de faire depuis le début. Mais les résultats n'arrivent pas en une semaine, un mois, un an ou dix ans. Les processus de développement les plus rapides, dans les pays récemment industrialisés au développement tardif comme Singapour, la Corée du Sud ou Taïwan, ont nécessité 25 à 30 ans de dictature, dans un environnement géopolitique qui plus est favorable.

« Une de mes grandes déceptions a été de voir à quel point il a été facile de détruire ce que nous avions mis tant d'efforts à bâtir. »

Nous avons fait au mieux, mais c'est impossible en dix ans. Comment nous diversifier ? En investissant dans le capital humain, afin de créer une économie de la connaissance, en investissant dans le tourisme. Quels en sont les principaux obstacles ? Nous devons former du personnel, et cela est l'affaire de générations. De ce point de vue, nous sommes très fiers de notre programme de bourses d'étude. C'est de loin le plus grand de l'Amérique latine, comparable dans le monde seulement avec celui du Danemark. Il représente près de 20 000 bourses, plus que dans toute l'histoire de l'Équateur. Cela permet à des jeunes d'aller dans les meilleures universités du monde. Ils se familiarisent avec d'autres cultures et reviennent avec une nouvelle manière de voir les choses et de nouvelles réponses à des questions que l'on se pose aujourd'hui. Nous avons beaucoup parié sur le talent humain, avec ces bourses, mais aussi en exigeant beaucoup plus de nos universités.

LVSL – Votre situation actuelle à l'étranger vous oblige à faire campagne depuis les réseaux sociaux. Quelles difficultés cela implique-t-il ? Vous sentez-vous dans la position de Juan Perón lorsqu'il distillait ses consignes depuis la radio ?

R.C. – Perón a passé vingt-sept ans hors de son pays, j'espère que j'y reviendrai plus tôt ! (rires).

Après avoir quitté mon mandat avec un taux d'approbation de 70 %, j'ai naïvement pensé à me retirer de la vie politique. J'ai cru que nous avions réussi à consolider quelque chose qui allait se poursuivre, que nous avions forgé des cadres durables. Une de mes grandes déceptions a été de voir à quel point il a été facile de détruire ce que nous avions mis tant d'efforts à bâtir. On peut décider de se retirer de la politique, mais la politique ne nous abandonne jamais. Face aux attaques du gouvernement actuel, je suis obligé de m'impliquer en politique, et comme on ne me laisse pas rentrer au pays, je suis obligé de faire de la politique à travers un iPhone. Malgré cela, je reste le principal opposant à ce gouvernement. Et nous tenons ce gouvernement en échec.

LVSL – Vous avez fait le choix de ne pas vous représenter aux dernières élections présidentielles. Est-ce que vous ne tirez pas la conclusion que cela a affaibli votre tentative de Révolution citoyenne ? Cela ne montre-t-il pas l'importance du leader dans les processus de changement politique ?

R.C. – C'est la fable de l'âne, du meunier et de son fils. Si j'avais continué, on aurait dit de moi que j'étais un dictateur, un caudillo, qui souhaite un pouvoir à vie. Maintenant que je suis parti, on me demande « pourquoi ? C'est irresponsable ! » (rires). Il n'est pas possible de contenter tout le monde. Je vois là la marque d'une double morale. Si Angela Merkel est au pouvoir pendant seize ans, élue quatre fois, c'est parce qu'elle est une leader et que l'Allemagne est une démocratie ; si c'est Evo Morales qui brigue un quatrième mandat, c'est un caudillo, et la Bolivie est une dictature [*ndlr*, Evo Morales a été renversé par un coup d'État six mois après notre entrevue avec Rafael Correa, voir sur ce sujet l'entretien que nous avons réalisé en décembre 2019 avec son vice-président en exil Álvaro García Linera : « En temps de crise, derrière chaque libéral modéré se trouve un fasciste » sur *lvsl.fr*].

LVSL – Votre exercice du pouvoir s'est légitimé par l'opposition que vous avez dressée entre la *patrie* d'un côté, et les *élites* équatoriennes de l'autre. En Europe, le terme de *patrie* est parfois rejeté à gauche, et associé à la droite. Que pouvez-vous nous dire de la mobilisation du discours patriotique pour articuler différentes demandes issues de la société ?

« C'est là un de nos plus grands succès pour moi : nous avons réussi à faire de nouveau rêver les gens. Nous voulions qu'ils sachent qu'il était possible d'avoir de nouveau une patrie. »

R.C. – Lorsqu'en 2006 nous avons commencé cette campagne, notre slogan était « retrouver une patrie » (*volver a tener patria*). Les spécialistes nous expliquaient que ça n'allait pas fonctionner, parce que les gens pensaient à leur portefeuille : il fallait parler de création d'emplois, de construction de maisons, d'augmentation des minima sociaux, de baisse des impôts, etc. Nous avons répondu : « nous voulons de nouveau faire rêver les gens ; nous voulons de nouveau avoir une patrie ».

Pourquoi ? Parce que notre patrie était détruite – d'où mon livre, *De la Banana República a la no República* : le néolibéralisme a tout détruit, jusqu'à la République. Quand je suis arrivé en Équateur, il y avait deux millions d'Équatoriens émigrés. C'est une chose de le dire, c'en est une autre de regarder cette réalité en face. Les émigrés ne sont pas des chiffres. Cette situation nouvelle signifie que beaucoup d'enfants (jusqu'à 50 % dans certains cantons, comme Chunchi) étaient élevés par des voisins, ou par les aînés des fratries, parce que leurs parents étaient partis en Espagne, en Italie : des exilés de la pauvreté, suite à la crise qu'a produit le néolibéralisme en 1999. Des phénomènes jusqu'ici inconnus sont apparus, comme le suicide infantile. La société était déstructurée et démobilisée, les gens regardaient leurs chaussures, ils avaient honte de dire qu'ils étaient Équatoriens parce que nous symbolisions l'émigration, la pauvreté, l'exclusion, le manque d'infrastructures et de routes, les carences énergétiques, etc.

C'est là un de nos plus grands succès pour moi : nous avons réussi à faire de nouveau rêver les gens. Nous voulions qu'ils sachent qu'il était possible d'avoir de nouveau une patrie. Pour que les gens croient à ce rêve, il fallait réussir à le transmettre : cela ne signifiait pas être de droite, ou de gauche.

Que signifie « retrouver une patrie » ? C'est retrouver une société où chacun puisse trouver sa place, prendre de nouveau soin de sa terre, pouvoir être heureux sur le sol où il est né, ne pas avoir à émigrer de force. Voilà le sens du rêve que nous avons proposé à l'Équateur en 2006 : avoir de nouveau une patrie.

LVSL – Qui étaient les *vendepatria* [*ndlr*, terme utilisé en Amérique latine pour désigner les « traîtres à la patrie », littéralement les *vendeurs de patrie*] ?

R.C. – La droite, la même qui est au pouvoir aujourd'hui et qui se vend au Fonds monétaire international. Souvent, ce ne sont pas les États-Unis qui nous imposent un agenda, ce sont nos élites qui demandent, d'elles-mêmes, à ce qu'on leur passe la corde au cou. Ils ont eu recours au FMI sans que ce ne soit nécessaire. Ce sont eux-mêmes qui ont inventé la crise qui n'était alors qu'une simple récession créée par leur incompétence. Il y a bien sûr des intérêts en jeu : ils savent que les programmes du FMI signifient des privatisations, une baisse d'impôts pour les riches, etc. Voilà les *vendepatria* : ceux qui se soumettent à l'extérieur, pour appliquer des recettes qui viennent de l'extérieur, en fonction d'intérêts extérieurs.

LVSL – Les prochaines élections présidentielles en Équateur auront lieu en 2021, quelle est votre feuille de route d'ici là ?

R.C. – Nous sommes dans un moment très dur, et c'est la Révolution Citoyenne qui doit revenir à la tête du pays. Nous avons incarné le projet progressiste le plus couronné de succès d'Amérique latine ; nous sommes devenus une référence, dépassant même le continent américain. Jean-Luc Mélenchon, dans l'une dans une de ses campagnes, a présenté un programme qui s'appelait « Révolution Citoyenne », suivant ainsi l'exemple de l'Équateur. Il y a des chaires universitaires en Europe et aux États-Unis où l'on enseigne les politiques hétérodoxes de la Révolution Citoyenne, en particulier les politiques économiques et la gestion de crise. Par exemple, la manière dont nous avons réussi à surmonter ce qui est survenu en 2015-2016, lorsque le baril de brut est tombé sous les 30 $, que le dollar s'est apprécié de 30 %, et qu'un tremblement de terre de quasiment 8 sur l'échelle de Richter s'est produit en Équateur. Malgré cela, nous avons dépassé cet orage en un temps record, à moindre coût, et sans augmenter la pauvreté et les inégalités.

La Révolution Citoyenne doit revenir, et je serai où il sera nécessaire que je sois. Quel est le plan d'action ? Il va sans doute y avoir des élections anticipées, car malgré le soutien qu'apporte la presse corrompue au gouvernement, elle ne pourra pas occulter les scandales de corruption dont il fait l'objet. On a récemment découvert un compte bancaire secret appartenant au président de la République et à sa famille, où il recevait de l'argent sale issu de contrats avec le secteur public pour ses dépenses de luxe. Ils vont devoir organiser des élections anticipées comme l'indique notre constitution. Dès lors, il faut se préparer à un scrutin national dès que le rapport de force changera. Tout le reste se résoudra, parce que ce n'est pas un problème juridique : c'est un problème politique.

Pour un patriotisme vert

La situation politique en Europe occidentale est en train de muter rapidement sous l'effet d'une sensibilité accrue à l'urgence écologique. Celle-ci se manifeste de plus en plus concrètement, et vient s'installer dans le sens commun comme un phénomène palpable : canicules, sécheresses et pollutions. Si les effets du changement climatique étaient déjà perceptibles, leur visibilité démultipliée et la généralisation du processus viennent bousculer les représentations, de telle sorte que le changement climatique est désormais une menace bien présente dans les esprits, et que celle-ci s'ajoute aux autres menaces générées par la mondialisation. La dégradation accélérée de l'environnement est un élément supplémentaire du « tout fout le camp » généralisé perçu par les citoyens. L'ampleur du phénomène ouvre la voie pour un patriotisme vert.

Auteur : Lenny Benbara.

Date de publication : 12 octobre 2019

Aux yeux des électeurs, l'imaginaire écologique a jusqu'ici toujours été celui du cosmopolitisme et de l'ouverture à la mondialisation. Cette caractéristique se traduisait par une forte pénétration chez les CSP +, les urbains et les diplômés. Que ce soit sur le plan militant ou sur le plan électoral, l'engagement écologiste marquait une nette préférence pour le global et le local, tout en mettant de côté l'échelon national, considéré comme non pertinent au regard de l'échelle des défis du changement climatique. Si cet imaginaire reste extrêmement présent, comme le démontrent les slogans des manifestations telles que « *Fridays for Future* » et les différentes pancartes qu'on peut apercevoir ici et là dans le mouvement climat, l'accroissement tendanciel de l'urgence climatique vient ouvrir de nouvelles possibilités de discours écologique. En effet, si l'espoir de mettre tout le monde d'accord au niveau international et d'aboutir à des traités juridiquement contraignants reste présent, le besoin d'agir d'urgence pour lutter à la fois contre le changement climatique et se préparer à celui-ci vient réhabiliter l'échelon national comme échelon immédiat au sein duquel il est possible d'agir et comme levier d'une diplomatie écologique prioritaire.

Par ailleurs, la question du changement climatique prenait jusqu'ici l'aspect d'une abstraction, d'un engagement pour une cause lointaine et déconnectée de la vie quotidienne. Lorsque l'écologie s'inscrivait au quotidien, c'était pour prendre l'aspect d'un *lifestyle* individuel tout à fait compatible avec le fonctionnement de l'économie de marché : produits bios, déplacements à vélo, alimentation non carnée, etc. Bref, l'écologie, c'était le *truc* des gagnants de la mondialisation, pas tellement des plus fragiles pour qui ce mode de vie était au mieux un luxe, au pire un marqueur de distinction sociale et morale. Cependant, on s'aperçoit progressivement que les premières victimes du changement climatique seront précisément les classes paupérisées, déjà exposées à de nombreuses menaces et incertitudes. Ce sont celles qui ont été les plus affectées par les changements qui se sont manifestés dernièrement.

Le début d'une mutation

Ce fait *politiquement* nouveau – mais scientifiquement connu depuis longtemps – provoque de plus en plus de débats autour de la nécessaire articulation entre le social et l'écologique. Les slogans qui appellent à une *écologie populaire* viennent synthétiser cette double exigence : ancrer l'écologie chez les CSP – comme une priorité politique ; répondre aux besoins de ces catégories qui vont être les plus exposées au changement climatique. Au regard de la prégnance du discours individualiste sur les nécessaires changements de comportement de la population, et du caractère parfois punitif du discours écologiste, les obstacles sont encore nombreux avant qu'une écologie populaire puisse devenir hégémonique dans le champ politique. La faible porosité sociologique entre le mouvement des gilets jaunes et le mouvement climat démontre clairement qu'il reste encore beaucoup de chemin à parcourir. Néanmoins, la montée en puissance du discours anti-élites au sein du mouvement climat, ou des personnalités qui incarnent la demande écologique, ouvre des possibilités nouvelles.

La première condition pour construire une écologie de *ceux d'en bas* est en premier lieu de désigner *ceux d'en haut* comme les coupables de l'inaction face au changement climatique. Ce déplacement de la frontière antagonique, qui passe de la dénonciation des comportements individuels à la dénonciation de l'absence de changements macro-sociaux mis en œuvre par les gouvernements, est un premier pas vers l'extension de l'écologie en direction des classes populaires. Le risque reste cependant que l'inaction dénoncée soit celle de l'absence de mesures qui modifieraient les simples comportements individuels, comme une taxe carbone par exemple – qui est, on le sait, particulièrement impopulaire. Il faut donc aller beaucoup plus loin. L'enjeu est de faire muter l'écologie pour qu'elle intègre les différentes demandes populaires hostiles à l'égard de la mondialisation.

Répondre aux menaces de la mondialisation

Les demandes les plus fortes chez les classes populaires sont d'une part la demande de protection face aux désordres provoqués par la mondialisation, et, d'autre part, la demande de démocratie et de souveraineté, qui consiste à *reprendre le contrôle*. La prégnance de ces demandes est le produit d'une longue évolution historique de démantèlement de l'État social et d'entrée dans une ère post-démocratique. En effet, l'intégration européenne et l'ouverture au libre-échange mondialisé ont provoqué une désindustrialisation massive et désertifié de nombreux territoires. Les systèmes nationaux d'État social ont été mis sous pression par la dégradation de l'emploi et la discipline imposée par le financement de la dette sur les marchés financiers. Les services publics ont subi l'imposition du *new public management* et une privatisation rampante. Quant aux effets de polarisation de la zone euro et du marché unique, ils ont consacré la victoire de l'industrie la plus puissante de la zone, celle de l'Allemagne, et affaibli fortement les autres industries nationales qui n'étaient pas prêtes à évoluer dans la même zone monétaire que celle d'outre-Rhin. La conséquence en a été une reconversion accélérée vers une économie de service concentrée dans les métropoles et fortement segmentée entre d'une part des services à faible rentabilité et faibles gains de productivité, et d'autre part des activités à haute valeur ajoutée. La congruence de ces causes a conduit à une rupture politique, économique et culturelle de plus en plus nette entre une France reléguée peu mobile et en pleine désaffiliation, et une France des métropoles plus dynamique et connectée, malgré ses banlieues reléguées dont la situation sociale est équivalente à celle des territoires périphériques.

C'est la raison pour laquelle les classes populaires sont particulièrement sensibles aux discours qui leur promettent de les protéger de la mondialisation et de balayer les élites en place. Cette demande s'apparente à une volonté de *réencastrer* le capitalisme dans l'État-nation et ses mécanismes de solidarité, alors qu'il s'en émancipe chaque jour un peu plus. Cela se traduit notamment par une forte demande de rapatriement de la souveraineté vers l'échelon national et une aversion particulière à l'égard de l'approfondissement de l'intégration européenne. Pour cette France, les menaces extérieures se multiplient. C'est pourquoi le patriotisme anti-élites y rencontre un écho important, qu'il prenne la forme du nationalisme réactionnaire porté par le Rassemblement national, ou qu'il prenne la forme d'un patriotisme progressiste porté par exemple par la France insoumise en 2017. Même si l'imaginaire de l'écologie se projette essentiellement au niveau européen jusqu'à présent, la construction d'un patriotisme vert à l'échelle nationale, sans virer à l'europhobie, n'a rien d'inenvisageable et dispose de solides points d'appui.

Vers un patriotisme vert

Les territoires périphériques sont particulièrement exposés aux changements climatiques tels que les épisodes de sécheresse qui détruisent paysages, écosystèmes locaux et dégradent les nappes phréatiques. La distance avec les services publics y complique les interventions de l'État, notamment pendant les séquences de canicule qui se multiplient. De la même façon, les zones de fortes pollutions et d'excès de bétonisation sont localisées dans les banlieues défavorisées. L'urgence écologique se présente donc sous la forme d'une menace qui va se faire toujours plus précise envers les classes populaires.

La construction d'un patriotisme vert pourrait donc avoir une double fonction. D'une part, faire de l'exemplarité en matière de transition écologique et de lutte contre le changement climatique un élément de fierté nationale. C'est un levier pour démondialiser notre économie, rétablir des protections et refaire de la France un pays qui porte un message universel. D'autre part, il permet de poser la question écologique comme un enjeu fondamentalement collectif et ancré dans un destin commun. Cela permettrait de contrecarrer les tendances à réduire les efforts à réaliser aux seuls comportements individuels. C'est un moyen d'éviter la construction d'une écologie élitaire qui se résumerait à un mode de vie individuel, même si celui-ci est un levier esthétique précieux pour faire passer le discours écologique. Il est même stratégiquement important de s'appuyer sur cette dimension désirable et séductrice pour provoquer des changements culturels. Il n'y a donc pas de contradiction entre le fait de faire de l'écologie quelque chose de *branché* et la construction d'un discours patriotique autour de cet enjeu. Ce dernier doit s'hybrider aux demandes des classes populaires en matière de protection face aux désordres engendrés par la mondialisation.

Par ailleurs, la synthèse entre l'imaginaire cosmopolite et moderne de l'écologie politique et l'imaginaire de la protection du patriotisme est une garantie contre la construction d'un nationalisme régressif tel que le RN cherche à le faire à travers son localisme anti-immigrés. Mais c'est aussi un levier pour un retour de l'État dans l'économie, un programme de démondialisation et une sortie des traités de libre-échange qui ont un impact écologique négatif.

Si cette articulation n'est pas évidente, il est possible de s'appuyer sur des éléments du sens commun écologiste pour les lier au retour d'une communauté nationale qui protège : la préférence pour le local et les circuits courts ; la protection du patrimoine naturel national ; la valorisation du tourisme non polluant, et donc à courte distance ; etc. Les exemples ne manquent pas pour illustrer la jonction possible de ces imaginaires : la défense d'industries fondamentales pour mener la transition écologique comme Alstom, dont la branche énergie a été cédée de façon scandaleuse à General Electric, ou la protection de services publics comme Aéroports de Paris qui permet à l'État d'avoir un contrôle direct sur l'industrie très polluante du transport aérien.

Le patriotisme vert ne peut être autre chose qu'un discours fondé sur le fait de prendre soin de notre communauté nationale comme de notre environnement. Bien loin d'un nationalisme régressif, il s'agit d'étendre l'élan d'amour des siens et de protection du bien commun qui définissent le patriotisme vers notre environnement. À l'heure de l'atomisation néolibérale, c'est un levier précieux pour reconstruire un lien collectif.

La séquence récente des incendies de l'Amazonie démontre qu'il est possible de s'appuyer sur des instincts de conservation et de protection pour leur donner un sens progressiste. C'est une des manifestations, mondiale cette fois, de l'articulation possible entre un discours de démondialisation et de transition écologique. Cette séquence a obligé Emmanuel Macron à reculer sur l'accord commercial UE-Mercosur, dévastateur sur le plan écologique, et à mettre un veto français. Même si, une fois la séquence médiatique éloignée, l'Élysée a annoncé vouloir améliorer l'accord et non l'abandonner complètement.

Sur le plan électoral, et à condition d'être incarné, ce patriotisme vert pourrait séduire une large coalition qui va de la France des oubliés à des secteurs de la population qui font partie des gagnants de la mondialisation. Pour le dire plus clairement, cette coalition pourrait réunir le chômeur du Nord et le jeune diplômé urbain Macron-compatible soucieux d'écologie. Même si ce dernier n'est pas forcément un socialiste forcené, l'urgence écologique est un levier pour faire admettre à ce type d'électorat la nécessité d'une forte impulsion de l'État en matière de transition et de reprise en main des grandes entreprises polluantes.

La question écologique est un des maillons faibles de l'hégémonie néolibérale. Son propre socle électoral, celui des gagnants de la mondialisation, émet une forte demande en faveur d'une politique verte. Cependant, toute politique écologique à la hauteur des enjeux devra nécessairement en passer par une confrontation sévère avec les piliers du néolibéralisme : le libre-échange, la croissance indiscriminée sur le plan qualitatif[1], la prédominance des multinationales financiarisées, l'atomisation individualiste, etc. Dès lors, l'enjeu écologique est facteur de contradictions au sein du bloc historique qui maintient en place le système existant.

La tâche d'un patriotisme vert et plébéien doit être d'appuyer au maximum sur ces contradictions lorsqu'elles monteront en puissance[2] afin de détacher une partie du bloc néolibéral et de faire advenir un nouveau bloc historique majoritaire. Une stratégie contre-hégémonique est en effet nécessairement interclassiste. Elle ne repose pas sur une simple opposition au système, mais sur un double mouvement : la désarticulation et la subversion interne de certains de ses éléments constitutifs d'une part, l'attraction vers un nouveau modèle qui rompt avec l'ancien d'autre part. La demande écologique cristallise cet entre-deux et cette ambiguïté à partir de laquelle il est possible d'étirer les pôles internes au régime néolibéral.

Si cette hypothèse devait se matérialiser, le processus de constitution de ce patriotisme vert passerait nécessairement par une incarnation électorale qui dynamitera les identités politiques existantes pour les réordonner.

1. C'est-à-dire l'absence de choix collectifs autres que les mécanismes marchands pour établir ce que l'on doit produire ou non, alors qu'on sait pertinemment que de nombreuses activités humaines doivent décroître si l'on veut faire face au défi du réchauffement. À l'inverse, d'autres activités doivent croître, mais le marché ne fournit pas les incitations pertinentes pour que ce soit le cas.

2. Pour l'instant, ces contradictions restent politiquement gérables par le système en place.

Íñigo Errejón

« L'axe gauche-droite
est l'axe de l'establishment. »

De passage à Paris pour notre université d'été, Íñigo Errejón nous a accordé un grand entretien qui est désormais un rite annuel. Le paysage politique a beaucoup changé depuis le début de ces échanges : notre interlocuteur a lancé son propre mouvement Más Madrid, tandis que les expériences populistes de gauche sont en crise partout en Europe et que le PSOE a repris la main sur l'agenda en Espagne. Son ancienne formation, Podemos, subit des déconfitures électorales régulières qu'il explique par « l'abandon de sa vocation transversale » et sa conversion en formation de gauche radicale traditionnelle. Le creux de la vague est cependant l'occasion parfaite pour interroger celui qui plaide pour un populisme démocratique.

Entretien réalisé par Laura Chazel, Vincent Dain et Lenny Benbara. Retranscrit par Carlos Benguigui et Marie Miqueu, et traduit par Lenny Benbara, Vincent Dain, Lou Freda et Laura Chazel.

Date de publication : 21 août 2019

LVSL – Il semble que les partis populistes de gauche traversent à l'heure actuelle une grave crise à l'échelle européenne. La France insoumise est passée de près de 20 % à l'élection présidentielle de 2017 à 6 % aux dernières élections européennes. Les résultats de Podemos se sont affaissés lors des élections générales du mois d'avril et le parti a perdu deux tiers de ses élus dans les régions. Le Labour a lui aussi subi un revers. Comment analysez-vous ce recul ?

Íñigo Errejón – Avec les partis que vous citez, nous avons renversé l'échiquier politique de nos pays respectifs, ou tout du moins introduit d'importantes nouveautés, car nous avons osé penser au-delà de la discipline des partis. Les formations partisanes ont besoin de discipline pour fonctionner, mais c'est un mécanisme qui tue la pensée. En ce sens, il faut dans un premier temps reconnaître qu'on a assisté à un déclin général et sans palliatifs des formations que l'on a qualifiées, avec tous les problèmes que cela suppose, de populistes de gauche. Cette chute s'est produite quasiment partout.

Nous devons aussi admettre que ce déclin a des causes qui sont propres à ces mouvements. On ne peut pas s'enfermer dans une lecture qui consisterait à justifier les échecs par la mauvaise foi de médias conspirateurs ou par les manœuvres des oligarchies de nos pays, ni rejeter la faute sur nos voisins ou sur ceux qui ne pensent pas comme nous au mot près. On entrerait dans un cercle vicieux d'ailleurs très typique des formations post-communistes qui prétendent ne jamais commettre d'erreurs et qui n'admettent pas l'autocritique. On ne cherche jamais à analyser ce qui aurait pu être mieux fait, ce qui n'a pas fonctionné, et celui qui ose émettre une analyse devient immédiatement un ennemi ou un traître. Dès lors, ne demeurent au sein des partis que ceux qui sont prêts à répéter trente ou cinquante fois la vérité officielle, de telle sorte que si le parti affirme qu'il pleut alors qu'en réalité il fait une chaleur infernale, les porte-parole répètent en boucle qu'il pleut.

« En réaction à ce déclin les partis cherchent à se rassurer dans la zone de confort de la gauche. »

C'est un bon mécanisme pour assurer la survie interne d'un individu dans un parti politique, mais c'est aussi la meilleure façon de tuer le parti politique en question, qui perd toute capacité hégémonique du fait de son inaptitude à la réflexion. La série C*hernobyl*, qui contient par ailleurs un certain nombre de préjugés occidentaux à l'encontre de la Russie ou de l'Union soviétique, décrit bien cette réalité effrayante : la volonté de conserver son emploi, son prestige personnel, à l'intérieur d'une structure qui entre en crise et qui accentue par conséquent son autoritarisme, conduit chacun à taire ce qu'il pense réellement. De cette façon, les réunions ne sont que le théâtre de la vérité officielle, personne n'ose émettre un avis sur l'ampleur de la catastrophe nucléaire par peur de perdre sa position et sa sécurité personnelle à l'intérieur de la structure.

La première étape consiste donc à reconnaître le désastre et l'ampleur de la chute. Il est émotionnellement compréhensible qu'en réaction à ce déclin les partis cherchent à se rassurer dans la zone de confort de la gauche. Lorsque la situation se dégrade, on en revient aux fondamentaux, à ce qu'on connaît déjà. C'est une posture rassurante, qui n'exige pas un haut degré de réflexion et qui permet de survivre un temps, mais en aucun cas de gagner.

Je ne sais pas s'il en va de même en France, mais en Espagne, la gauche n'a plus qu'un seul mot d'ordre, quelle que soit la question posée : l'union de la gauche. En 2014, Podemos avait cinq eurodéputés et Izquierda Unida six, soit onze au total. En 2019, les deux organisations concourent ensemble aux élections européennes et ne décrochent que six sièges. Mais même devant ce constat implacable, comme s'il s'agissait d'un dogme religieux, on continue à entendre que la solution réside dans l'union de la gauche, que la gauche n'était pas suffisamment unie, etc.

Nous qui n'appartenons pas à ces courants de la gauche plus traditionnelle, nous avons toujours défendu l'idée qu'une force aux aspirations et aux valeurs de gauche n'est utile que lorsqu'elle se transcende et se montre capable d'embrasser au-delà des convertis, d'aller chercher ceux qui manquent, d'entrer en relation avec des secteurs de la population qui ne s'identifient peut-être pas à la gauche d'un point de vue identitaire, mais qui partagent néanmoins les mêmes aspirations, les mêmes craintes, les mêmes préoccupations et les mêmes demandes.

Il est clair que la capacité des forces populistes de gauche à y parvenir a décliné ces derniers temps. Pourquoi a-t-elle décliné ? À mon avis, nous avons sous-estimé le poids des institutions, leur capacité à être les dépositaires de la volonté des classes populaires et à leur permettre de vivre plus en sécurité et plus sereinement. Je pense que nos discours ont souvent été perçus comme exclusivement utopiques ou idéalistes, voire aventuristes, comme si on proposait aux citoyens de lancer les dés et de voir ce qu'il advient. Pendant ce temps, les propositions de nos adversaires, qu'ils soient néolibéraux ou réactionnaires, sont considérées comme crédibles même lorsqu'elles ne suscitent pas la sympathie. Et parfois, dans les périodes de doute ou d'instabilité, nos peuples préfèrent les certitudes négatives aux promesses incertaines.

En venant jusqu'ici, j'ai aperçu sur la route l'affiche d'une force politique de gauche [*ndlr*, le Parti communiste français] qui disait « pour une Europe des gens contre l'Europe de l'argent ». Le néolibéralisme a naturalisé l'importance de l'argent dans le quotidien : au travail, à l'école, dans tous les aspects de la vie sociale. Tant que nous n'aurons pas déconstruit cette toute-puissance de l'argent dans la vie sociale, prétendre vouloir l'éradiquer en un slogan est illusoire, personne ne peut le croire. D'ailleurs, il faudrait plutôt faire la preuve de notre capacité à gérer l'argent, car il est peu probable qu'il disparaisse de l'organisation de nos sociétés. Il est possible que beaucoup de citoyens sympathisent avec l'idée d'une Europe plus proche des gens que de l'argent, mais ils ne saisissent pas comment cela pourrait être possible, encore moins à court terme.

Il faudrait pour ce faire avoir longuement développé sur le terrain social un processus populaire, de transformation, écologique et tourné vers la justice sociale pour démarchandiser les relations sociales régies par l'argent et les remplacer par des relations communautaires, coopératives et publiques. En d'autres termes, faire infuser l'idée que les droits dont nous disposons sont rattachés à la qualité de citoyen et non à celle de client. Bref, c'est ce processus populaire qui permet de rendre véritablement tangible un discours, sans quoi les dizaines de milliers d'affiches soigneusement collées sur tous les murs de Paris ne pèseront rien face au téléphone portable, aux applications mobiles, aux magasins, aux séries Netflix, aux chansons qui rappellent constamment à chacun d'entre nous que c'est l'argent qui commande.

C'est la leçon de Gramsci selon laquelle en politique, il faut attaquer l'adversaire là où il est le plus faible, et non là où il est le plus fort. Ses points forts doivent quant à eux être affrontés sur le terrain culturel et intellectuel. Un écrivain, un artiste, peut se permettre de se confronter aux idées qui sont les plus fermement ancrées dans le sens commun. Mais lorsqu'on fait de la politique, on ne peut envisager son combat sur cinq siècles : une campagne électorale est un combat de quinze jours.

LVSL – Les forces politiques qui se présentent aux élections sont donc impuissantes sur le plan culturel ?

Í.E. – On ne peut pas attaquer l'adversaire sur les idées qui sont les plus enracinées dans le sens commun des gens, même si ces idées nous sont détestables. Les idées les plus solidement établies ne se combattent pas par des déclarations d'intention, mais en démontrant dans la pratique, en gouvernant, qu'il est possible d'instaurer des relations sociales d'un autre type. C'est une démonstration du quotidien, à travers des politiques publiques qui déconstruisent l'emprise du marché sur les relations sociales, qui freinent la loi du *sauve-qui-peut* et la compétition de tous contre tous. Je crois que nos peuples reconnaissent aux forces démocratiques et populaires leur capacité à pointer du doigt les problèmes, à identifier et à dénoncer ce qui ne fonctionne pas, mais ils ne leur reconnaissent pas la faculté de proposer des solutions et de résoudre ces problèmes.

Les citoyens peuvent donc te suivre dans la critique, mais lorsqu'ils se demandent qui sera le plus en mesure d'apporter des solutions, ils ne te trouvent plus si raisonnable. Dans cette configuration, deux réponses émergent : la réponse social-libérale, qu'elle provienne de son aile traditionnelle ou bien de la social-démocratie, qui consiste à dire « il n'y a pas d'alternative au néolibéralisme, mais on peut appliquer des rustines » ; ou la réponse réactionnaire, qui consiste à dire « construisons une communauté qui se cimente par l'exclusion du plus faible, de celui qui arrive de l'extérieur sur un bateau de fortune, de celui qui a la peau un peu plus foncée ou un nom à consonance étrangère. »

Nous avons devant nous un travail de taille : convaincre que notre horizon est accessible quand tout le fonctionnement de la société – le loisir, la vie privée, les relations personnelles, l'économie, le travail – indique le contraire. Nous devons être modestes et faire preuve d'esprit stratégique lorsque nous choisissons quelles batailles nous menons, car à vouloir percuter de plein fouet le mur du sens commun néolibéral, on s'ouvre le crâne. Bien souvent, nous ne sommes pas considérés comme des forces capables de garantir la sécurité et l'ordre. Nous devons nous demander quels sont les éléments de nos parcours, de notre biographie, et quels terrains de politiques publiques sont les plus susceptibles de nous rendre crédibles auprès de la population. Car personne ne vote uniquement pour une force de contestation ou de résistance. Ou alors seulement les citoyens dont la plupart des problèmes sont déjà résolus, ou les étudiants, ou les fonctionnaires. Mais les gens qui peinent à boucler les fins de mois, dont les problèmes sont perceptibles au quotidien, ne votent pas pour envoyer la voix de la contestation au Parlement – ou bien seulement au Parlement européen, comme personne ne sait très bien quel est son rôle. Mais il est crucial de démontrer qu'on a la capacité de prendre les rênes du pays, et cette confiance se gagne petit à petit, c'est un processus de longue haleine.

La défaite culturelle que nous a infligée le néolibéralisme ces trente dernières années est à prendre très au sérieux. On ne peut pas s'adresser au peuple comme si Thatcher n'avait pas existé, comme si nous n'étions pas soumis depuis trois décennies à une pensée dominante qui ne se contente pas d'un slogan sur une affiche, mais irrigue tous les aspects de la vie. C'est sur ce terrain que nous avons à lutter, même si cela ne nous plaît pas. La première étape pour renverser le néolibéralisme triomphant consiste à admettre sa victoire, pour ensuite exploiter ses failles et ses interstices.

Personne ne peut sérieusement imaginer que l'on va gouverner l'Europe contre l'argent, pas même ceux qui collent les affiches. Même les expériences du socialisme bureaucratique ont été incapables d'éliminer le marché, à quoi bon répéter des mantras dans lesquels on ne croit pas ? Dire l'inverse dans une réunion de gauche est impopulaire, et on s'expose à un procès en réformisme. Mais force est de constater que même les expériences de gouvernement socialistes et démocratiques les plus avancées n'ont pas pu aller au-delà d'un certain seuil, pourquoi alors cherche-t-on à viser si haut dans nos slogans ? Car on ne cherche pas à gouverner, on cherche à être à l'aise dans notre zone de confort. Si l'on veut vraiment gouverner, la question est simple : de quoi ont besoin les gens d'en bas ? Que peut-on obtenir de ceux d'en haut ? Peut-on offrir un projet qui soit compréhensible pour ceux d'en bas et impossible à assumer pour ceux d'en haut ? Ce sont les questions clés pour penser une démarche contre-hégémonique. Faute de se les poser, tout ce que l'on fait, à mon avis, c'est écrire une lettre au Père Noël. [...]

LVSL – Au cours de votre campagne, la question écologique a pris une place centrale et s'est fait l'écho de la puissance du mouvement climat, de telle sorte qu'on vous a comparé aux Grünen en Allemagne. Cependant, les partis verts du Nord ont en général une sociologie électorale centriste, urbaine et privilégiée. Est-il possible de construire une écologie politique dotée d'un sens anti-oligarchique et qui touche les classes populaires qui se sentent moins concernées par cet enjeu pour le moment ? Comment articuler la transition écologique, le *green new deal*, avec la volonté de reconstruire une communauté qui protège, ce qui était l'axe central de la campagne de Más Madrid ?

Í.E. – Juste avant la campagne électorale, nous avons entrepris un travail théorique qui a été très important pour moi, et qui a été décisif sur la façon dont nous avons mené notre campagne par la suite. En ce qui me concerne, j'ai commencé à militer très jeune parmi les anarchistes, les autonomes et le mouvement libertaire. Cette phase a duré de mes 14 à mes 19 ans, j'ai donc eu le temps de me faire de nombreux amis dans ce milieu. La plupart de ces amis ne m'ont pas suivi dans ma bifurcation nationale-populaire. Ils ont continué leur chemin libertaire et autonome, et beaucoup d'entre eux ont fini par s'acheminer vers l'écologie politique. De mon côté, j'ai eu une évolution idéologique et politique très différente. Parfois, nous nous réunissons à nouveau, nous nous retrouvons comme de vieux compagnons qui ne se sont pas vus depuis 15 ans, en partant du principe qu'on ne va pas forcément débattre puisque nous avons désormais des parcours divergents. Certains font encore campagne en faveur de l'abstention et incitent les gens à ne pas voter, alors que moi je suis député. Mais à partir de ces retrouvailles ordinaires et amicales s'est aussi créé un espace de débats au sein duquel nous avons commencé à échanger des idées et des regards sur le monde.

Paradoxalement, alors que nous avions pris des chemins théoriques différents, nous sommes arrivés à des conclusions similaires. Il y a en particulier deux amis, Héctor Tejero et Emilio Santiago, qui travaillaient depuis longtemps sur les questions d'écologie politique. Ils cherchaient à traduire en Espagne l'idée de *green new deal* avec l'objectif de fonder une écologie radicale.

Cela faisait un moment que j'échangeais avec eux et ils m'ont demandé si j'étais d'accord pour écrire la préface de leur livre. J'ai accepté et intitulé cette préface *Ocasio-Cortez feat. Gramsci*. J'ai écrit le texte juste avant d'entrer en campagne, au mois d'avril. J'ai dû réaliser un effort politico-intellectuel important, qui nous a marqué par la suite jusque dans notre identité politique, notre discours et nos propositions. J'en ai tiré quatre certitudes. Premièrement, la crise écologique et climatique est désormais centrale dans l'agenda politique et elle le sera chaque jour un peu plus, il n'y a qu'à voir la chaleur horrible qu'il fait ici [*ndlr*, l'entretien a eu lieu pendant la canicule de la fin du mois de juin en France]. Deuxièmement, un programme de transition écologique ne peut pas être réalisé s'il n'est pas aussi anti-oligarchique, car il exige une déconcentration du pouvoir politique et économique, en particulier économique, qui n'est pas compatible avec le néolibéralisme.

Cela ne veut pas dire que sur un plan purement rhétorique, Macron ne puisse pas parler de crise climatique tout en continuant sa politique néolibérale. Cela signifie cependant que lorsqu'on en arrive aux mesures sérieuses, il faut affronter les lobbies des énergies carbonées et les grandes entreprises de l'énergie. Pensons seulement à une transformation minime : la possibilité que chacun ait accès à des générateurs d'énergie solaire chez lui tout en pouvant revendre ses surplus énergétiques. Cela aurait des conséquences clairement anti-oligopolistiques et le pouvoir des grandes entreprises de l'énergie diminuerait fortement. Pendant la campagne, j'ai fait une proposition qui me tient beaucoup à cœur et en laquelle je crois fortement. J'ai proposé que la Communauté de Madrid réoriente les critères des achats alimentaires de toutes les institutions publiques (écoles publiques, maisons de retraite, centres de travail publics, hôpitaux, etc.) de telle sorte que l'on privilégie les produits locaux et le 0 km [*ndlr*, entre le lieu de production et celui de consommation]. L'idée était d'avantager les producteurs locaux afin que les produits consommés ne voyagent pas 3 000 kilomètres, mais 30. Quelles seraient les conséquences de ce type de mesure ? Cela remettrait en cause le rôle du lobby des grandes entreprises agroalimentaires qui représente un énorme oligopole qui a le pouvoir de décider comment on organise le territoire et de soumettre les pouvoirs publics.

Le troisième élément, qui croise les deux premiers, est que l'écologie me semble entrer particulièrement en résonance avec les aspirations, les peurs et les préférences esthétiques de nos sociétés. C'est-à-dire qu'il conjugue l'exigence anti-oligarchique et le besoin d'être *à la mode*. Lorsqu'au cours de la conférence que je vous ai donnée j'ai évoqué les hipsters ce n'était pas une blague. Le hipster est l'expression néolibérale d'une pulsion qui existe dans la société, mais qui n'est réalisée que par ceux qui ont les moyens de payer du lait d'avoine ou des muffins hors de prix. Cependant, ce phénomène traduit un sentiment généralisé de défiance croissante à l'égard de ce que l'on mange et d'angoisse à l'égard de la tournure que prennent nos vies. Nous avons le sentiment d'avoir des relations sociales et une vie toujours moins originales. Nous nous consommons les uns les autres comme si nous étions des applications pour smartphone. Nous sommes toujours plus pressés et nous profitons de moins en moins des plaisirs lents de la vie. Le néolibéralisme a l'habileté de capter cette angoisse et cette pulsion. Seulement, il la satisfait de façon perverse, il nous dit : « Pas d'inquiétude, il y a ici une application pour faire du yoga si vous êtes stressé et que vous êtes riche ; si vous êtes fortuné, vous aurez accès à une agriculture bio et à du café issu du commerce équitable. »

L'art du néolibéralisme est de donner des traductions marchandes, impitoyablement réservées à une petite minorité, à des sentiments et des pulsions qui sont réelles. L'enjeu pour les forces nationales-populaires est d'entrer en résonance avec ces désirs et ces aspirations, pour leur donner une traduction différente. Nous ne pouvons pas être des forces politiques qui réprimandent leur peuple, qui se contentent de marteler que les choses devraient être différentes et le monde plus juste. Il faut au contraire se connecter aux désirs et aux affects existants. Personnellement, je crois que le désir d'une vie plus naturelle, locale, modeste, lente et communautaire est un désir qui existe, et qu'il faut que nous représentions une option *sexy* quand il s'agit de lui donner forme. C'est pourquoi il est fondamental de coller au sens commun de notre époque et non à un sens commun imaginaire. C'est à l'intersection des exigences précédentes que je crois que nous pouvons formuler une option culturellement attrayante et en même temps anti-oligarchique. L'écologie est une des rares thématiques où l'on peut ne pas passer pour des ringards qui font la leçon à tout le monde. Elle offre la possibilité de formuler des propositions adaptées aux codes esthétiques de notre monde tout en chargeant un contenu anti-oligarchique.

Le quatrième élément, c'est que l'écologie permet de repenser tous les liens communautaires et patriotiques. Car une communauté n'existe pas seulement à travers les chants collectifs dans les manifestations, elle doit aussi trouver une traduction dans la vie quotidienne. Précisément, dans la vie quotidienne, cela s'exprime dans le temps que l'on dédie à ses amis, pas seulement pour boire des verres, mais aussi pour des activités plus lentes, comme le fait de cuisiner ensemble par exemple. Cela passe par le fait de privilégier les voyages à courte distance plutôt qu'à l'autre bout du monde. C'est par ces gestes simples que l'on prend conscience que nos loisirs ont été conditionnés par le logiciel néolibéral, qu'ils sont tristement répétitifs et sans saveur.

Notre proposition de transition écologique doit donc instituer de nouvelles formes de désir et de vie communautaire. Elle doit même aller plus loin et permettre l'émergence d'un nouveau bloc historique. Pourquoi un nouveau bloc historique ? Car nous assistons à une lutte interne au capitalisme entre le vieux capitalisme carboné et le nouveau capitalisme vert. Par exemple, une partie des grandes entreprises de l'énergie qui veulent développer le renouvelable sont des alliés objectifs du processus historique que nous voulons mettre en œuvre ; ou une partie des entreprises qui fabriquent des voitures électriques peuvent être des alliés temporaires de ce projet, etc. Pour les gauchistes, suggérer cette alliance revient à être des capitalistes, des capitalistes verts.

« Être une communauté, c'est prendre soin des autres. Cet élan, il faut l'étendre à l'environnement, car c'est un pilier de notre vie collective. »

En réalité, démanteler un bloc historique comme le bloc historique néolibéral, ce n'est pas le contester, c'est activer les forces centrifuges en son sein afin de l'écarteler. On peut pour cela s'adresser à une partie des petits commerçants, des petits producteurs, qui ont certes une mentalité conservatrice en matière d'impôts, mais qui sont prêts à se mettre de notre côté lorsqu'il s'agit d'affronter Nestlé. Si on leur laisse le choix entre le fait d'avoir du lait français dans les collèges français, plutôt que du lait produit ou acheté par Nestlé à des milliers de kilomètres dans des conditions infâmes, j'ai peu de doutes sur leur réponse. Sur ce terrain, nous avons la possibilité de séparer des éléments alliés à l'*establishment* et de les arrimer à un bloc différent.

Il est certain que ce bloc sera interclassiste, car les blocs historiques sont toujours interclassistes, comme tous les processus nationaux-populaires. À ce sujet, qu'ont fait les gouvernements nationaux-populaires en Amérique latine ? Ils ont convaincu une partie de l'entreprenariat national qui a davantage intérêt à l'industrialisation du pays qu'à l'ouverture des frontières au libre-échange qui détruit la production nationale. D'un côté, ces gouvernements sont entrés en confrontation avec les pouvoirs financiers et les entreprises agroexportatrices, mais de l'autre, ils ont fait un pacte avec la bourgeoisie industrielle, un pacte national-populaire, qui intégrait les travailleurs urbains, les ruraux, les exclus, qui avaient tous intérêt au développement national. Je crois que le *green new deal* peut être une opportunité de réaliser une opération de triangulation qui permette de détacher une partie des secteurs capitalistes qui ont intérêt à la transition écologique pour former une alliance avec les classes populaires et l'État, dont l'impulsion budgétaire est fondamentale pour mener une industrialisation verte. Ces secteurs du capitalisme vert n'ont évidemment pas la main sur le cœur, et cherchent avant tout à faire du profit, mais c'est toujours comme ça avec les capitalistes. Il n'est pas possible de les affronter tous à la fois. Il faut donc s'allier à une partie d'entre eux pour former un nouveau bloc historique, ce qui permet d'affronter de l'autre côté le lobby du carbone. Bien évidemment, il y aura des tensions au sein de ce nouveau bloc historique pour en assurer la direction. Personnellement, j'aspire à ce qu'on en prenne la tête en gouvernant des États plus solides qui retrouvent leur capacité à planifier.

Toutes ces réflexions m'ont bousculé, dans le bon sens, car j'entrevoyais la possibilité de formuler un projet qui soit victorieux sur le plan culturel, qui se traduise concrètement dans des politiques publiques au potentiel anti-oligarchique, qui nous permette de construire un nouveau bloc historique et qui s'inscrive en plus dans l'agenda politique du quotidien. C'est pourquoi nous avons commencé à travailler sur cette idée, que nous avons reliée pendant toute la campagne à la reconstruction d'un lien communautaire. Qu'est-ce qu'être une communauté ? Ce n'est pas une addition d'individus et de clients, mais une société qui prend soin d'elle. Être une communauté, c'est prendre soin des autres. Cet élan, il faut l'étendre à l'environnement, car c'est un pilier de notre vie collective. [...]

LVSL – Pour terminer, nous voulions vous demander quelles lectures vous recommanderiez à une personne qui voudrait se former à l'analyse stratégique...

Í.E. – C'est une question à la fois très importante et très difficile. Le fait que la réponse ne soit pas évidente est un symptôme qui révèle tout ce que nous avons à reconstruire. Je suis actuellement en train de terminer l'écriture d'un livre avec Álvaro García Linera, le vice-président de Bolivie. Ce livre est une conversation autour des apprentissages que nous avons réalisés au cours de la dernière décennie de gouvernements nationaux-populaires en Amérique latine et de surgissement de forces démocratiques contre le despotisme néolibéral en Europe. Le leitmotiv de cet échange est justement de pouvoir répondre à cette question que beaucoup de jeunes gens, et de moins jeunes, qui deviennent politiquement actifs pour la première fois, nous posent : « Quelle lecture est-ce que vous me recommandez pour commencer ? »

Notre livre tente modestement de définir les questions qu'il faut traiter pour proposer une orientation à celles et ceux qui cherchent la forme adéquate afin de mettre en œuvre notre vision néogramscienne de la politique. Il est clair qu'il nous manque des textes simples et fondateurs qui structurent notre espace international d'échanges intellectuels et de fraternité politique. Je le dis de façon provocatrice, mais c'est pour moi une internationale national-populaire qui ne peut être réelle que si elle met au centre de son identité la transition écologique et la révolution féministe.

Je vais tout de même essayer de vous livrer quelques lectures que je considère comme indispensables. Il y a tout d'abord *La notion de politique* de Carl Schmitt, *Le savant et le politique* de Max Weber et *Les cahiers de prisons* de Gramsci. En ce qui concerne ces derniers, il faut prendre une bonne édition qui met de l'ordre et qui explique que les différents textes ont été produits de façon fragmentaire, désordonnée, et qu'ils sont parfois cryptiques en raison de la nécessité d'éviter la censure des geôliers. [...]

Ensuite, je sais que ce n'est pas un texte très accessible, mais pour moi *La Raison populiste* d'Ernesto Laclau a été une grande inspiration au moment de la fondation de Podemos et me semble rester une référence obligatoire. D'une façon un peu différente, les *Réflexions sur la violence* de George Sorel m'ont été très utiles pour penser l'importance des mythes dans la lutte politique pour le sens commun et les affects. Il faut en finir avec la division forcée et fausse, héritée des Lumières, entre la politique et les émotions. La politique est une activité de production de liens affectifs et de passions.

J'ai beaucoup de mal à clore cette liste, mais je crois sans aucun doute qu'Álvaro García Linera doit figurer dedans. C'est le meilleur intellectuel « amphibien », qui combine la réflexion théorique avec la pratique politique et l'art de gouverner. Ce qui est une position certes glissante, mais particulièrement fertile. C'est un intellectuel qui ne se laisse pas emporter par la spéculation théorique et un dirigeant qui ne se laisse pas ballotter par la conjoncture politique. Je crois que ses *5 tensions créatives au sein du processus révolutionnaire* sont très utiles.

NOUVELLES RESSOURCES : ÉCOLOGIE, FÉMINISME ET MOUVEMENTS POPULAIRES

Gaël Giraud

« Les banques sont intrinsèquement hostiles à la transition écologique. »

Gaël Giraud est économiste, directeur de recherche au CNRS, professeur à l'École nationale des Ponts et Chaussées et auteur. Spécialisé dans les interactions entre économie et écologie, il est également l'ancien chef économiste de l'Agence française de développement (AFD). Dans cet entretien-fleuve, nous revenons notamment sur l'incapacité d'Emmanuel Macron à mener une véritable transition écologique, sur le financement de celle-ci et la nécessaire réforme des traités européens qui la conditionne. Nouvelle économie des communs, dérive illibérale du gouvernement… Nous abordons également des questions relatives aux rapports entre foi chrétienne, laïcité et écologie. Gaël Giraud est, en plus de tout le reste, prêtre jésuite.

Entretien réalisé par Pierre Gilbert et Lenny Benbara.

Date de publication : 20 novembre 2019

LVSL – Vous travaillez sur les interactions entre changement climatique et économie. Vous avez par ailleurs soutenu la liste Urgence Écologie aux élections européennes. Pourquoi, selon vous, Emmanuel Macron ne conduit-il pas le pays vers une transition écologique ?

Gaël Giraud – Je pense que l'erreur de fond d'Emmanuel Macron, en termes de transition écologique, est de croire qu'il peut la mener dans le respect de l'interprétation actuelle des traités promue par la Commission européenne et par Bercy.

Sa stratégie européiste, si je la résume, consiste à affirmer : « Moi, je suis un bon élève de la classe européenne, je fais mes devoirs à la maison et ensuite on renégocie les traités. » Or cette stratégie est vouée à l'échec, car les contraintes budgétaires, notamment sur l'interprétation de la réduction du déficit public en zone euro, sont telles que, dans le contexte actuel, elles rendent impossible le financement public de la transition écologique. D'ailleurs, elles rendent impossible le financement des services publics tels qu'on les connaît aujourd'hui en France, de sorte que notre pays est en sous-investissement public chronique : environ 3 % du PIB d'investissements publics, cela ne suffit même pas pour maintenir à niveau le patrimoine public français : la France, aujourd'hui, s'appauvrit chaque année.

Qui peut croire que respecter une interprétation des traités permettra ensuite de mieux les renégocier ? Imaginez que l'on veuille vous couper une jambe pour vous *aider* à courir un cent mètres haies. Préconiser l'austérité par temps de déflation n'est pas moins absurde... Croyez-vous donc vraiment que commencer par vous faire amputer soit le meilleur moyen, ensuite, de faire comprendre à votre interlocuteur que vos deux jambes – le secteur public et le secteur privé – sont nécessaires pour courir ? La rigueur budgétaire à laquelle nous contraint l'interprétation actuelle des traités est tout simplement en train d'engendrer un effet Brünning en France : encore moins d'inflation, davantage de gilets jaunes ou rouges dans la rue, de pompiers, de policiers, de profs, d'urgentistes, d'aides-soignants en colère... et, à la fin, plus de voix pour le Rassemblement national. Par un paradoxe qui n'est qu'apparent, tout en se présentant comme l'ultime rempart démocratique contre le fascisme, la République en marche fait le lit du Rassemblement national. Regardez l'Italie qui, depuis Berlusconi, sert de laboratoire politique à toute l'Europe avec une dizaine d'années d'avance sur nous : Renzi y a tenu le rôle que tente d'occuper aujourd'hui Macron. Ce qui n'a nullement empêché Salvini d'arriver au pouvoir, bien au contraire.

Tout aussi grave est le fait qu'en se privant des moyens possibles de financer la transition vers une société sobre en carbone, le président de la République fait perdre des années précieuses à notre pays, à l'Europe et au monde entier. Car mon expérience, c'est que, malgré la petite taille de notre économie, beaucoup de pays du Sud continuent d'observer ce que fait la France, pour éventuellement s'en inspirer. La démission de Nicolas Hulot en septembre 2018 a témoigné du fait que l'écologie ne pèse rien, aux yeux de ce gouvernement, face aux contraintes budgétaires. S'ajoutent à cela des décisions incompréhensibles de la part de ce gouvernement comme, par exemple, l'extension de la liste des oiseaux éligibles à la chasse alors que l'effondrement du nombre d'oiseaux en Europe est l'une des marques de la destruction de la biodiversité dont notre modèle de société est en grande partie responsable. Nous avons perdu au moins 400 millions d'oiseaux en Europe depuis 1980. La situation n'est pas aussi tragique qu'en Amérique du Nord, où 3,5 milliards d'oiseaux ont disparu depuis cette date. Voilà certainement un terrain où nous ne souhaitons aucunement entrer en compétition avec l'outre-Atlantique. La décision française, à l'origine de la démission de Hulot, est tout simplement un cadeau électoral fait au lobby des chasseurs – dont le prix du permis a, par la même occasion, été divisé par deux – et une provocation pour la conscience citoyenne des Français. Il y a, semble-t-il, une part d'improvisation et de provocation de la part de ce gouvernement à l'égard des questions écologiques qui témoigne que ce n'est nullement sa priorité. Ceci n'est pas incompatible avec une communication extrêmement rodée comme au G7 à Biarritz, destinée à donner l'illusion du volontarisme gouvernemental. Les observateurs de la politique française doivent apprendre plus que jamais à faire le départ entre les discours du président et la réalité de ses décisions politiques.

L'autre raison pour laquelle je doute malheureusement que ce gouvernement fasse la transition écologique, dans ce mandat comme dans le suivant s'il devait être réélu en 2022, c'est qu'il est extrêmement sensible au lobby bancaire et que la plupart des banques européennes, en particulier françaises, sont intrinsèquement hostiles à la transition écologique. Pourquoi ? Parce que beaucoup d'entre elles ont dans leur bilan énormément d'actifs hérités de la révolution industrielle et qui sont donc liés aux hydrocarbures fossiles. Rien de très étonnant à ça : le bilan de nos banques est simplement le reflet de notre histoire.

Si demain matin on décidait de faire du charbon et du pétrole des *actifs échoués* (*stranded assets),* c'est-à-dire de les interdire dans le commerce, une grande partie de nos géants bancaires serait en faillite ou proche du précipice. Ils savent très bien que ce *risque de transition* associé au climat (« le deuxième risque » dans la typologie esquissée par le gouverneur de la Banque d'Angleterre, Mark Carney, dans son fameux discours de 2015 sur la tragédie des horizons) est mortel pour eux. Donc, tout en faisant du *green washing* qui consiste à faire croire que les banques se sont mises *au vert*, en réalité, ces dernières n'ont aucune intention de financer pour de bon un changement de société qui signifierait la fin de leur modèle d'affaires actuel. Un exemple : les fameuses obligations vertes. Deux amis, l'ancien trader Julien Lefournier et le mathématicien Ivar Ekeland, ont montré que ces obligations n'ont strictement rien de *vert* : elles financent en moyenne les mêmes projets que les obligations traditionnelles. Cela ne veut pas dire qu'à l'avenir, elles ne pourront pas financer de vrais projets liés à la transition écologique, mais, jusqu'à présent, elles ont essentiellement servi à faire… de la publicité.

LVSL – Combien coûterait la transition écologique ?

G.G. – Il y a pas mal de chiffres qui circulent, mais on peut dire, en étant certain de ne pas se tromper, que c'est plus de 30 milliards et moins de 100 milliards par an pour mettre en œuvre les grands chapitres de la transition écologique en France. Soit entre 1,5 et 4 % du PIB français. En quoi consiste un tel programme ? Plusieurs scénarios ont été élaborés par le Comité des experts pour le débat national sur la transition écologique commandité par la ministre d'alors, Delphine Batho, et présidé par Alain Grandjean. Ils diffèrent selon le bouquet énergétique retenu pour 2035. Mais ils ont tous en commun les mêmes étapes en matière d'efficacité énergétique : la rénovation thermique de tous les bâtiments (publics et privés), la mobilité verte avec un déploiement massif du train et du ferroutage – car nous ne pourrons pas acheminer la nourriture sur des camions électriques ou roulant à l'hydrogène – et le verdissement des processus industriels et agricoles. Voilà un authentique projet de société vers une France verte, sobre et juste. Ces travaux ne peuvent pas être délocalisés et ce ne sont pas des ouvriers chinois qui vont réhabiliter les combles de nos passoires thermiques. Un tel programme est donc extraordinairement créateur d'emplois locaux. À tel point que les entreprises du BTP nous préviennent : n'allez pas trop vite, nous disent-elles, car nous n'avons pas assez d'ouvriers spécialisés pour réaliser la rénovation thermique à grande échelle. Ouvrons alors des filières d'apprentissage ! Bien sûr, il y aura aussi des pertes d'emplois : notamment les emplois liés aux deux mines de charbon encore en activité sur notre territoire. Mais l'Allemagne, cette fois, est en train de donner le bon exemple en fermant toutes ses centrales à charbon et en déployant un ambitieux programme de reclassement pour les ouvriers de la mine. Au nom de quoi la France serait-elle incapable d'en faire autant ? La transition vers une société zéro carbone est aussi une très bonne nouvelle pour la balance commerciale française, car elle réduit notre dépendance au pétrole, et donc à la principale importation (70 milliards chaque année), qui creuse le déficit de notre balance courante. Et qui dit moins de déficit de la balance extérieure, dit moins de déficit public car, comptablement, l'acteur qui *in fine* supporte le coût excédentaire de nos importations, c'est l'État.

LVSL – Comment financer la transition écologique ?

G.G. – D'un point de vue macro-économique, si nous économisons plusieurs dizaines de milliards de déficit commercial, cela fait autant d'argent qui peut être dépensé autrement dans le pays. L'État pourrait donc d'entrée de jeu engager cette dépense en étant certain que cela lui reviendra sous forme de recettes fiscales simplement parce que l'argent économisé en achetant moins de pétrole se retrouvera au moins en partie dans ses caisses. Mais sans même entrer dans cette logique macro-économique qui, tout élémentaire qu'elle soit, échappe à beaucoup d'observateurs, nous disposons d'un grand nombre de marges de manœuvre inexploitées. Premièrement, la mise en place d'un grand emprunt national comme Giscard l'avait fait en 1976 pour lutter contre la sécheresse. La situation actuelle est bien plus grave que la sécheresse de 1976 : le stress hydrique dû au dérèglement climatique se fait sentir désormais chaque année dans les zones rurales françaises, il n'y a que les urbains pour ne pas s'en rendre compte. Cela justifierait amplement d'en appeler à titre exceptionnel à l'épargne nationale. Deuxièmement, on peut reconstituer des marges de manœuvre budgétaire en rétablissant l'impôt sur la fortune, car selon le rapport de la Commission des finances, le passage de l'ISF à l'IFI a fait perdre 3,5 milliards d'euros à l'État sans réel impact positif sur l'économie française, au contraire. Je pense qu'il faut un grand *big bang* fiscal qui permette de rendre de nouveau l'impôt français redistributif, ce qu'il n'est plus aujourd'hui. Cela suppose de restituer le débat fiscal, terriblement embrouillé aujourd'hui, sur des bases saines.

Troisièmement, il faut considérer un degré de liberté que nous n'utilisons absolument pas et qui est l'*interprétation* de la règle des 3 % du déficit public imposée par l'article 140 du Traité sur le fonctionnement de l'Union européenne. En fait, comme l'ont montré avec force Alain Grandjean et la Fondation Nicolas Hulot [2], il est tout à fait possible de discuter du périmètre sur lequel on applique les 3 % et, par exemple, de retirer du calcul du déficit public certaines dépenses d'investissement public liées à la transition écologique. On l'a fait pour certaines dépenses associées au sauvetage des banques en 2008 et 2009, pourquoi ne pourrait-on pas le faire pour sauver la planète ? Par ailleurs, l'État est bien le seul acteur économique pour qui aucune distinction n'est faite entre des dépenses *d'investissement* de long terme, dont l'amortissement s'étale sur plusieurs décennies, et des dépenses de *fonctionnement.* Que diraient nos entreprises si leur comptabilité était construite sur cette confusion ?

Cela suppose une discussion avec la Commission européenne sur l'interprétation du périmètre sur lequel s'applique la règle des 3 %, mais modifier son périmètre d'application n'impliquerait pas une violation des traités. Le Comité budgétaire européen, un organe consultatif indépendant de la Commission, a rendu début septembre un rapport très critique sur l'évaluation des règles budgétaires : complexité inutile et illisibilité de règles qui échouent, de toute façon, à atteindre leurs objectifs, effets délétères sur l'activité économique et l'investissement public, réponse inadéquate aux divergences accrues des taux d'endettement public entre le Nord et le Sud… il est temps que nous révisions l'herméneutique des traités européens de fond en comble.

À mon sens, il y a des dépenses incompressibles qu'on doit retirer du calcul des 3 %. Je l'ai dit : la dépréciation du patrimoine français induit un appauvrissement national net, et donc une réduction inacceptable de notre souveraineté. Un exemple caricatural est donné par le rapport sénatorial Chaize-Dagbert sur les ponts en France : 25 000 ouvrages français sont en danger de sinistre. Si nous ne voulons pas revivre la catastrophe du pont Morandi de Gênes du 14 août 2018 ou celle du tunnel du Mont-Blanc d'il y a vingt ans, il faut absolument réhabiliter ces ponts dans les années qui viennent. C'est une question de sécurité nationale. Du moins, si vous voulez que vos enfants continuent de traverser des ponts en France ! De la même manière, les circuits d'adduction d'eau en milieu rural en France sont vétustes : sans une rénovation massive, Véolia, Suez ou la Saur pourraient se trouver en difficulté pour assurer l'adduction d'eau potable dans nos campagnes au cours des années à venir. C'est un service public élémentaire. Je ne vois pas le début d'une réflexion sérieuse, au gouvernement, sur ces questions et ceci, sans doute pour des raisons d'orthodoxie budgétaire qui proviennent simplement d'*une* interprétation *parmi d'autres* des traités européens.

Enfin, quatrièmement, nous disposons d'une batterie d'instruments à notre disposition qui consiste à utiliser intelligemment la garantie publique. On a mis plus de 70 milliards d'euros de garanties publiques pour Dexia. BPI France a accordé l'an dernier près de 20 milliards de garantie publique à l'export pour faciliter les exportations des entreprises françaises à l'international. Et c'est fort bien ainsi. Mais qu'est-ce qui nous empêche, dès lors, de mettre 30 à 40 milliards d'euros de garanties publiques pour financer la transition écologique en France ? La garantie publique reste hors du bilan de l'État et, contrairement à ce qu'on raconte parfois, ce n'est pas de la dette. Pas même de la dette *en puissance*, à moins que vous ne soyez convaincu que l'argent sera dépensé en pure perte…

Comment procéder en pratique ? Nous pouvons mettre en place un fonds ou une société de droit privé qui puisse jouir de la garantie publique et qui pourrait emprunter de l'argent sur le marché obligataire en vue de financer la transition. Nous l'avons fait, en France, avec la SFEF, la Société de financement de l'économie française, précisée par Michel Camdessus en 2009, afin de sauver les banques. D'ailleurs, pour autant que je sache, la SFEF existe toujours : nous la conservons en réserve de la République pour le prochain maelström financier. Qui nous empêche de l'utiliser pour financer la transition en France ? Dans un contexte où les investisseurs internationaux s'arrachent la dette publique française au point d'être prêts à consentir des taux d'intérêt négatifs – autrement dit : ils paient l'État français pour que celui-ci s'endette auprès d'eux, ils ne barguigneraient pas pour prêter plusieurs dizaines de milliards à une SFEF destinée à financer la rénovation thermique des bâtiments publics, la réhabilitation de nos charmantes voies de chemin de fer de 1945 en vue d'aménager des circuits courts d'alimentation, etc. On pourrait aussi utiliser intelligemment les canaux de création monétaire de la Banque centrale européenne et de la Banque européenne d'investissement qui sont tout à fait en mesure de refinancer des dépenses d'investissement liées aux infrastructures vertes.

LVSL – Les Verts sont divisés sur cette question récurrente qu'est le capitalisme. Est-il compatible avec l'écologie ? Qu'en pensez-vous ?

G.G. – Je pense que c'est un faux débat. J'aimerais bien que ceux qui, par exemple opposent Yannick Jadot et David Cormand sur cette question me donnent leur définition du capitalisme. Il n'y en a pas une, mais des dizaines : le capitalisme rhénan ou celui de la Suisse dans les années 1960 n'a rien à voir avec le capitalisme texan d'aujourd'hui qui lui-même n'a rien à voir avec la Suède, qui n'a rien à voir avec le Japon aux heures glorieuses du toyotisme... Déjà Michel Albert faisait valoir l'affrontement entre deux types, au moins, de capitalisme. Et mon collègue Bruno Amable, lui, en identifie au moins cinq. J'ignore, donc, si la transition vers une société zéro-carbone est compatible avec *le* capitalisme, et je vous avoue que cette question ne m'intéresse pas. Elle sert à alimenter nos discussions de bistros, tout comme, autrefois, l'affaire Dreyfus ou l'eschatologie communiste, sans faire avancer la discussion sur la vraie question qui est : par où commence-t-on la transition ?

« Il faut sortir de cette utopie de la privatisation du monde. »

Il est beaucoup plus intéressant à mon avis de discuter du rapport à la propriété privée et à la finance, qui est un aspect commun aux différents capitalismes contemporains. Ce n'est certes pas le seul, mais il joue un rôle central dans la financiarisation de nos sociétés. Un monde de marchandisation intégrale de l'humanité et de financiarisation de nos relations est incompatible avec la durabilité écologique. Ce qui est très important aujourd'hui c'est la lutte de tous les instants à mener contre la colonisation de nos esprits par un imaginaire managérial et cybernétique qui voudrait que tout être humain soit une marchandise, contrôlable et échangeable. Certains économistes, lorsqu'ils vont parler à l'Académie des sciences morales et politiques, expliquent qu'il est normal qu'on puisse donner un prix de marché à la vie humaine, à votre vie, par exemple. En effet, à travers la spéculation sur les actifs financiers dérivés sur les contrats d'assurance, on fixe le prix de marché de ces contrats, et donc, implicitement, on donne un prix à la vie des personnes qui ont signé ce contrat. Quand bien même les marchés financiers seraient efficients, c'est inacceptable. Et quand on sait le degré d'inefficience et d'irrationalité des marchés financiers, de tels propos deviennent quasiment criminels. De la même manière, donner un prix aux services écologiques rendus gratuitement par la nature ou à la survie de l'espèce des tigres du Bengale ne permettra pas de sauver les tigres. Au contraire, la magie noire de la marchandisation les rend alors interchangeables avec n'importe quelle autre marchandise qui posséderait le même prix. C'est cette logique qui fait dire à certains de mes collègues que la disparition programmée de la faune halieutique dans nos océans n'est pas une tragédie : la pisciculture permettra, pense-t-on, de substituer des poissons de bassins à ceux que nous pêchions autrefois dans la mer. De même, la disparition programmée des abeilles donnerait lieu, entend-on, à l'invention de robots articulés qui iront polliniser à leur place. C'est évidemment du délire, qui oublie que les robots eux-mêmes ont besoin de minerais et d'énergie et que, précisément, les minerais et l'énergie ne sont pas disponibles gratuitement en quantité illimitée. La vérité, c'est que ce sont les femmes pauvres des campagnes qui iront polliniser à la main. Cela s'est, hélas, déjà vu…

Il faut sortir de cette utopie de la privatisation du monde. Ce qui suppose une révolution anthropologique en vue de renouer avec une forme d'humanisme politique, social, économique : l'être humain est intrinsèquement un être de relations aussi bien dans nos familles que dans la société, dans le monde, avec les animaux que nous aimons et ceux que nous aimons moins, avec notre environnement, avec nos morts et avec les enfants qui ne sont pas encore nés. C'est la prospérité de ces relations qu'il faut promouvoir bien davantage que la réduction du monde à un vaste supermarché.

LVSL – Quelle est l'alternative ?

G.G. – La gestion et la célébration des communs. Autrement dit, la promotion de ressources partagées, aussi bien des ressources matérielles qu'immatérielles. Par exemple, comment faire en sorte qu'un étang, une forêt ou un hot spot de biodiversité en France puisse devenir un commun et ne pas être détruit en étant réduit à des marchandises ? Comment faire en sorte que la faune halieutique qui est en train de disparaître dans nos océans (sous les coups conjugués de leur acidification à cause de nos émissions de CO2, de leur réchauffement, de la pollution plastique et de la pêche industrielle en eaux profondes) puisse devenir un commun ? Tant que les poissons seront la propriété privée de celui qui les pêche, nous courrons le danger de ne plus avoir de grands pélagiens, soit les poissons comestibles dans nos mers d'ici 2040 ou 2050.

Sur Internet s'inventent énormément de rapports renouvelés à la propriété comme les logiciels libres ou le Copyleft. Le Copyleft, c'est le contraire du copyright : il donne à tous le droit d'usage d'une invention, mais à la condition expresse que personne ne tente de se l'approprier de manière privative. Ce bouillonnement d'inventions sur la Toile est le symptôme que nos sociétés sont en travail : elles cherchent d'autres moyens de partager nos ressources que leur simple destruction par leur privatisation. Wikipédia est un extraordinaire commun, bien plus efficace, complet et rigoureux que son équivalent public (c'est-à-dire étatiste) : il y a moins d'erreurs sur Wikipédia que dans l'Encyclopaedia Britannica…

Et puis, les communs, c'est certainement notre rapport au monde le plus ancien, le plus archaïque : avant l'invention de la propriété privée par des juristes romains, l'humanité a toujours considéré la Terre comme un commun, une ressource appartenant à tous pourvu que l'on en prenne soin. Mais les communs ne concernent pas seulement les ressources naturelles et Internet : comment faire, par exemple, pour que le travail ne soit pas une marchandise privée ? Comment mettre fin à la régression esclavagiste qu'est l'ubérisation de nos relations au travail, laquelle se dissimule derrière la promotion du statut d'auto-entrepreneur ? Comment faire en sorte que le travail puisse être un commun ? Cela suppose une refonte radicale du droit de travail qui va à contre-courant de ce que fait le gouvernement. Nous pourrions nous inspirer des remarquables travaux d'Alain Supiot sur le sujet. De même, comment redéfinir l'entreprise aux articles 1832 et 1833 du Code civil non plus comme une boîte noire qui produit du *cash* pour les actionnaires qui en sont, croit-on, les propriétaires privés, mais comme une communauté de destins qui veut mettre en œuvre un projet socialement utile ? Cela suppose d'aller beaucoup plus loin que la loi Pacte qui a accouché d'une souris. Pourtant la Commission Nota-Sénart, qui m'a auditionné, avait des propositions tout à fait intéressantes. Las, elle a été bridée par

Matignon et l'Élysée… Pour aller plus loin, nous pourrions, là aussi, nous inspirer du travail de Daniel Hurstel, Cécile Renouard et moi-même.

« Créer les conditions de possibilité d'émergence des communs dans la société civile. Voilà une utopie concrète qui va nous occuper pour plus d'un siècle. Mais la bonne nouvelle, c'est qu'elle a déjà commencé… »

Comment, enfin, faire de la monnaie un commun ? Cela passe par la promotion de toutes ces monnaies locales complémentaires qui bourgeonnent un peu partout en France, y compris dans la Creuse. Ces monnaies sont autant de moyens par lesquels une communauté, quelle qu'elle soit, s'efforce de se réapproprier le pouvoir de création monétaire qui a été confisqué par les banques privées depuis que les États de la zone euro sont privés du droit de battre monnaie. Nous sommes de fait les seuls au monde à l'avoir fait, en mettant en place une véritable indépendance de la Banque centrale à l'égard du politique, nous avons privatisé la monnaie en Europe.

LVSL – Pourquoi ?

G.G. – Parce que la BCE n'a pas de compte à rendre aux États, et elle rend formellement compte *ex post* de ses activités auprès du Parlement européen, sans que celui-ci ne puisse intervenir en amont sur ses décisions de politique monétaire. Du coup, la BCE est largement inféodée au *lobbying* des banques privées et vous n'aurez aucun mal à interpréter *toutes* les décisions prises par Francfort depuis 2008 comme des décisions favorables aux intérêts du secteur bancaire. Je vous mets au défi de trouver une seule exception. Pourtant, croyez-vous que les intérêts du secteur bancaire privé coïncident avec l'intérêt général ?

Mais revenons aux communs : ces quatre chantiers – la promotion des ressources naturelles et des ressources de l'intelligence collective sur Internet, le travail et la monnaie comme communs – esquissent les contours d'un projet politique très ambitieux, où la première mission de l'État ne consiste plus seulement à gérer les biens publics – ce qu'il doit continuer de faire : l'école, la santé, la poste, etc. –, mais aussi à créer les conditions de possibilité d'émergence des communs dans la société civile. Voilà une utopie concrète qui va nous occuper pour plus d'un siècle. Mais la bonne nouvelle, c'est qu'elle a déjà commencé…

LVSL – Vous êtes prêtre jésuite. Pourquoi avez-vous choisi cette voie-là ? Quelle relation entretenez-vous avec l'Église ? Vous vantez souvent l'héritage de la Révolution française et la sécularisation, seriez-vous donc un prêtre laïc ?

G.G. – Je n'utiliserais pas cette expression de *prêtre laïc*. Les jésuites ont une grande tradition d'engagement en faveur de la justice. On connaît le sort des jésuites du Salvador assassinés par la junte militaire en 1989 parce qu'ils soutenaient les pauvres. On sait moins, par exemple, que deux jésuites ont été assassinés à Moscou en 2008, parce qu'ils gênaient les collusions entre l'Église orthodoxe et le régime de Poutine. Bien sûr, nous n'avons nullement le monopole de l'engagement en faveur de la justice, même parmi les ordres religieux catholiques. Je pense notamment au frère dominicain Henri Burin des Roziers, décédé hélas en 2017, et qui fut un ardent défenseur des paysans sans terres dans le Nordeste brésilien – un homme lumineux. Je pense à telle religieuse xavière, Christine Danel, une amie également, qui s'est rendue dans les centres de traitement d'Ebola en Guinée, au pire moment de la pandémie de 2014, pour aider à la mise en place d'un traitement de la maladie. Pour les Jésuites, disons que la promotion de la justice sociale et l'expérience de foi sont une seule et même mission. C'est ce qui m'a sans doute séduit dans l'ordre des Jésuites, avec, bien sûr, une certaine rigueur intellectuelle et, surtout, une profonde tradition spirituelle. C'est ce qui manque à beaucoup de nos contemporains, je crois : un espace de liberté intérieure. Beaucoup de jeunes sensibles à la question écologique cherchent à retrouver des espaces d'intériorité, de silence, de gratuité. Notamment pour s'évader de la prison du tout-marchandise, du tout-jetable ou du tout-détritus. Certains cherchent du côté des sagesses orientales parce qu'ils ne se sentent plus liés au patrimoine chrétien qui est, pourtant, le leur. Ou bien à cause du discrédit qui frappe à juste titre notre Église du fait des scandales liés à la pédo-criminalité. Pour ma part, je crois que le christianisme est très fondamentalement une école du désir (ce que le bouddhisme n'est pas, par exemple) et que beaucoup d'entre nous ont soif d'apprendre à découvrir le désir de vie qui sourd du plus profond d'eux-mêmes.

« L'autre grande leçon des religions bibliques, c'est qu'il nous faut apprendre à préférer la sainteté au sacré. »

Je parle volontiers de façon positive de la Révolution française et de la modernité occidentale, c'est vrai. Dans son intuition de fond, elle est un produit du christianisme même s'il est vrai que des chrétiens en ont été les victimes, je pense notamment au prêtre Jean-Michel Langevin et aux martyrs d'Angers. Lorsqu'au XVIIIe et surtout au XIXe siècle, une bonne partie de l'Église catholique a cru bon de s'opposer à la modernité, elle n'a pas reconnu que ce qu'elle avait en face d'elle, ce qu'elle a cru être son ennemie, était en partie son propre enfant. Bien sûr, il faut distinguer, au sein des Lumières, entre, disons, Rousseau et Voltaire. L'arrogance d'un Voltaire, riche commerçant esclavagiste, n'a pas grand-chose à voir avec les intuitions démocratiques de Rousseau. Or, du point de vue du rapport du politique au religieux, les Lumières, disons, *rousseauistes* ont cherché à désacraliser le pouvoir politique : désormais, le pouvoir politique et la souveraineté n'auraient plus comme instance de légitimation un ordre sacré, transcendant fondé sur Dieu. C'est la « sortie de la religion » telle que Marcel Gauchet, par exemple, l'a thématisée. Gauchet a fort bien montré que le christianisme est justement la « religion de la sortie de la religion ». Ce n'est pas un hasard s'il n'y a, semble-t-il, *que* dans les sociétés de tradition chrétienne que la laïcisation du pouvoir politique est aussi avancée que chez nous. Or, depuis le début de l'aventure chrétienne, la grande tradition évangélique consiste à « rendre à César ce qui appartient à César et à Dieu ce qui est à Dieu » (Luc 20, 25).

Par ailleurs, l'autre grande leçon des religions bibliques, c'est qu'il nous faut apprendre à préférer la sainteté au sacré : Emmanuel Lévinas avait mis l'accent sur ce point en relisant le Talmud ; aujourd'hui, un théologien comme Christoph Theobald montre que cette intuition est centrale pour l'expérience chrétienne. Là où le sacré *sépare* (le pur de l'impur, le sacré du profane, l'homme de la femme, l'élite du peuple, etc.), l'Évangile nous apprend à découvrir les ressources de sainteté enfouies dans la vie quotidienne de chacun d'entre nous. Il y a même de la sainteté chez les gilets jaunes ! *(Rires.)*

L'Église a fait l'erreur au Moyen Âge de prendre le pouvoir sur la souveraineté politique. Compte tenu de la désintégration de l'Empire romain et de la décomposition de l'Empire carolingien, il était sans doute nécessaire qu'elle assume la défense de l'intérêt général et du droit, mais, après la réforme grégorienne du XIe siècle, elle a prétendu dicter ce qu'est un *bon* gouvernement, sacrer les rois et déposer les mauvais gouvernants. Aujourd'hui, c'est plutôt la Commission européenne qui tente de s'arroger un tel privilège, lequel n'est pas plus démocratique au XXIe siècle qu'il ne l'était sous le Pape Grégoire VII. Quand les institutions européennes font démissionner Berlusconi, tout le monde applaudit à juste titre, mais lorsqu'elles le remplacent par Mario Monti (qui, avec une étonnante inconscience, a démarré l'effet Brünning dans une Italie en pleine déflation), on est en droit de s'interroger sur le caractère démocratique de la méthode. Et quand elles obligent Tsipras à agir contre la volonté des citoyens grecs exprimée à 61,5 % des voix lors du référendum du 5 juillet 2015, le doute n'est plus permis : Canossa n'est pas plus démocratique aujourd'hui qu'hier. L'Église, quant à elle, a mis un siècle à admettre que ce que les Lumières lui imposaient dans la violence – renoncer à se substituer au pouvoir politique souverain – venait, en vérité, de l'Évangile. Sa mission, aujourd'hui, c'est de dévoiler sans relâche les trésors spirituels dissimulés dans la création et dans le secret de nos relations sociales. Nous avons besoin de ces trésors pour y puiser l'énergie collective nécessaire à l'invention des communs sans lesquels la privatisation du monde achèvera de le détruire et de démanteler la démocratie. Finalement, l'encyclique *Laudato Si'*, telle que je la comprends, n'invite pas à autre chose. Les ressources d'intelligence collective partagées sont immenses, mais fragiles, comme notre planète. L'État doit créer les conditions de possibilité juridiques d'émergence de ces communs ; l'Église, avec d'autres bien sûr, peut alimenter la soif spirituelle et le discernement nécessaires pour les faire émerger. [...]

LVSL – Revenons un instant à l'Église : quel devrait être le rapport entre l'État et l'Église et entre l'État et les autres religions ?

G.G. – Le compromis français de laïcité républicaine est le bon et il ne faut pas revenir dessus. L'Église catholique a pris une juste distance vis-à-vis de la souveraineté politique. Il y a bien sûr des courants réactionnaires qui veulent de nouveau sacraliser le pouvoir politique, mêler à nouveau le sabre et le goupillon, mais je ne crois pas que l'Église catholique reviendra sur le compromis dont l'Évangile est, en fait, la source première. En tout cas, pas sous l'extraordinaire pontificat de François.

LVSL – L'Église est souvent perçue comme réactionnaire au sujet des questions liées aux mœurs. Que pensez-vous du mariage pour tous, de l'avortement, de la PMA ?

G.G. – Je ne dirais pas que l'Église catholique est réactionnaire. Le Magistère romain a longtemps défendu une certaine vision de la famille qui est promue aussi bien par les psychanalystes lacaniens, par exemple. Il y a une analogie très forte entre l'anthropologie lacanienne et celle du Magistère. Et je ne suis pas sûr qu'on puisse accuser les psychanalystes lacaniens d'être réactionnaires, quand bien même il existe aussi, évidemment, des psychanalystes qui ne sont pas lacaniens : pensez à Donald Winicott, par exemple.

Quoi qu'il en soit, nous assistons en Occident à la décomposition du schéma traditionnel de la famille. À titre personnel, je suis inquiet pour la croissance humaine d'un certain nombre d'enfants dans certaines familles complètement disloquées ou recomposées. Reste que les évolutions qui ont conduit à la légalisation de l'avortement, au mariage pour tous et à la légalisation de la PMA, me paraissent irréversibles. Ce ne sont pas les bons combats pour l'Église aujourd'hui. Le bon combat, c'est de s'opposer à la GPA. La privatisation du corps de la femme, ça, c'est inacceptable. Cela fait partie de cette grande utopie néolibérale, mortifère, de privatisation du monde. La transformation des femmes en objets de consommation procède de la même déshumanisation que la destruction de l'environnement, la maltraitance des enfants ou des personnes âgées et la *foi* dans la toute-puissance des marchés (relisez l'incroyable paragraphe 123 de l'encyclique *Laudato Si'* à ce sujet). À cela, il faut s'opposer avec la dernière énergie, car la GPA revient, au sens littéral, à pouvoir acheter un enfant : elle permettra, en effet, de faire venir au monde un enfant, à la demande de parents dont il ne partagera aucune part du code génétique, porté dans le ventre d'une femme qui ne sera ni sa mère génétique, ni sa mère d'adoption. Alors la vie humaine sera entièrement marchandise. Ce fantasme post-libéral signe la fin de la dignité humaine et n'a plus rien à voir avec le libéralisme classique du XVIIIe siècle.

Les nostalgiques du schéma traditionnel de la famille, quant à eux, doivent lire Emmanuel Todd et sa réécriture de la cartographie leplaysienne de la famille. Car ce qu'ils ont en tête n'est qu'*un* schéma parmi beaucoup d'autres : il n'y a jamais eu de schéma universel et définitif de la famille. Les structures familiales ont évolué dans le temps et dans l'espace, notamment pour s'adapter à des contraintes agraires et climatiques de long terme. L'essence éternelle de la famille est introuvable. Le *modèle* nucléaire-égalitariste (où l'héritage est partagé équitablement entre des enfants qui, à l'âge adulte, quittent le foyer de leurs parents hétérosexuels) est un produit de l'histoire, hérité notamment du bassin parisien, et ne s'est imposé un peu partout en Occident que récemment. Il vole aujourd'hui en éclats parce que, l'énergie étant apparemment gratuite, beaucoup de couples peuvent se payer le luxe d'entretenir plusieurs foyers. Je ne suis pas sûr que cela durera très longtemps. Par contre, il est indéniable que le statut de la femme diffère grandement d'un schéma familial à un autre. Et que, malheureusement, beaucoup de régions des pays du bassin indo-méditerranéen régressent en ce moment vers des schémas de familles communautaires (où les enfants restent dans le giron familial, même à l'âge adulte) nettement défavorables à l'émancipation des femmes. Les femmes iraniennes jouissaient sous le Chah d'une liberté qu'elles ont hélas perdue.

LVSL – Observez-vous, au plus haut niveau de l'État, une dérive *illibérale* ? Comment se concrétise-t-elle ?

G.G. – J'observe qu'une partie de la haute fonction publique française ne croit plus en l'État au sens où elle est persuadée que la République, telle que nous l'avons construite à travers les grands compromis d'après-guerre, est velléitaire, contradictoire, n'a plus les moyens de sa politique ou n'a plus de vision. De sorte que rien ne vaudrait une bonne assemblée sanglante d'actionnaires qui maximisent leurs profits à court terme. Ces propos, que j'entends y compris à l'Inspection générale des finances, font froid dans le dos. Il est vrai qu'il y a peu, Michel Pébereau se vantait qu'il y ait plus d'inspecteurs généraux des finances ayant pantouflé à la BNP Paribas que travaillant pour l'intérêt général dans la fonction publique. Cela veut dire que la haute fonction publique elle-même doute de sa propre mission. En témoigne également le nombre de pantouflages de hauts fonctionnaires : le directeur général du Trésor français s'en va travailler pour un *hedge fund* chinois, le Hongrois Adam Farkas, l'actuel directeur exécutif de l'Autorité bancaire européenne, s'apprête à prendre la tête de l'Association des marchés financiers en Europe, un puissant lobby qui défend les intérêts du secteur bancaire privé. Imaginez-vous le patron de la police de Bogotá qui deviendrait le principal lieutenant de Pablo Escobar ? Remarquez, en France, nous avons nommé à la tête de l'autorité monétaire suprême un ancien cadre dirigeant de BNP Paribas puis, à la tête de l'État, un inspecteur des finances ayant pantouflé chez Rothschild... Il y a heureusement des exceptions remarquables : des hauts fonctionnaires qui ont conservé envers et contre tout un haut sens de l'État. Mais, souvent, leur intégrité pénalise leur carrière, en particulier sous l'actuel gouvernement.

Cet état d'esprit délétère participe d'une forme de sécession des élites françaises et, plus généralement, occidentales, liée au schisme éducatif du *tiers éduqué supérieur*. Aujourd'hui, comme mon ami Todd a été le premier à le faire remarquer, je crois, un tiers environ de la population de notre pays fait des études supérieures à l'issue d'un bac généraliste. C'est à la fois peu (les membres de ce tiers s'imaginent souvent représenter 80 % de la population) et beaucoup : un tiers, cela permet de vivre dans l'endogamie quasi-complète. Si vous appartenez à ce tiers-là, demandez-vous quand il vous arrive de rencontrer quelqu'un qui n'a pas son bac. Le tiers des études supérieures ne sait plus ce qui se passe dans le reste du corps social et ne le comprend plus. D'où son étonnement, parfois sincère, face aux gilets jaunes ou à la victoire du Non au référendum de 2005 sur l'établissement du Traité constitutionnel. Lorsque la haute fonction publique, ou une partie de ses membres du moins, doute de sa mission, elle doute de l'utilité de travailler pour ceux et celles qu'elle ne rencontre plus, qu'elle ne connaît plus. Une autre fraction de cette même *noblesse d'État*, penche au contraire pour une *démocrature*, dans laquelle on imposerait les décisions technocratiques qu'elle estime être les seules raisonnables. Sans s'apercevoir que, le plus souvent, ces décisions ne servent que ses propres intérêts de court terme. Il y a là un malentendu extrêmement profond.

« Les élites françaises restent traumatisées par la peur des États-Généraux et de la jacquerie. »

Inversement les deux tiers du corps social français qui ne font pas partie de cette *élite de masse* ne se sentent plus représentés par des médias entièrement financés par et pour le tiers éduqué supérieur, lequel cumule tous les pouvoirs : financiers, économiques, politiques, et parfois même culturels. Les autres, la majorité donc, ont l'impression d'être abandonnés par les privilégiés des centres-villes métropolitains. Dans bien des régions rurales de France, les trains s'arrêtent de moins en moins, il n'y a plus d'hôpital, plus de banque, la Poste et les écoles ferment. Les jeunes, évidemment, s'en vont... Certains protestent avec raison contre cet abandon incompatible avec le pacte républicain entre nos concitoyens. Les gilets jaunes ne sont qu'un aspect de cet immense malaise social. Le Grand débat national organisé à la suite des premières manifestations de décembre était un simulacre de discussion qui n'a pas permis la prise en compte sérieuse des revendications des deux tiers. Je crains que cela ne s'aggrave dans les mois et les années à venir. Et quand je vois des policiers français tirer avec des LBD sur des pompiers français, je m'interroge : l'élection de Marine Le Pen aurait-elle davantage divisé les Français ? Je n'en suis plus certain aujourd'hui. Encore une fois : le paradoxe de ce gouvernement, c'est qu'il gouverne pour une toute petite élite et, pour les autres, semble n'avoir rien d'autre à proposer que la violence et le mépris de classe. Le Rassemblement national aurait-il fait autrement ? Il est vital pour le débat démocratique que la scène politique française sorte de ce duel en miroir entre Le Pen et Macron.

LVSL – Pour finir, votre expérience au Tchad et à l'AFD vous a ouvert sur les relations internationales. On observe un retour des politiques protectionnistes dans les pays qui sont les plus influents aujourd'hui : Chine, États-Unis, Russie, Allemagne, Japon... la France, de son côté, brade son industrie stratégique, comme Alstom, et ses fleurons nationaux (ADP...). Ce qui faisait la puissance française est largement dilapidé. Pourquoi à votre avis ? Pensez-vous que les élites françaises soient les idiotes du village-monde ?

G.G. – Je ne crois pas qu'elles soient les idiotes de la globalisation. Ce phénomène de *fuite de Varennes* que je caractérisais à l'instant me semble important et grave : la sécession des élites par rapport au reste du corps social a des racines profondes. La Révolution française a consacré la défiance de la noblesse vis-à-vis du tiers état. Depuis lors, les élites françaises restent traumatisées par la peur des États-Généraux et de la jacquerie – ce qui n'est le cas ni de l'Angleterre ni de l'Allemagne.

La grande peur des bourgeois de centre-ville au moment de l'acte III des gilets jaunes procède d'une sorte de résurrection de cette hantise séculaire vis-à-vis d'un peuple français qui, si on ne le mate pas par la violence comme l'armée versaillaise a décimé les Communards, est capable de couper la tête du roi. Le fait est qu'aujourd'hui les élites parisiennes ont davantage comme terrain de jeu le monde cosmopolite des élites des autres capitales de la planète que le reste du territoire national. Un homme d'affaires du centre-ville parisien se sent plus proche d'un collègue du centre-ville londonien ou new-yorkais que de son compatriote d'Aulnay-sous-Bois. Dès lors, une partie de ces élites n'a plus aucun scrupule à brader les trésors industriels nationaux français du moment que cela semble servir ses intérêts à court terme. De la même manière, beaucoup de ceux qui se retrouvent à des postes de régulateur financier n'ont aucun scrupule à bloquer toute initiative qui nuirait aux intérêts des banques ou des fonds spéculatifs, vers lesquels ils pantouflent ensuite afin de bénéficier de *paiements pour service rendu*. Voilà pour l'explication socio-psychologique, si l'on veut.

Évidemment, ce n'est pas elle qui est mise en avant par les apôtres du libre-échange. Cette démission est généralement justifiée par les contes de fées *du doux commerce* de Montesquieu, qui n'ont pourtant aucun fondement analytique. En présence de mobilité du capital, je ne connais aucune justification rigoureuse du libre-échange y compris au sein de la théorie économique la plus favorable au néolibéralisme. Les travaux empiriques effectués, y compris par le GATT, ces derniers quarante ans, montrent que ces gains nets apportés par la suppression des barrières douanières sont très faibles : de l'ordre de quelques centaines de milliards de dollars, ce qui est ridicule comparé aux sommes en jeu (le revenu annuel mondial est de l'ordre de 70 trillions de dollars). Qui plus est, le seul vrai gagnant du libre-échangisme des quarante dernières années semble être la Chine.

Il est temps de revenir à une compréhension raisonnable du protectionnisme. Pour cela, il faut commencer par se défaire du mythe selon lequel le libre-échange serait synonyme de paix et le protectionnisme rimerait avec la guerre. Deux exemples : en 1868, la France et la Prusse ont signé un accord de libre-échange et deux ans après, elles se faisaient la guerre. Inversement, pendant les Trente glorieuses, tous les pays de l'Ouest européen étaient protectionnistes : pourtant, nous ne nous sommes pas fait la guerre.

La globalisation marchande des trente dernières années a essentiellement permis à l'Occident de continuer à orienter la production des ressources minières d'Afrique et d'Amérique du Sud à son profit tout en bénéficiant des produits manufacturés chinois bon marché et des bénéfices commerciaux, chinois également, recyclés dans les marchés financiers occidentaux par le rachat de dette publique américaine. Cette ère-là est close depuis la crise financière de 2008, mais le monde n'a pas encore trouvé de nouveau cycle global. La mise en place d'une régulation intelligente du commerce international et, en particulier, des flux de matières premières dont nous avons absolument besoin pour sauvegarder la souveraineté de la France, est une nécessité si nous voulons éviter les prochaines guerres qui seront celles de l'eau, de l'énergie et des minerais. Les travaux historiques de Christophe Bonneuil, encore un ami, montrent que l'économie française joue le rôle d'un parasite depuis plus d'un siècle en matière de flux de matière : mis à part la biomasse, nous importons la quasi-totalité de la matière dont nous avons besoin pour vivre. Si, en Europe, nous nous accrochons à cette idéologie sans fondement scientifique qu'est le libre-échange, nous allons tout simplement nous priver des moyens de négocier un juste commerce des produits dont nous avons besoin. Pendant ce temps, la Chine et les États-Unis continuent de piller le sous-sol de nombreux pays du Sud. En d'autres termes, le plus sûr moyen de courir vers des guerres de l'eau, du pétrole ou du cuivre dans les années qui viennent, c'est de ne pas réguler le commerce, de ne pas entamer une négociation maintenant. La réforme de la gouvernance du FMI, par exemple, réclamée par de nombreux pays émergents, serait une première étape. La réforme de l'OMC également. À l'inverse, la guerre civile syrienne est née en 2011 d'une pénurie d'eau prolongée, très mal gérée par la dictature de Bachar el Assad. Le libre-échange est la meilleure recette pour étendre le chaos syrien au reste du monde. Et mes travaux, avec Olivier Vidal et Fatma Rostom notamment, montrent que nous ne pourrons pas continuer à augmenter indéfiniment l'extraction de cuivre sur la planète. Qui, en France, se soucie de trouver des substituts aux usages industriels du cuivre et d'améliorer l'efficacité du recyclage du cuivre que nous gaspillons aujourd'hui ? Cela aussi, ça fait partie des défis de l'industrialisation verte.

Clara Serra

« Nous avons tout à gagner à opposer le féminisme au néolibéralisme. »

Depuis les mobilisations spectaculaires du 8 mars 2018, l'Espagne connaît une vague féministe sans précédent. Parallèlement, le pays est confronté à la percée d'une force réactionnaire, Vox, qui s'oppose ouvertement aux politiques d'égalité entre les femmes et hommes. Dernière polémique en date, une proposition du parti d'extrême droite qui enflamme les débats : le « veto parental », ou la possibilité pour les parents de retirer leurs enfants des ateliers organisés sur le temps scolaire qui pourraient s'avérer « contraires à leurs convictions » : éducation sexuelle, sensibilisation aux violences de genre, etc. Pour amplifier la dynamique féministe et contrer les poncifs réactionnaires, Clara Serra a publié en 2019 Manual ultravioleta, un ouvrage pédagogique destiné à déconstruire les préjugés sur le genre et le féminisme. L'ancienne députée de la Communauté de Madrid pour Podemos puis Màs Madrid était présente à la seconde édition de notre université d'été pour débattre avec Clémentine Autain. Nous l'avons interviewée à la suite de cette rencontre.

Entretien réalisé par Vincent Dain.

Date de publication : 25 janvier 2020

LVSL – En juin 2019, le tribunal suprême espagnol a revu à la hausse la condamnation de la « *Manada* », ce groupe de cinq hommes coupables de viol sur une jeune femme lors des *ferias* de San Fermin en 2016. Cette affaire avait scandalisé l'Espagne et provoqué de gigantesques manifestations. Peut-on dire que la question des violences faites aux femmes a été l'élément déclencheur de la grande vague féministe que connaît le pays ?

Clara Serra – Je pense que cette question a été un élément très important. La mobilisation féministe en Espagne a atteint son point culminant lors des manifestations du 8 mars en 2018 et en 2019, mais en réalité le détonateur a été la manifestation massive du 7 novembre 2015, qui préfigurait une arrivée en force du mouvement féministe. Cette manifestation s'opposait précisément aux violences machistes, et ce bien avant l'affaire de la *Manada*. La question de la violence interpellait d'ores et déjà beaucoup de monde en Espagne.

Cela dit, la question des violences n'est pas le seul élément, je pense que la question du *care*, la prise de conscience du fait que les femmes sont les principales victimes des coupes budgétaires et de la dégradation des services publics, ont eu un immense pouvoir de mobilisation, notamment lors de la grève du 8 mars. Notre devise, « *si nosotras paramos, se para el mundo* » (« si nous nous arrêtons, le monde s'arrête ») faisait davantage référence au travail invisibilisé du *care* qu'à la question des violences. [...]

LVSL – Analysez-vous l'émergence de Vox [*ndlr*, le parti d'extrême droite qui a réalisé 15 % aux dernières élections de novembre 2019] comme une réaction aux mobilisations féministes en Espagne ?

C.S. – C'est l'un des éléments explicatifs, bien que Vox n'existe pas uniquement pour cela. Le féminisme n'est pas sa seule et unique cible. Mais je crois que c'est effectivement l'un de ses principaux ressorts de mobilisation. On peut déceler dans le discours de Vox un appel adressé aux hommes, une invitation à s'engager dans une bataille contre les féministes, en défense de l'identité masculine. Ce n'est pas le cas de tous les mouvements d'extrême droite, mais on l'observe clairement pour Vox. Santiago Abascal le met en scène de la façon la plus caricaturale possible, lorsqu'il plaide par exemple pour l'usage des armes à feu et prône l'idée selon laquelle les « vrais hommes » sont ceux qui sont en mesure de protéger leurs familles avec un revolver. Vox est en ce sens une opération de défense d'une masculinité en crise.

LVSL – Vous plaidez en faveur d'un féminisme hégémonique ou transversal, capable d'infuser dans l'ensemble de la société. Aujourd'hui, de nombreux acteurs de la société espagnole cherchent à se définir comme féministes. C'est le cas du parti politique de centre-droit *Ciudadanos* par exemple, mais aussi d'entreprises qui s'évertuent à en faire un produit marketing dans une manœuvre de *pinkwashing*. Faut-il l'interpréter comme l'illustration de l'hégémonie du féminisme, ou comme une dilution de la radicalité du message ?

C.S. – Nous devons interpréter les tentatives d'appropriation comme les effets inévitables et naturels d'un féminisme qui tend à devenir hégémonique. Ces tentatives sont prévisibles, il fallait s'y attendre. C'est ce qui arrive quand une idée gagne du terrain. Les gens sont de plus en plus nombreux à vouloir porter le maillot de l'équipe en vogue. Nous devons nous interroger et nous demander quelle attitude politique adopter face à ces appropriations. Mais ces effets ne peuvent pas être perçus comme une mauvaise nouvelle, dès lors que la gauche entend poursuivre sur la voie de l'hégémonie. Si l'on y voit une mauvaise nouvelle, c'est que nous avons renoncé à livrer la bataille pour la conquête du sens commun. La question est désormais de déterminer comment nous allons continuer à mener cette bataille pour le sens commun alors qu'apparaissent ces tentatives d'appropriation. Il faut tout à la fois éviter que ces acteurs cooptent totalement le féminisme, et faire en sorte que le mouvement continue d'attirer davantage de gens.

En Espagne, on observe en ce sens deux mouvements antithétiques. D'un côté, *Ciudadanos* tente de se montrer sous un jour féministe, ce qui démontre que le mouvement féministe continue de croître, même si ceux qui disent nous rejoindre ne sont pas précisément ceux que nous attendions. D'un autre côté, Vox cherche à instaurer un duel, une bataille entre deux camps clairement définis : les féministes et les antiféministes. Nous ne souhaitons pas nous laisser enfermer dans ce duel où les deux blocs seraient figés, nous souhaitons élargir notre camp. C'est une période un peu délicate.

Nous devons donc aborder ces tentatives d'appropriation avec beaucoup d'intelligence politique, ce qui exige toujours d'évoluer dans une tension : élargir le mouvement et continuer d'inviter les gens à y participer, et dans le même temps être l'avant-garde qui lutte constamment pour définir ce que signifie être féministe.

Si *Ciudadanos* souhaite être féministe, alors bienvenue à eux, mais nous les invitons dans la foulée à débattre des demandes que le féminisme met aujourd'hui à l'agenda, et qui sont des demandes que les libéraux de *Ciudadanos* ne peuvent assumer. C'est une façon d'exacerber les contradictions présentes dans leur camp.

LVSL – Sur quelles demandes faudrait-il dès lors insister ?

C.S. – On peut par exemple mettre l'accent sur le renforcement des services publics, l'arrêt des privatisations, la défense des droits sociaux, l'égalisation des congés paternité et maternité, ou encore l'abrogation des réformes du marché du travail qui impactent en priorité les femmes, etc. Ce sont des thèmes qui mettent immédiatement en difficulté tous ceux qui, du jour au lendemain, ont commencé à se dire féministes.

LVSL – Il s'agirait d'endosser un féminisme résolument opposé au néolibéralisme ?

C.S. – Tout à fait. Plutôt que d'opposer un féminisme radical, anticapitaliste, à un féminisme néolibéral, nous avons tout à gagner à opposer le féminisme en lui-même au néolibéralisme. C'est selon moi la bonne stratégie. C'est la raison pour laquelle on gagne à les affronter sur le terrain du néolibéralisme, qui est au cœur de leur pensée et qu'ils défendront toujours avant tout, afin de faire exploser leurs contradictions internes. Si on les accepte dans le mouvement sous l'étiquette de « féministes néolibérales », on leur fait cadeau du label féministe et on place le débat à l'intérieur du féminisme entre anticapitalistes et néolibéraux. Nous devons chercher à nous placer sur le terrain qui nous est le plus favorable.

LVSL – Dans votre livre, vous insistez particulièrement sur l'importance des mythes dans l'enracinement de la culture patriarcale. En quoi faut-il les prendre au sérieux ?

C.S. – Le problème auquel nous faisons face est profondément enraciné dans notre culture et dans notre civilisation, il en est au cœur même. Le patriarcat est partie intégrante de la construction de la culture occidentale. On considère généralement que notre culture et les éléments qui édifient notre manière de voir le monde naissent en Grèce. Et quand on s'intéresse à la façon dont on se raconte la réalité, dont on établit les divisions fondamentales à partir desquelles on distingue la nature et la culture, on observe à quel point existait d'ores et déjà une manière de concevoir le monde qui assigne les femmes à une place donnée et les hommes à une autre. Ce qui implique que cette division entre les femmes et les hommes ne pourra disparaître qu'au prix d'immenses efforts.

Quand je m'intéresse aux mythes, c'est aussi pour adresser un message à ceux qui considèrent que les inégalités et l'exclusion des femmes a bien existé à un moment de notre histoire, mais que nos sociétés contemporaines auraient surmonté ces affronts. C'est une idée qui revient fréquemment : nos ancêtres traitaient affreusement mal les femmes, mais cette époque serait révolue. Il faut donc prendre conscience que le problème a des racines profondes, que les mythes, les contes, les légendes qui alimentent notre culture, y compris dans ses aspects les plus anciens, nous servent à identifier des fondements du patriarcat.

LVSL – C'est ce qui vous amène à tisser un lien entre la mythologie grecque et la problématique des mères célibataires…

C.S. – Dans le livre, de manière générale, j'ai essayé de mettre en relation un fait actuel avec des récits qui nous semblent plus lointains. Les faits qui sont évoqués peuvent être plus ou moins violents, de l'enfer que subissent les femmes de Ciudad Juarez au Mexique aux difficultés rencontrées par les mères célibataires.

Ces mères célibataires représentent un problème pour le système patriarcal, l'exclusion dont elles sont victimes n'est pas un épiphénomène de notre économie et de notre société. C'est un caillou dans la chaussure de la société patriarcale et de ses fondements millénaires. C'est la raison pour laquelle je me suis intéressée à la place de ces mères célibataires dans les mythes grecs, qui les soupçonnent d'être à l'origine du mal dans le monde. La mythologie grecque nous raconte qu'il existait un temps où les femmes pouvaient avoir des enfants par elles-mêmes, sans l'intermédiaire d'un homme. Mais cette maternité autonome est invariablement associée à la guerre, au désordre et au chaos. Jusqu'au moment où surgit un homme qui, en instaurant le modèle de la famille patriarcale, met de l'ordre dans la société. Les mythes grecs expliquent que pour que cessent la guerre et l'instabilité au profit de l'ordre et de la paix, les femmes doivent renoncer à leur autonomie dans la maternité. Cet exemple me semble éloquent.

LVSL – Dans la continuité des mythes, vous vous saisissez d'exemples issus de la culture populaire contemporaine pour mettre en relief leurs aspects patriarcaux. C'est notamment

le cas lorsque vous illustrez la notion d'« identité des indiscernables » de la philosophe Celia Amoros à travers les Schtroumpfs...

C.S. – En Espagne, la droite affirme que le féminisme est une forme de communautarisme, une manière de réifier et de collectiviser les femmes. À ce prétendu communautarisme, elle oppose un discours sur la liberté individuelle. Mais s'il y a bien un système qui a collectivisé les femmes, c'est le patriarcat ! La culture patriarcale transforme les femmes en un seul objet unifié. La philosophe féministe espagnole Celia Amóros parle à ce propos d'une identité des indiscernables : une femme vaut pour représenter n'importe quelle autre. Dès qu'une femme est mise en scène, elle incarne les attributs dont nous disposons toutes, à la différence des hommes, qui sont quant à eux dépeints dans toute leur diversité. Les hommes conçoivent dès lors très bien la possibilité d'être différents les uns des autres, mais les femmes apparaissent comme interchangeables et par conséquent inégales aux hommes.

De nombreux exemples l'illustrent dans le monde de la culture, les Schtroumpfs en sont un parmi les dessins animés, mais on peut en retrouver dans les contes, dans les films. Bien souvent, les personnages qui révèlent une pluralité de caractères sont les hommes : l'un est sympathique, l'autre est aventurier, etc. Ce sont les hommes qui démontrent qu'ils peuvent être autre chose que *seulement* des hommes. Les femmes, en revanche, sont cantonnées à leur rôle de femme. Par conséquent, il suffit qu'il y en ait une, pas besoin d'en mettre plusieurs en scène, car elles seraient fondamentalement identiques. De ce fait, dans l'imaginaire de beaucoup d'enfants, ce sont les hommes qui se répartissent les qualités et les caractères. Le cas des Schtroumpfs est assez édifiant : la fille s'appelle Schtroumpfette, alors que les garçons ont des noms qui reflètent leurs traits de personnalité. Mais elle, c'est la Schtroumpfette, car elle *est* la féminité, et rien d'autre. Il en va de même au cinéma, où l'on en vient parfois à parler de « la fille du film », comme si son rôle se limitait à sa présence en tant que femme.

LVSL – Cet enracinement de la culture patriarcale dans les contes se manifeste aussi dans le petit chaperon rouge. Comment ?

C.S. – Ces dernières années, avant même l'affaire de la Manada, des réflexions intéressantes se sont développées en Espagne sur les violences faites aux femmes, à l'image du travail de Nuria Barjola, qui analyse dans son livre *Microphysique sexiste du pouvoir* les conséquences d'un fait divers qui a bouleversé le pays : l'enlèvement, la séquestration, le viol et le meurtre de trois petites filles qui faisaient de l'autostop, dans la municipalité d'Alcasser, en 1992. Le traitement de cette affaire est un cas paradigmatique de l'endoctrinement que ma génération a subi, dans les années 1990, pour nous inciter à avoir peur. À la suite de cette affaire, qui a reçu un écho médiatique incommensurable, il est devenu impossible pour les jeunes filles de faire de l'autostop.

C'est un peu comme si l'affaire d'Alcasser avait occupé la même fonction que le conte du Petit chaperon rouge : rappeler aux femmes qu'elles ont des raisons de se méfier, qu'elles doivent avoir peur lorsqu'elles sortent dans la rue. Lorsque ce message passe par le conte, il se normalise, car on le relate aux petites filles comme si de rien n'était : on banalise l'idée que nous vivons dans une société qui fournit des raisons d'avoir peur, on leur apprend qu'il y a des loups en liberté dans la nature, qu'il ne faut pas parler aux inconnus, ni coucher avec des gens que l'on ne connaît pas sous peine d'être dupée, car ils ont nécessairement de mauvaises intentions.

On leur raconte que les petites filles exemplaires doivent rentrer directement à la maison ou chez leur grand-mère sans faire de détour, sans s'arrêter pour parler au loup.

« On ne se rend pas compte à quel point on construit davantage l'hégémonie depuis l'émotionnel que depuis le rationnel. »

Si l'on y pense un moment, c'est tout de même curieux qu'une société transmette ce message terrifiant aux petites filles sans même poser les questions féministes qu'il sous-tend : pourquoi y a-t-il des loups et comment traite-t-on ce problème ? Comment faire en sorte que ce ne soit pas aux filles de se protéger des loups, mais aux agresseurs de disparaître ? Le conte du petit chaperon rouge s'inscrit dans une culture patriarcale, car il ne soulève pas cette question, bien au contraire, il l'évacue avant même de l'avoir posée.

LVSL – Lorsqu'on évoque les expressions les plus matérielles et les plus manifestes du patriarcat (les inégalités de revenus, par exemple) les solutions à mettre en place sont largement documentées et débattues. Mais lorsqu'entrent en jeu des ressorts culturels plus diffus, solidement incorporés dans les mentalités, les remèdes semblent plus complexes à envisager. La culture peut-elle jouer un rôle central dans une démarche contre-hégémonique ? Peut-on mettre en valeur des références alternatives, pensons à Fifi Brindacier par exemple, en contrepoint du Petit chaperon rouge, pour contribuer à briser les carcans des assignations de genre ?

C.S. – Le terrain des mythes et de la culture est effectivement plus complexe, d'autant plus que lorsqu'on envisage des solutions, on a parfois tendance à vouloir interdire, et c'est un problème. Car si la seule solution qui nous vient à l'esprit consiste à empêcher les petites filles de lire *Le petit chaperon rouge*, c'est une politique féministe vouée à l'échec. Il en va de même lorsqu'on pense à interdire les chansons machistes, à ne plus lire les auteurs de l'histoire de la pensée qui ont défendu des positions misogynes, c'est le cas de bon nombre d'entre eux.

Je pense que la meilleure solution consiste à adopter une démarche positive : à produire. Les politiques culturelles destinées à faire émerger des contre-exemples, une contre-culture qui vient disputer les modèles traditionnels, me semblent donc particulièrement efficaces. Bien souvent, on ne se rend pas compte à quel point on construit davantage l'hégémonie depuis l'émotionnel que depuis le rationnel. Prenez le cas d'un enfant qui, à l'école, entend dire par sa professeure qu'il ne faut pas traiter les filles comme des êtres inférieurs, mais qui lorsqu'il rentre chez lui regarde des films où joue à des jeux vidéo qui lui présentent le modèle exactement inverse, c'est peine perdue. Investir le terrain culturel me semble donc absolument crucial pour construire un monde différent.

LVSL – L'un des thèmes centraux du livre est le féminisme du *care* (*feminismo de los cuidados*). Vous plaidez pour une reconfiguration profonde de notre manière de concevoir l'économie depuis un point de vue féministe. Pouvez-vous nous en dire plus ?

C.S. – Le terrain de l'économie est une illustration du projet radical et profondément transformateur du féminisme. L'économie, telle qu'elle est enseignée dans les écoles, est toujours axée sur le marché. Le travail y est par conséquent défini dans le cadre d'un marché du travail, et il équivaut en ce sens à l'emploi. Le féminisme critique met l'accent sur l'existence d'une autre forme de travail, qui ne se résume pas à l'emploi. Une forme de travail qui n'est pas rémunérée, qui ne fait pas l'objet d'un échange sur le marché du travail, mais qui, pourtant, s'avère indispensable au bon fonctionnement et à la stabilité de la société. Il s'agit du travail du *care* : l'entraide, le soin apporté à autrui.

« La politisation du care, qui ne doit pas reposer uniquement sur les femmes, mais devenir l'affaire de tous, me semble révolutionnaire : elle change notre manière de concevoir la société. »

Ce travail du *care*, Aristote considérait qu'il était au cœur de l'économie, car l'économie était alors associée au foyer, à la sphère domestique, à la satisfaction des nécessités matérielles immédiates qui permettait ensuite aux individus de faire de la politique ou d'échanger des biens sur le marché. Il est curieux de constater que les activités proprement économiques selon Aristote, concentrées dans le travail du *care*, aient été invisibilisées et dévalorisées au point de devenir l'anti-économie dans la théorie classique. Cela nous révèle l'immense cécité d'une société qui relègue dans le domaine de l'invisible une question pourtant centrale.

Je crois donc que l'objet de l'économie d'un point de vue féministe, diffère sensiblement de celui de l'économie classique : le marché. Il en découle une question éminemment politique : quelles sont nos priorités, sommes-nous capables de donner de la visibilité à ces activités du *care* qui demeurent extérieures à l'agenda politique ? Comment faire en sorte que les parlements et les gouvernements s'en saisissent ? La politisation du care, qui ne doit pas reposer uniquement sur les femmes, mais devenir l'affaire de tous, me semble révolutionnaire : elle change notre manière de concevoir la société. C'est pourquoi nous en avons beaucoup parlé en Espagne ces dernières années.

LVSL – Le dernier chapitre de votre livre s'intitule « Les hommes peuvent-ils être féministes ? ». Les hommes ont-ils intérêt à s'extraire du patriarcat et des avantages que leur procure leur position de domination ?

C.S. – La philosophe féministe espagnole Celia Amoros dépeint le patriarcat comme un système hiérarchique qui oppose les hommes entre eux. C'est un point de vue un peu différent de celui de Carole Pateman. Pateman adresse une critique aux théories classiques du contrat social et démontre que le contrat social est avant tout un contrat sexuel, passé entre les hommes, pour asseoir leur pouvoir sur les femmes et se les répartir entre eux – un pouvoir qui se cristallise dans des institutions telles que le mariage. Pour Celia Amoros, il ne s'agit pas tant d'un contrat, mais plutôt d'une compétition, un état de nature pourrait-on dire, qui oppose les hommes les uns aux autres pour déterminer qui accédera au pouvoir sur les femmes. De ce point de vue, les femmes constituent en quelque sorte un butin de guerre, à travers lequel les hommes exhibent et mettent en scène leur pouvoir auprès des autres hommes.

Dès lors, nous vivons dans une société patriarcale qui constitue aussi un terrain de compétition pour les hommes entre eux. Il existe des relations de domination patriarcale parmi les hommes, qui apprennent dès l'enfance qu'il y a des chefs, des dominants, et qu'il s'agit souvent de ceux qui ont le plus facilement accès aux femmes, ou de ceux qui sont les plus présomptueux quant à leurs relations avec les femmes. Il y a clairement une hiérarchie qui s'opère, et c'est pourquoi on devrait inviter les hommes à se demander s'ils n'ont pas tout à gagner à défendre le féminisme. Car je ne crois pas que beaucoup d'hommes soient véritablement heureux de vivre dans une société où ils peuvent constamment être dominés, humiliés par d'autres hommes, une société dans laquelle il faut faire preuve de vigilance à tout instant pour ne pas perdre ses galons de masculinité parce que les hommes sont très vite suspectés et accusés d'être des « pédales », de s'écarter de la masculinité. L'anthropologue féministe Rita Segato, qui est à mon avis une autrice-clé sur ce sujet, a bien analysé en quoi la masculinité n'est jamais acquise une fois pour toutes, elle doit être constamment reconquise et réaffirmée publiquement. Est-ce un monde désirable pour les hommes ? Je pense que beaucoup d'entre eux diraient que non, qu'ils ne veulent pas continuellement démontrer qu'ils ne sont pas « féminins », qu'ils ne veulent pas vivre sous la perpétuelle menace de perdre leur statut. C'est une réalité douloureuse pour beaucoup d'hommes. Nous, les femmes, sommes soumises à d'innombrables carcans, mais je crois que les hommes y sont eux aussi enfermés. Se libérer des carcans, c'est aussi une libération pour les hommes.

Judith Butler

« Les femmes n'ont pas besoin d'un autre sauveur. »

Les *gender studies* ont généré des débats croissants depuis leur apparition et les différentes vagues féministes ont accru leur importance. Judith Butler est l'une des principales théoriciennes de ce courant. Nous avons pu l'interroger sur ses principaux concepts, ainsi que sur le regard qu'elle porte sur l'avenir politique – à l'heure où la question de la reformulation de la masculinité est devenue capitale pour qui veut combattre le patriarcat.

Entretien réalisé par Lilith Verstrynge et Lenny Benbara. Traduit par Valentine Ello.

Date de publication : 27 septembre 2019

LVSL – Vous êtes née dans une famille juive traditionnelle dans l'Ohio. Votre oncle a été emprisonné parce qu'il était transsexuel et il est mort en prison. Vos cousins ont été expulsés de leurs foyers parce qu'ils étaient homosexuels et on vous a amenée chez un psychiatre à l'âge de 15 ans quand vous avez annoncé votre homosexualité. Comment déconstruisez-vous le genre dans votre histoire personnelle difficile ? Pour celles et ceux qui ne vous connaissent pas, comment vous décririez-vous ?

Judith Butler – Les autoportraits ne sont pas mon fort. Mon oncle était vraisemblablement intersexué, mais il a fini par devenir une sorte d'attraction à force d'être constamment analysé par les autorités médicales et psychiatriques. Je ne l'ai jamais connu, car il a été interné avant ma naissance et on m'a dit qu'il n'était plus conscient. C'était un mensonge, j'aurais pu le rencontrer, mais mes parents ne voulaient pas que les enfants entrent en contact avec lui. J'ai un cousin homosexuel qui sait ce qui s'est réellement passé. Ce cousin a été tout bonnement excommunié. [...] Mes parents et grands-parents étaient terrifiés que l'antisémitisme surgisse à tout moment, ils pensaient que s'assimiler aux normes américaines était le seul moyen de se protéger. Ils ont continué à respecter les fêtes religieuses et certains respectaient le shabbat, mais avec le temps, la judéité a été déconnectée de la plupart des rituels (pas tous) et est devenue un ethos communautaire.

LVSL – L'un des principaux concepts que vous développez dans *Trouble dans le genre* est l'idée de *performativité du genre*. Pourriez-vous revenir sur ce concept pour nos lecteurs et nos lectrices ?

J.B. – L'idée de la performativité du genre a évolué avec le temps. Quand je l'ai présentée pour la première fois, je m'intéressais à la façon dont les gens répétaient certains gestes, et comment ces gestes semblaient exprimer et amplifier la façon dont ils percevaient leur genre. Mais il était clair qu'ils ne créaient pas entièrement ces gestes qu'ils répétaient. Ils ne leur étaient pas entièrement propres, même s'ils étaient personnalisés. Ils exprimaient des gestes qui avaient été effectués auparavant, d'une manière qui établissait une sorte de solidarité tacite avec celles et ceux qui avaient effectué ces gestes. En même temps, ils modifiaient et transformaient ces gestes, improvisaient les actes, les mouvements, les gestes qu'ils reproduisaient.

LVSL – Concernant la performativité du genre, certaines interprétations de votre théorie sont clairement volontaristes. Peut-on choisir son propre genre ? Quel est le lien entre nos corps et notre genre ?

J.B. – Il y a des moments où nous choisissons notre genre, par exemple, quand nous allons au tribunal pour demander un changement de genre. À ce moment, nous faisons le choix légal et même politique de la reconnaissance du genre auquel il nous semble appartenir. Il y a donc un choix au niveau légal et politique – dois-je faire la demande ou non ? – mais les choses sont différentes quand il s'agit du ressenti profond de qui nous sommes en termes de genre. Beaucoup de gens, si ce n'est la plupart, qui cherchent à changer légalement de genre, ont le sentiment que leur genre est une partie inaltérable de leur identité, et qu'ils ne l'ont donc pas choisi. En ayant recours à la loi, ils choisissent de faire reconnaître cette partie non choisie d'eux et affirment que c'est ce qu'ils sont.

LVSL – Le féminisme ne constitue pas un mouvement unifié. Que pensez-vous des mécanismes néolibéraux de réappropriation (les grandes marques qui vendent des produits féministes, mais aussi le combat de Beyoncé ou Rihanna pour les droits des femmes) ? Comment analyser cette réalité idéologique ? Pensez-vous qu'elle contribue à diluer la puissance critique du féminisme ?

J.B. – Il y a beaucoup de féminismes différents, et nous devons être critiques et distinguer lesquels font réellement progresser les idéaux fondamentaux du mouvement. Les différentes formes de féminisme libéral qui se concentrent sur le développement individuel abandonnent souvent la nature collective et la puissance du mouvement. Mais pour les jeunes femmes et filles qui vivent à des endroits où le mouvement féministe est inconnu, cela peut-être assez fort de voir Beyoncé chanter et affirmer son corps de manière puissante. Je crois que certaines athlètes comme Serena Williams ou Megan Rapinoe le font aussi. On n'a pas besoin d'aimer tout ce qu'elles disent pour voir que la représentation publique de leur force fait une différence pour d'autres femmes à travers le monde.

LVSL – Les vagues féministes ont commencé à grandir dans de nombreux pays, comme en Espagne. Le sujet de la masculinité toxique est parfois dans l'agenda politique. Que diriez-vous à ces hommes qui doivent réorganiser leur propre construction de genre ?

J.B. – Je serais méfiante vis-à-vis de toute mesure ressemblant à une autocorrection stalinienne ou une autocritique maoïste. Mais je pense qu'il y a chez les hommes beaucoup de pactes non codifiés et implicites par rapport aux violences faites aux femmes. Ils voient des maris battre leurs femmes ou leurs copines et ils détournent le regard. C'est un moment où un homme donne la permission à un autre homme d'exercer de la violence envers une femme. *Détourner le regard* est un geste qui ne prend pas toujours la forme d'une tête qui tourne dans une autre direction. Il implique à la fois le déni et l'octroi de l'impunité. Mais certains hommes brisent ce lien de fraternité et l'interrompent, élèvent la voix, interviennent ou expliquent clairement que la violence envers les femmes est inacceptable. Dans et par cet acte, cette série d'actes, une version différente de la masculinité est formulée. Il s'agit de s'assurer que l'acte qui brise le lien fraternel est également un acte qui crée de la solidarité avec les femmes. Les femmes n'ont pas besoin d'un autre sauveur ! Elles ont besoin de solidarité sur une base d'égalité. Tant que l'oppression de genre ne sera pas vaincue, nous aurons besoin des féministes pour prendre les choses en main.

LVSL – En réaction à la vague féministe, on voit un nombre croissant de mouvements culturels, en particulier sur les réseaux sociaux, qui revendiquent la défense de l'identité des hommes et de la masculinité. Comment expliquez-vous cette recrudescence ? À quoi ressemblerait un féminisme hégémonique capable de neutraliser ce genre de réaction ?

J.B. – Il me semble que cette défense des hommes et du masculinisme agit comme si l'opposition à la violence masculine était une opposition aux hommes *tout court*. Ou que l'opposition aux inégalités de genre est une simple opposition aux hommes en tant que tels. Mais cet argument présuppose qu'il ne peut y avoir d'hommes sans violence masculine ni inégalités de genre, que mettre fin à la violence et aux inégalités reviendrait à abolir les hommes. Il est inconcevable pour eux que les hommes seraient toujours des hommes s'ils entraient dans une nouvelle forme de virilité ou de masculinité fondée sur l'égalité et la non-violence. C'est une défense réactionnaire d'hommes qui pensent que la violence fait partie intégrante de l'homme.

LVSL – Vous parlez des manifestations en tant que formes d'expression incarnées, des manières de porter des revendications politiques, même lorsque le discours est absent ou n'est pas la principale forme d'expression. Vous utilisez *la performativité du genre* comme point de départ pour parler des populations précaires et du rassemblement des corps en tant que protestation. Vous combinez vos deux théories de la performativité et de la précarité avec les travaux de Hannah Arendt, Giorgio Agamben et Emmanuel Levinas de façon à évaluer de manière critique et de s'adresser à la place Tahrir, Occupy, Black Lives Matter, et aux autres mouvements de contestation. Pouvez-vous nous en dire plus sur la manière dont ces deux théories sont connectées ?

J.B. – Beaucoup des manifestations majeures des dernières années ont attiré l'attention sur l'état précaire auquel sont confrontés les corps dans les rues. Ils en font l'expérience dans la rue, à la maison, aux frontières, sur le lieu de travail, dans l'espace public ou, effectivement, dans les camps de détention ou les prisons. L'une des nombreuses manières d'exprimer la rage et de dire l'injustice de cette précarité vécue est précisément par le rassemblement, c'est-à-dire en devenant pluriels et en exprimant leur opposition, l'expression étant parfois vocale, mais elle peut parfois passer par un large éventail de moyens, y compris le mouvement, les gestes, les images ou le son. Tous les sens du corps contribuent à la manière dont l'opposition est formulée et dont la revendication est faite. Levinas parlait de la demande que l'Autre me fait, contre ma volonté, et qui est une demande éthique. Lorsque des corps sont expulsés, qu'ils sont apatrides ou sans moyens de subsistance de base, ils formulent leurs revendications avec leurs corps et les moyens qu'ils sont et qu'ils ont – c'est parfois le fait de filmer de façon spontanée des violences policières avec un téléphone portable. Et pourtant, ceux qui sont en dehors de la scène sont concernés par ces revendications, ils doivent être sensibles à ce qui est exprimé, manifesté, communiqué, et cela les exhorte à traduire par un langage politique auquel ils sont habitués (principalement parlementaire) la réalité de ceux qui expriment des revendications politiques de différentes manières.

LVSL – Nous vous avons également entendu dire : « Il est plus facile de continuer à se battre si l'on sait que l'on n'est pas seul, que l'on dépend des autres ». Que pensez-vous de l'idée d'une fragmentation défendue par l'activisme actuel ? Est-ce un écho à la fragmentation de l'identité de la classe ouvrière, orchestrée par le capitalisme ? Pensez-vous que nous ne sommes plus à la recherche d'une histoire commune pour unir différentes personnes autour d'un unique objectif, mais que nous essayons d'exagérer nos particularités pour combler l'angoisse du présent dépourvu d'identité de classe ? Comment construire alors cette unité qui fait que nous dépendons les uns des autres ?

J.B. – Les anciennes idées d'unité ne sont plus, mais ce serait une erreur de penser que tout ce qui nous reste en conséquence est l'état fragmenté de différentes identités. L'idée de l'alliance est une façon de penser la solidarité qui permet à la différence d'être un facteur mobilisateur plutôt que paralysant. Cette forme de politique identitaire qui affirme qu'on ne peut se représenter que par sa spécificité ne laisse pas de place à la création d'alliances. Je comprends le besoin d'insister sur la singularité, en particulier dans un contexte de populations autochtones dont les histoires ont été effacées avec beaucoup de leurs ancêtres. Mais il faut néanmoins s'interroger sur les conditions historiques communes que nous traversons, le déplacement néolibéral des travailleurs, la destruction des droits humains, l'augmentation des niveaux de pauvreté et les formes néolibérales d'individualisme qui font que la solidarité semble encore plus lointaine. Nous devons créer des formes de solidarité transrégionales et translinguistiques qui insistent sur la justice économique, en luttant contre les effets dévastateurs du capitalisme sans reléguer au rang des luttes secondaires le féminisme, l'activisme *queer* et trans et les luttes pour l'égalité raciale et la liberté. Nous ne devons donc pas revenir à une unité simple, mais plutôt nous battre pour former un réseau toujours plus puissant de solidarités axées sur la lutte contre la destruction de la planète et pour un salaire vivable. Nous avons besoin de nombreux mouvements travaillant de concert pour éclairer chaque aspect de cette constellation. Cela ne veut pas dire que nous sommes du même avis ou que nous parlons la même langue, mais que nous acceptons le fait que nous vivons ensemble sur cette planète et que cela nous oblige à démanteler les forces de destruction et d'oppression pour créer une vie plus vivable pour tous. Une fois que la gauche sera plus affûtée face aux forces économiques dévastatrices qui œuvrent contre nous – la version sécuritaire du fascisme et la résurrection destructrice du patriarcat – nous n'aurons pas une nouvelle langue, mais un nouvel activisme de traduction qui rassemble les langages politiques de la vie.

Alexandria Ocasio-Cortez

L'élue socialiste qui dynamite
la scène politique américaine

Plus jeune femme jamais élue au Congrès des États-Unis, bête noire de la droite conservatrice, égérie de la gauche progressiste et véritable épine dans le pied de l'establishment démocrate, Alexandria Ocasio-Cortez déchaîne les passions et bouscule la scène politique américaine. Portrait de la nouvelle star de la gauche radicale.

Auteur : Politicoboy

Date de publication : 25 mars 2019

Le 6 janvier 2019, la chaîne *CBS* diffuse en avant-première un extrait « explosif » de son interview « 60 minutes avec Alexandria Ocasio-Cortez ». Pressée d'expliquer comment elle compte financer son « Green New Deal », la jeune élue du Bronx évoque la possibilité d'une nouvelle tranche d'impôt sur les revenus supérieurs à 10 millions de dollars, au taux marginal de 70 %. La droite crie au scandale, repeignant sa proposition en un taux d'imposition global, jugé confiscatoire. Sean Hannity, présentateur vedette de la chaîne *Fox News*, s'emporte, affirmant que les multimillionnaires « ne pourront plus aller au restaurant ». Face à ce torrent de critiques, les démocrates de centre droit adoptent leur classique technique de l'autruche en attendant que l'orage passe. Les principaux organes de presse se montrent plus généreux. Le *Washington Post* et le *New York Times* saluent une proposition « en phase avec la recherche économique ». Le plus conservateur *The Hill* exprime sa stupeur en publiant les résultats d'un sondage commandé après la diffusion de l'interview : 59 % des électeurs approuvent la proposition, dont 45 % de sympathisants républicains. Puis c'est *Fox News*, comble de l'ironie, qui s'étrangle devant le résultat de son propre sondage : 70 % des Américains seraient favorables à la proposition d'Ocasio-Cortez. En moins d'un mois, la question de la hausse d'impôt sur les ultras riches, que *CBS* imaginait susceptible de briser la carrière de la jeune élue, s'impose dans le débat public comme du bon sens, au point de provoquer un début de panique au forum économique de Davos.

Maîtrisant les codes de communication moderne, son audace surprend et agace l'establishment politique, mais fait mouche dans l'opinion. Au point d'imposer des idées longtemps jugées trop « radicales » au cœur du débat public, que ce soit en matière d'écologie, de fiscalité ou de politique industrielle. Pour comprendre comment cette jeune serveuse d'origine portoricaine fait désormais trembler Washington, il faut revenir sur son parcours personnel.

Une vocation politique qui prend ses sources dans l'activisme

Née dans le Bronx d'une famille modeste originaire de Porto Rico, Alexandria Ocasio-Cortez connaît la réalité quotidienne de la classe ouvrière américaine pour l'avoir durement éprouvée.

En plein cœur de la crise financière de 2008, son père décède d'un cancer du poumon. Tout juste diplômée de l'Université de Boston, elle doit se battre contre les banques qui espèrent saisir la maison familiale. Pour faire face aux difficultés économiques et rembourser ses lourds emprunts étudiants, elle travaille comme serveuse et barman.

« Les gens ne comprennent pas que les restaurants constituent un des environnements les plus politiques qui soit. Vous travaillez épaule contre épaule avec les immigrés. Vous êtes au cœur des inégalités salariales. Votre salaire horaire est en dessous du minimum légal, vous êtes payée par les pourboires. Vous faites face au harcèlement sexuel. Vous voyez comment notre nourriture est distribuée et préparée. Vous observez la fluctuation des prix. Pour moi, ce fut une expérience politique exaltante », explique-t-elle au magazine *Rolling Stones* (27 février 2019).

Ses études en sciences économiques la conduisent à effectuer un stage auprès du Sénateur Ted Kennedy, avant de commencer une carrière d'éducatrice et d'organisatrice pour deux ONG new-yorkaises. En 2016, elle rejoint la campagne présidentielle de Bernie Sanders, où elle travaille comme coordinatrice de terrain. À la suite de cette expérience, elle passe deux semaines à Standing Rock auprès des opposants à la construction de l'oléoduc « Dakota Access ». C'est là qu'elle aurait pris sa décision de briguer le poste de représentant au Congrès du 14e district de New York.

Jeune femme « milléniale » d'origine hispanique et modeste, Alexandria Ocasio-Cortez présente un cocktail détonnant auquel les nombreuses catégories sociales qui constituent le cœur de l'électorat démocrate peuvent facilement s'identifier, qu'il s'agisse des jeunes étudiants et diplômés endettés, des travailleurs précaires ou des minorités.

Son ascension fulgurante s'explique en partie par la richesse de son parcours : militante chevronnée issue de la classe ouvrière, sa maîtrise des codes de la classe dirigeante lui permet de tenir le choc sur les plateaux télé et de briller en commission parlementaire. Ajoutez son aisance à communiquer et sa proximité avec les milieux activistes, et vous obtenez la combinaison idéale pour incarner le renouveau du parti démocrate à l'ère de Donald Trump. Mais avant de secouer Washington, encore fallait-il s'imposer à New York.

Jim Crowley et l'obstacle des primaires démocrates

Le 14e district de New York recoupe l'est du Bronx et une partie du Queens. Dans cette circonscription acquise au Parti démocrate, le vainqueur de la primaire est quasiment assuré d'être élu au Congrès.

Face à Alexandria Ocasio-Cortez, Jim Crowley représentait le goliath de la politique new-yorkaise. Candidat en place depuis vingt ans, baron du parti pressenti pour succéder à Nancy Pelosi en tant que chef de la majorité parlementaire, il avait derrière lui la machine électorale démocrate, la presse et les riches donateurs. Avec 3,4 millions de dollars de budget, il disposait de dix-huit fois plus de moyens que sa jeune adversaire.

Dans une interview à la revue *Jacobin*, cette dernière explique son approche :

« Je ne savais pas exactement dans quoi je m'engageais, mais je savais quel type de campagne mon adversaire allait conduire : une campagne typique de l'establishment, financée par les dons issus d'entreprises privées. En général, ce genre d'opération ne se préoccupe pas du terrain. Moi, j'arrivais avec mon expérience d'organisatrice. Dès le début, je me suis focalisée sur les associations militantes pour construire une coalition et l'élargir à d'autres organisations. Ma campagne fut presque uniquement centrée sur le terrain et les réseaux sociaux [...] Nous avons frappé à 120 000 portes, envoyé 170 000 SMS et passé 120 000 appels téléphoniques ».

Il fallait d'abord s'assurer que ses futurs électeurs soient inscrits sur les listes démocrates, afin de pouvoir participer à la primaire. Dans ce but, AOC mène une large campagne de sensibilisation un an avant l'élection. « Honnêtement, ce fut la période la plus difficile, celle où on m'a claqué le plus de portes au nez. » Les gens ne voulaient pas entendre parler du parti démocrate. Elle a dû les convaincre : « Cette année, une candidate progressiste se présente, elle n'accepte aucun financement du secteur privé, mais pour qu'elle puisse gagner, il faut s'inscrire sur les listes. »

Sa campagne proprement dite débute avec le lancement d'un clip vidéo exemplaire, qui s'est imposé comme la nouvelle référence du genre, et qui résume parfaitement l'essence de sa candidature. Filmée dans son quotidien, elle explique en voix off : « Les femmes comme moi ne sont pas supposées se présenter aux élections. » Elle décrit son parcours personnel et note : « La politique ne faisait pas partie de mes projets, mais après vingt ans avec le même représentant, on doit se demander, pour qui New York a-t-il changé ? Chaque jour devient plus difficile pour les familles des classes laborieuses comme la mienne. » [...] « Cette élection, c'est l'argent contre les gens. Ils ont l'argent, nous avons les gens ». « Ceux qui ne respirent pas notre air, ne boivent pas notre eau, ne vivent pas dans nos quartiers, n'envoient pas leurs enfants dans nos écoles, ceux-là ne peuvent pas nous représenter. Ce dont le Bronx et le Queens ont besoin, c'est une assurance maladie universelle, une garantie de l'emploi, une réforme de la justice et la gratuité des universités publiques. »

Son programme rejoint celui de Bernie Sanders, avec une proposition plus radicale en matière d'immigration : la suppression pure et simple de l'agence de police des frontières « ICE », chargée de l'identification et de l'expulsion des sans-papiers, qui terrorise les habitants du Bronx issus de l'immigration.

Elle est soutenue par quatre organisations-clés : le mouvement de Bernie Sanders « Our révolution », le parti démocrate socialiste américain (DSA), qu'elle rejoint après avoir été séduite par sa forte présence sur le terrain, l'ONG *Black Lives Matter* et l'organisation *Justice Democrats*, qui recrute des candidats progressistes dans tout le pays pour défier les démocrates « corrompus par les intérêts privés ».

Avec 15 897 voix contre 11 761, Alexandria Ocasio-Cortez remporte la primaire par plus de 15 points d'écart. Le lendemain, la nation tout entière découvre son visage. Le *New York Times* décrit ce résultat comme « la plus sévère défaite subie par un démocrate sortant depuis plus de dix ans, qui va se répercuter sur l'ensemble du parti et à travers tout le pays ». Le *Guardian* partage cette analyse, qualifiant le résultat d'un « des plus gros coups de tonnerre de l'histoire politique américaine récente ».

Les talk-shows et chaînes d'informations s'arrachent AOC. *Fox News* enchaîne les segments où ses journalistes commentent le programme de la jeune démocrate avec un air atterré. Sean Hannity placarde sur écran géant ses principaux points : santé gratuite pour tous, garantie de l'emploi, université publique sans frais... offrant une plateforme inespérée aux idées de la gauche socialiste, dont les principales propositions reçoivent entre 55 % et 80 % d'opinions favorables.

Cette dynamique va se répéter, la classe politico-médiatique américaine pensant systématiquement attaquer Ocasio-Cortez en montrant à quel point ses idées sont « extrêmes », jusqu'à ce que les enquêtes d'opinion lui donnent raison.

Une star est née

La presse néolibérale essaie d'abord de minimiser cette victoire, qu'elle attribue à des raisons purement démographiques (son district étant majoritairement hispanique) pour masquer un raté journalistique embarrassant. Les médias alternatifs comme *The Intercept, Jacobin, The Young Turks* et le cinéaste Michael Moore avaient, eux, pressenti cette victoire.

Profitant de l'effet de surprise, Alexandria Ocasio-Cortez va très rapidement endosser un rôle national. D'abord en faisant campagne à travers le pays aux côtés de Bernie Sanders, pour soutenir des candidats progressistes en vue des élections de mi-mandat.

Ensuite, en s'imposant progressivement comme une star médiatique. Photogénique et spontanée, elle fait le bonheur des talk-shows télévisés. Son compte Twitter passe de quelques milliers d'abonnés à 3,5 millions, dépassant celui de Nancy Pelosi. Sur Instagram, 2,7 millions de personnes suivent ses « stories » où elle détaille sa routine de soin au visage, partage une recette de macaroni au fromage ou conduit des vidéos « live » depuis sa cuisine pour répondre aux questions de ses constituants, tout en préparant un plat de nouilles chinoises. Toutes les occasions sont bonnes pour faire de la politique. Ces vidéos virales lui valent un succès grandissant.

Sans surprise, elle remporte l'élection générale face au candidat républicain, avec 78 % des suffrages (et 110 318 voix).

Entrée fracassante au Congrès

Pendant la période de transition, Alexandria Ocasio-Cortez confirme son statut de nouvelle star. En dénonçant la présence de lobbyistes dans des réunions d'orientation, en se plaignant des loyers exorbitants de Washington ou en guidant ses abonnés Instagram dans les arcanes du Congrès, elle déchaîne les passions.

La droite conservatrice semble obsédée par son socialisme assumé et tente par tous les moyens de la décrédibiliser. Un journaliste poste une photo sur Twitter de sa tenue, commentant « vu la marque de cet ensemble, AOC n'est pas aussi pauvre qu'elle le prétend ». Problème : la photo est prise en traître et de dos, avec un angle digne d'un pervers. Puis c'est un commentateur influent qui fait émerger une vidéo datant de ses années étudiantes, où elle danse sur un morceau de Phoenix. Chaque attaque revient comme un boomerang au visage de ses auteurs, tandis que les répliques d'Ocasio-Cortez dépassent souvent la portée des tweets de Donald Trump lui-même.

« Les chaînes de télévision s'arrachent ses interviews et commentent ses moindres faits et gestes, y compris la très conservatrice *Fox News*, qui entretient avec AOC une relation obsessionnelle. »

Plutôt que d'embaucher une armée d'assistants parlementaires et stagiaires sous-payés, elle insiste pour rémunérer ses collaborateurs au salaire moyen de Washington DC, quitte à réduire la taille de son équipe. Les conservateurs hurlent au scandale, estimant que son cabinet n'aura pas suffisamment de personnel pour fonctionner correctement. Ses interventions en commission parlementaire et ses questions lors de l'audition sous serment de l'ancien avocat de Donald

Trump, salués par la presse pour leur redoutable efficacité, leur ont donné tort. Comble de l'ironie, grâce à AOC, la chaîne parlementaire CSPAN renoue avec l'audience.

Ce statut d'étoile montante lui permet de faire une entrée fracassante au Congrès. Le premier jour, elle rejoint des militants écologistes du mouvement *Sunrise* en « occupant » le bureau de Nancy Pelosi, la présidente de la chambre des représentants (et troisième personnage de l'État après le Président et le vice-président). Faisant preuve de tact, elle canalise l'énergie des militants tout en offrant à sa cheffe une porte de sortie, au sens propre comme au figuré.

La montée du socialisme aux États-Unis

Alexandria Ocasio-Cortez se revendique démocrate socialiste. Comme Bernie Sanders, elle défend une politique de classe qui s'oppose au *statu quo*. Son agenda législatif s'articule désormais autour de sa proposition phare : un « Green New Deal » particulièrement ambitieux, qui doit permettre de répondre à l'urgence climatique par une politique d'investissement public massif, tout en plaçant les politiques sociales et la création d'emploi au cœur de l'effort, incorporant ainsi l'essentiel des priorités de la gauche sous un seul projet.

Une vision de « bon sens », qu'elle articule avec brio. Pour elle, les radicaux sont ceux qui ne veulent pas répondre à la double urgence écologique et sociale, ou le font avec des propositions modérées qui ne suffiront pas à prévenir la catastrophe, ceux qu'elle appelle les « climate delayers ». *« Si considérer que personne aux États-Unis ne doit être trop pauvre pour vivre dignement est une idée radicale, alors appelez-moi radicale »*, répond-elle à ceux qui voudraient la peindre comme une extrémiste.

Pour autant, son habileté rhétorique et son pragmatisme médiatique ne doivent pas nous faire oublier ce à quoi elle semble aspirer, en tant que membre du DSA. Son projet est véritablement radical, dans le sens où il se propose de remplacer le capitalisme par un système socialiste, à travers trois axes principaux.

Premièrement, redonner le pouvoir aux classes qui produisent la richesse. Cela passe par un soutien indéfectible aux activistes et organisations militantes, l'amélioration des conditions de vie des classes populaires et une défense du syndicalisme. Derrière cette stratégie, on retrouve la conviction que le changement vient rarement des élus, mais toujours des mobilisations sociales.

Ensuite, retirer de la sphère du marché tout ce qui touche aux droits universels : la santé, l'éducation, l'énergie, le logement et même le travail lui-même. C'est en cela que sa proposition de garantie à l'emploi vient court-circuiter la logique capitaliste. Bien que le DSA reconnaisse au marché son utilité et ne remette pas en question la propriété privée, il propose de libérer un maximum de secteurs économiques de son emprise directe.

Enfin, promouvoir la démocratie comme principal remède face à l'influence des intérêts privés, en particulier au sein de l'entreprise, entité vouée à évoluer vers un modèle de gouvernance de type coopérative.

En ce sens, l'assurance maladie universelle et publique (*Medicare for all*) et le « Green New Deal » sont des propositions hautement subversives. La première ouvrirait la voie à la socialisation d'un sixième de l'économie américaine, la seconde transformerait le rapport capital-travail en profondeur. En ce qui concerne le financement de ces deux mesures, AOC s'appuie sur la *Modern Monetary Theory* pour justifier le recours au déficit public. Interrogée sur ces questions, elle commence toujours par renvoyer la balle dans le camp adverse : « *Lorsqu'il s'agit de baisser les impôts sur les riches ou d'augmenter le budget militaire, on ne demande pas comment c'est financé. Pourquoi cette question vient seulement lorsqu'il s'agit de mettre en place des programmes utiles pour la classe moyenne ?* ».

Le pouvoir du capital politique

En politique, certains se focalisent sur les fonctions à occuper et conquérir, d'autres sur les textes et réformes à faire passer. Alexandria Ocasio-Cortez a compris que son pouvoir résidait ailleurs.

Les démocrates sont majoritaires à la chambre des représentants, mais l'aile gauche socialiste reste un courant minoritaire au sein du parti. De plus, les conservateurs détiennent les trois autres branches du gouvernement (la Maison-Blanche, la Cour suprême et le Sénat). Autant de verrous capables de mettre un veto à toute réforme socialiste. Enfin, AOC n'est qu'une élue parmi 435 représentants, et dans une institution qui fonctionne à l'ancienneté, son pouvoir législatif reste proche du néant.

Pourtant, en utilisant son capital politique avec agilité et en captant l'attention médiatique, elle a réalisé des miracles en quelques mois. Sa résolution pour un « Green New Deal » a redéfini l'ordre des priorités du parti démocrate et s'est imposée comme enjeu majeur dans le débat public. Les candidats démocrates à l'élection présidentielle se positionnent en fonction de ses propos, et ont tous approuvé dans les grandes lignes ce plan ambitieux.

Son argument en faveur d'une hausse de l'imposition des ultras riches a généré de nombreuses propositions à gauche et une forme de terreur mal contenue à droite. Enfin, AOC n'est pas étrangère à la capitulation d'Amazon face aux élus et militants du Queens qui s'opposaient à l'implantation du géant du numérique dans ce quartier new-yorkais.

Pour autant, l'establishment démocrate résiste à ses propositions jugées trop radicales, parfois par manque d'ambition politique et inertie, souvent parce qu'elles s'opposent directement aux intérêts des entreprises, lobbies et ultra riches qui financent le parti. Mais la pression est réelle et le risque d'apparaître déconnecté des réalités (et de leur base électorale) est non négligeable pour les cadres démocrates.

Si certains espèrent pouvoir neutraliser la jeune socialiste en lui opposant un néolibéral lors des prochaines élections, ou simplement en redessinant les contours de sa circonscription, d'autres ont peur de se retrouver sur une liste d'élus qui feront l'objet d'une primaire visant à les remplacer par un progressiste soutenu par AOC. L'aile droite démocrate a ainsi été nommément désignée par Alexandria Ocasio-Cortez pour sa complaisance lors du vote pour la réforme du contrôle des armes à feu. Une première rafale dans la lutte qui s'amorce au sein du parti.

La revue *Jacobin* exprimait ses craintes qu'AOC déçoive, soit isolée au Congrès et absorbée par l'institution. Pour l'instant, c'est plutôt l'inverse qui se produit. Les parlementaires démocrates sont allés jusqu'à lui demander des cours particuliers d'usage des réseaux sociaux, qu'elle s'est empressée de dispenser avec un certain amusement. Mais c'est surtout sa capacité à établir un rapport de force qui explique son ascension fulgurante au sein du parti démocrate. […]

L'influence d'Alexandria Ocasio Cortez dépasse son propre camp. Donald Trump a fustigé le retour du socialisme dans son discours sur l'État de l'Union, et lors de la convention annuelle du Parti républicain, son nom figurait sur toutes les lèvres et dans toutes les interventions. Épouvantail pour la droite et égérie pour la gauche, AOC semble appelée à jouer un rôle important dans la politique américaine.

Le parcours d'Alexandria Ocasio-Cortez lui permet d'incarner à merveille cette articulation. Au propre comme au figuré, elle représente le nouveau visage de la gauche démocrate américaine.

Les gilets jaunes et le RIC

Le spectre de Rousseau

En quelques semaines, la jacquerie que constituait le mouvement des Gilets jaunes a fait place à un vaste mouvement citoyen réclamant une démocratisation radicale des institutions, notamment par la mise en place d'un RIC (Référendum d'initiative citoyenne). Cette revendication a pris plus d'un observateur à revers, même parmi les soutiens des Gilets jaunes. C'est que le RIC remet en cause les fondements sur lesquels la République française s'est construite depuis la fin de la Révolution. Il est la manifestation d'une aspiration à la démocratie réelle, frustrée depuis deux siècles, mais qui n'a jamais cessé de hanter la modernité politique.

Auteur : Vincent Ortiz

Date de publication : 18 janvier 2019

On ne peut se contenter d'écarter les objections portées contre le RIC d'un revers de la main, tant il est vrai que le clivage entre partisans et opposants au RIC ne recoupe pas le clivage entre partisans et opposants au pouvoir actuel. Il remet en cause aussi bien le dogme économique dominant que les libertés chèrement acquises. Il ouvre la voie à la suppression, en un seul vote, de droits obtenus à la suite de décennies de luttes.

Le spectre de Rousseau

La protestation qui s'exprime à travers le mouvement des Gilets jaunes ne concerne pas simplement les bases constitutionnelles de la Ve République. Elle touche aux fondements sur lesquels s'est construite la République depuis la fin de la Révolution : la distinction entre représentants et représentés. On aurait tôt fait d'oublier que cette distinction a été au cœur de tous les débats sous la Révolution Française. Au centre des controverses : le *Contrat Social* de Rousseau.

Rousseau est associé, dans les programmes scolaires, aux « philosophes des Lumières », qui font figure de pères fondateurs de la modernité ; dans l'imaginaire collectif, son nom est inséparable de celui de Voltaire, en face de qui ses cendres reposent au Panthéon, et à qui Victor Hugo l'apparie sans cesse.

On en oublierait presque l'odeur de soufre qui accompagnait Rousseau et la haine féroce qu'il suscitait de son vivant, parfois au sein même du courant des Lumières. C'est que Rousseau figure résolument à part dans le courant des Lumières françaises. Voltaire ou Montesquieu s'attaquaient à l'absolutisme et appelaient de leurs vœux un « despotisme éclairé », dont le pouvoir serait contrebalancé par une série de contre-pouvoirs. Les critiques contemporains de la « monarchie républicaine » française, qui souhaitent un régime parlementaire plutôt que présidentiel, sont les héritiers des réflexions de Montesquieu. Celles-ci ne sont cependant d'aucune utilité pour éclairer la lame de fond que représente le mouvement des Gilets jaunes...

« Rousseau voit dans l'accaparement du pouvoir politique par une minorité l'une des causes de la toute-puissance des riches. "Le riche tient la loi dans sa bourse", écrit-il dans le *Contrat Social.* »

Aux yeux de Rousseau, les savantes distinctions effectuées par Montesquieu entre monarchie absolue et despotisme éclairé, « pouvoir exécutif » et « pouvoir législatif », sont superficielles. C'est entre « riches » et « pauvres » que se situe l'antagonisme fondamental. Son œuvre peut se lire comme une recherche des causes de la domination des premiers sur les seconds. Cette obsession a hanté Rousseau et inspiré à Voltaire ce mot fameux sur ses écrits : « *C'est là la philosophie d'un gueux, qui voudrait que les riches fussent volés par les pauvres !* » Un stigmate que Rousseau aimait à retourner, moquant la fausse humanité de « *ces gens du monde, si doux, si modérés, qui trouvent toujours que tout va bien, parce qu'ils ont intérêt à ce que rien n'aille mieux ; qui sont toujours contents de tout le monde, parce qu'ils ne se soucient de personne ; qui, autour d'une bonne table, soutiennent qu'il n'est pas vrai que le peuple ait faim.* »

Rousseau voit dans l'accaparement du pouvoir politique par une minorité l'une des causes de la toute-puissance des riches. « *Le riche tient la loi dans sa bourse* », écrit-il dans le *Contrat Social* ; en conséquence, « *les lois sont utiles à ceux qui possèdent et nuisibles à ceux qui n'ont rien* ». Or, Rousseau constate que « *le riche tient la loi dans sa bourse* » dans les régimes parlementaires, dans les monarchies constitutionnelles, aussi bien que dans les monarchies absolues ; raison pour laquelle il en vient à relativiser les bienfaits du parlementarisme et du libéralisme politique. Alors que Montesquieu ne tarit pas d'éloges sur les mérites de la monarchie anglaise, Rousseau écrit dans le *Contrat Social* : *« Le peuple anglais pense être libre. Il se trompe fort. Il ne l'est que durant l'élection du Parlement. Sitôt qu'il est élu, il est esclave, il n'est plus rien. »*

Cette réflexion amène Rousseau à penser une forme de démocratie que l'on qualifierait aujourd'hui de directe. La mise en place d'un tel système est-elle seulement concevable dans le monde contemporain ? Cette problématique a refait surface avec la revendication du RIC, qui semble s'inscrire à rebours de l'écosystème du XXIe siècle, marqué par la dépolitisation et le rétrécissement de l'espace public.

Rousseau ne croyait pas à la possibilité d'instaurer une société démocratique, tant le modèle de citoyen qu'il envisage est aux antipodes de l'*homo oeconomicus contemporain*. Le citoyen du *Contrat social* forme bien autre chose que la « société civile » inorganique et marchande promue avec enthousiasme par une grande partie des Lumières ; il forme un « peuple », c'est-à-dire une communauté d'affections, de destin, de volonté. Rousseau estime que la formation d'un « peuple » de cette nature est impensable à l'ère du triomphe de l'individualisme, qui *« désagrège l'humanité en monades, dont chacune possède un principe de vie particulier et une fin particulière »*, écrira Engels quelques décennies plus tard.

« C'est ainsi que, comme un spectre, Rousseau a plané sur la Révolution française et sur la modernité politique. Les Gilets jaunes sont un nouvel avatar de ce spectre. »

D'autre part, Rousseau constate que les pauvres ont intériorisé l'idée de leur infériorité. Ce n'est pas par la force que les riches parviennent à asseoir leur domination. « *Le plus fort n'est jamais assez fort pour être toujours le maître s'il ne transforme sa force en droit, et l'obéissance en devoir* », écrit-il dans le *Contrat Social*. Comment les puissants parviennent-ils à transformer « *la force en droit* » et « *l'obéissance en devoir* » ? Par la persistance de ce que Rousseau nomme, de manière assez vague, le « préjugé » : « *De l'extrême inégalité [...] sortit une foule de préjugés, également contraires à la raison et au bonheur* », précise-t-il dans le *Discours sur l'origine de l'inégalité*. Situation paradoxale : les pauvres possèdent la puissance suffisante pour mettre fin à ces inégalités qui ne sont fondées sur rien ; mais, convaincus de leur infériorité, ils acceptent les « fers » qui pèsent sur eux.

Ces deux obstacles à l'apparition d'une démocratie sont liés. Tant que les individus se sentiront impuissants, ils ne chercheront pas à se constituer en peuple souverain ; et tant qu'ils ne se constitueront pas en peuple souverain, ils ne sentiront pas leur puissance. Sceptique quant à la possibilité de rompre ces « fers », Rousseau avait pourtant l'intuition que ses idées demeureraient une source de menace constante pour les puissants. « *Vivant ou mort, il les inquiétera toujours »,* écrit-il dans *Rousseau juge de Jean-Jacques* à propos de lui-même – avec la modestie qui le caractérise. C'est ainsi que, comme un spectre, Rousseau a plané sur la Révolution française et sur la modernité politique. Les Gilets jaunes sont un nouvel avatar de ce spectre. [...]

Le gouffre sans fond de la souveraineté populaire et du pouvoir constituant

La révolution de 1789 apparaît comme une première entaille portée au cercle vicieux pointé par Rousseau. L'invasion répétée de l'Assemblée nationale par des sans-culottes, l'insurrection victorieuse des esclaves de Saint-Domingue, ou encore l'exécution du roi Louis XVI, ont donné le spectacle d'une souveraineté populaire illimitée qui renverse les hiérarchies les plus évidentes et questionne les liens les mieux établis. Elle a laissé aux groupes dominants le souvenir d'une épouvantable Saturnale – il suffit de lire la réaction du Pape à l'exécution de Louis XVI pour s'en convaincre : « Comment se fait-il que les Chrétiens soient jugés par des hérétiques, les hommes sains par des malades, les juges par des coupables ? »

Où allait donc cette Révolution qui, « comme Saturne », semblait « dévorer ses propres enfants », selon le mot de Vergniaud, en une surenchère nihiliste, dont le seul étalon de valeur était la souveraineté du peuple ? Victor Hugo rend compte dans *Quatre-vingt-treize* de cette sensation de vertige : « Mirabeau sent remuer à une profondeur inconnue Robespierre, Robespierre sent remuer Marat, Marat sent remuer Hébert, Hébert sent remuer Babeuf. Tant que les couches souterraines sont tranquilles, l'homme politique peut marcher ; mais sous le plus révolutionnaire il y a un sous-sol, et les plus hardis s'arrêtent inquiets quand ils sentent sous leurs pieds le mouvement qu'ils ont créé sur leur tête. »

Que faire si le peuple décide de s'attaquer aux Droits de l'Homme ? Débat éminemment contemporain, que les massacres de la Terreur ont rapidement fait émerger. Le *Contrat Social* de Rousseau ne souffre d'aucune ambiguïté sur cette question : « Il est contre la nature du corps politique que le souverain s'impose une loi qu'il ne peut enfreindre ». Là où Montesquieu pense l'équilibre des pouvoirs, Rousseau théorise l'indivisibilité de la volonté du peuple. Est-ce d'ailleurs un hasard si Rousseau reprend aux théoriciens de l'absolutisme monarchique le concept de « souveraineté » – qui ne signifie rien de moins qu'un pouvoir sans limites – pour en faire du peuple le détenteur légitime, en lieu et place du monarque ?

C'est ainsi que sous la Révolution française se développe un courant de pensée libéral destiné à défendre les droits individuels contre les abus de la souveraineté du peuple. La rédaction d'une Constitution apparaît comme le moyen de la borner. Siéyès propose de figer le « pouvoir constituant » du peuple en un « pouvoir constitué ». « Toute constitution politique », écrit-il, « ne peut avoir pour objet que de manifester, d'étendre et d'assurer, les droits de l'homme et du citoyen » ; raison qui justifie sa limitation de la souveraineté populaire.

Le XXe siècle donne du grain à moudre à ces tentatives de cristallisation juridique du pouvoir constituant. C'est certainement le juriste Kelsen qui leur a donné leur forme la plus aboutie. Il théorise une architecture juridique complexe destinée à protéger une série de normes en les inscrivant dans une Constitution. Elle se matérialise sous la forme d'une « pyramide des normes », qui soumet l'ensemble des lois au respect de la régularité constitutionnelle. Elle soustrait ainsi un certain nombre de normes à l'arbitraire du souverain. Plus récemment, la constitutionnalisation de droits élémentaires a été envisagée comme un moyen de limiter la toute-puissance populaire en cas d'institution du RIC.

Il n'a pas été difficile à Schmitt, le grand critique de Kelsen, de contester ce qu'il considère comme un « impérialisme du droit » dans la science politique. Il lui reproche d'hypostasier le droit, de l'étudier en voilant les dynamiques politiques desquelles il est issu : « On a affaire à la vieille négation libérale de l'État face au droit, et à l'ignorance du problème autonome de l'effectuation du droit », souligne le juriste dans sa *Théologie politique*. La théorie kelsenienne n'est valable qu'aussi longtemps que sommeille le pouvoir constituant, la véritable « source sans fond de toutes les formes ». « Le pouvoir constituant continue à exister à côté de la Constitution et au-dessus d'elle », conclut-il.

Le vertige de la réinvention démocratique

Il semble surprenant, à la lueur de cette mise en perspective, que le RIC soit systématiquement envisagé sous l'angle de la menace pour les libertés acquises, plutôt que comme une arme pour celles qui restent à conquérir. Il semble paradoxal de voir certaines personnalités « progressistes » s'en prendre au RIC, sous prétexte qu'il ouvrirait la voie à la déconstruction des normes établies, alors que les mouvements identifiés comme « progressistes » se sont précisément bâtis sur l'idée que la déconstruction des normes avait un potentiel libérateur. Le RIC est porteur de l'ambivalence qui était celle de la « révolution démocratique » théorisée par Tocqueville, ce processus où l'ordre institué est radicalement mis en question et apparaît dans toute sa contingence (et où les inégalités, écrit-il, cessent d'apparaître comme « un effet de l'ordre idéal de la nature »). Le RIC, comme l'exercice de la souveraineté sous la Révolution française, porte en lui la potentielle déconstruction des droits les plus incontestés… mais aussi le questionnement des formes de violence et de domination les plus dissimulées – et donc la promesse de la conquête de nouveaux droits. La situation des femmes en France, pour reprendre un thème fréquemment évoqué à propos du RIC, est-elle satisfaisante au point que la menace de la perte de droits soit plus forte que la promesse de la conquête de nouveaux droits ? La question mérite d'être posée.

On peut très bien juger que le *statu quo* mérite d'être défendu, car il serait préférable à une série d'attaques contre les libertés individuelles qui pourraient être portées si le RIC était mis en place. Mais dans cette configuration, qu'est-ce qui garantit en dernière instance la pérennité des libertés individuelles ? Si l'on craint que les droits acquis soient menacés par l'existence potentielle du RIC, on doit craindre à plus forte raison qu'ils soient menacés par l'existence, bien réelle, d'une Assemblée nationale souveraine. Dans le système actuel de démocratie représentative, où la temporalité politique est exclusivement fixée par les pouvoirs institués, qu'est-ce qui garantira la défense des libertés individuelles ou des droits des femmes le jour où un parti ultra-conservateur prendrait le pouvoir ?

Il semble que le danger pointé du doigt par les opposants au RIC – la mise en cause de droits fondamentaux par le pouvoir souverain – soit déjà présent dans le système actuel. Ce danger n'a pas trait au RIC, mais tout simplement à la souveraineté, c'est-à-dire le pouvoir infini de déconstruire et d'édicter des normes et des lois. Le problème semble donc mal posé. Le débat n'oppose pas défenseurs des droits et défenseurs de la souveraineté populaire. Il oppose plutôt une posture que l'on pourrait qualifier *d'essentialiste* et une autre, que l'on pourrait qualifier de *constructiviste.*

La posture essentialiste est celle qui consiste à se référer à un certain nombre de droits acquis, et à vouloir les garantir par une série d'institutions ou de normes juridiques – une démarche dont Kelsen a fourni la formalisation la plus aboutie. La posture constructiviste implique d'admettre le caractère contingent, aléatoire et réversible des normes dominantes et des droits acquis – et de considérer cette contingence non comme une menace, mais comme une arme pour la conquête de nouveaux droits. Cette démarche implique donc de penser l'institutionnalisation des cadres propices à l'émergence d'une intelligence populaire, plutôt que de chercher à sanctuariser les droits acquis en une forteresse juridique – qui peut de toute manière s'effondrer.

Ces deux attitudes ne sont pas nécessairement antinomiques, mais il semblerait que l'on ait tendance à surestimer les bienfaits de la première et à sous-estimer la pertinence de la seconde. Il est tout à fait possible de souhaiter – au nom de la défense des Droits de l'Homme – la restriction de la souveraineté populaire par la souveraineté parlementaire, le rétrécissement de la souveraineté parlementaire par le cadre constitutionnel, l'encadrement du cadre constitutionnel lui-même par une série de traités internationaux contraignants. Cette logique de poupées russes prend fin lorsque le pouvoir souverain décide de récuser le cadre constitutionnel ou les engagements internationaux – la vague conservatrice qui frappe l'Europe de l'Est montre qu'aucun droit n'est acquis de manière irréversible, et que le pouvoir normatif des traités internationaux pèse bien peu, par rapport au pouvoir bien réel du souverain. Une défense conséquente des droits individuels ne peut donc se limiter à une démarche de limitation du pouvoir souverain ; elle doit également en penser les modalités d'exercice.

L'acceptation du caractère contingent de toutes les normes procure au premier abord une sensation de vertige. Rousseau écrit, dans ses *Fragments politiques* : « Chaque acte de souveraineté, ainsi que chaque instant de la durée du corps politique est absolu, indépendant de ce qui précède, et jamais le souverain n'agit parce qu'il a voulu, mais parce qu'il veut. » La souveraineté populaire de Rousseau apparaît douée de la même indétermination que la liberté de Sartre : sans attaches avec le passé, elle se conçoit comme réinvention perpétuelle et démiurgique.

« Aux yeux de Rousseau, la logique en vertu de laquelle un peuple prend conscience de lui-même est la même qui pousse le citoyen à protéger son semblable comme s'il s'agissait de lui-même. »

Il importe de relativiser cette sensation de vertige ; car si le pouvoir souverain est – par la nature des choses – illimité, il n'en devient pas nécessairement arbitraire. Le pari de Rousseau consistait dans la mise en place d'un nouvel ordre – politique et moral – comme corollaire de l'institution de la souveraineté populaire. Le « peuple » de Rousseau n'est pas un amas d'individus isolés. C'est, pour reprendre l'expression de Saint-Just, une « communauté d'affections », dans laquelle tous les individus sont liés entre eux par un sentiment d'appartenance commune et un devoir de solidarité mutuel. Sans une telle « communauté d'affections » – produite par une éducation commune, une série d'institutions qui favorisent le développement de ce sentiment de responsabilité mutuelle –, le « peuple », tel que l'entend Rousseau, ne peut exister, et la souveraineté populaire ne peut qu'être une chimère. Aux yeux de Rousseau, la logique en vertu de laquelle un peuple prend conscience de lui-même comme peuple est la même qui pousse le citoyen à protéger son semblable comme s'il s'agissait de lui-même.

Rousseauïstes, les rédacteurs de la Constitution de juin 1793 estimaient que si les cadres propices à l'émergence d'une intelligence populaire étaient instaurés (éducation, institutionnalisation d'assemblées populaires, construction d'un véritable espace public de libre débat, mécanismes de participation démocratique, etc.), les citoyens ne pourraient que tendre vers un ordre des choses où les droits de chacun seraient protégés par tous les autres. Cet idéal de solidarité organique a été synthétisé dans l'article 34 de cette Constitution : « Il y a oppression contre le corps social lorsqu'un seul de ses membres est opprimé. Il y a oppression contre chaque membre lorsque le corps social est opprimé. »

Optimisme démesuré ? Assurément. Il n'empêche : penser les conditions d'apparition d'un devoir d'assistance mutuelle dans le cadre de la souveraineté populaire semble être un moyen plus pertinent de conserver les droits acquis, que de les sanctuariser dans une Constitution et une série de traités internationaux – dont on espère religieusement que jamais le souverain ne décidera de les récuser.

Les gilets jaunes sont-ils de dangereux iconoclastes ?

Les gilets jaunes seraient donc des agents de cette populace qui casse tout parce qu'elle ne respecte rien. La foule indifférente au sacré qui salit tout. En bref, un rassemblement de racailles et de canailles qui brise les vitrines en même temps qu'elle porte atteinte à la dimension sacrée de la République. Contre la sacralité factice d'un pouvoir dévoyé, les gilets jaunes ne seraient-ils pas, à l'inverse, porteurs d'une demande de resacralisation du politique ?

Auteur : Antoine Cargoet
Date de publication : 11 avril 2019

Les photos de Christophe Castaner en boîte de nuit le samedi 9 mars dernier ont fait le tour des réseaux sociaux. Quoi que l'on pense du droit d'un ministre de l'Intérieur à s'amuser après une journée occupée à maintenir l'ordre lors de l'Acte XVII, la polémique suscitée par la diffusion de ces images autorise que l'on s'interroge sur ce qu'elles disent du mouvement des gilets jaunes.

Peut-être les dirigeants actuels sont-ils plus durement attaqués que leurs prédécesseurs parce qu'ils ne sont pas jugés comme étant à la hauteur de leurs fonctions. Peut-être peut-on voir derrière l'anti-parlementarisme anarchisant supposé de la foule des gilets jaunes, quelque chose de plus profond qui relèverait de la demande de *resacralisation* du politique.

Une demande de sacralité

Il faut dire que le règne d'Emmanuel Macron commençait bien. En fait d'une élection, s'est déroulé un véritable sacre. Aux images du Président élu marchant d'un pas lent et contrôlé sur l'*Hymne à la joie* au-devant de la pyramide du Louvre – aussitôt perturbées par un hurluberlu à casquette, monté on ne sait comment sur la scène – a succédé la séquence de la remontée des Champs-Élysées sur un véhicule militaire – gâchée quelques semaines plus tard par la démission du général de Villiers. Peu importe. Emmanuel Macron semblait prendre la fonction au sérieux. Après les présidences Sarkozy et Hollande, celle-ci devait s'annoncer « jupitérienne » selon le mot qui a ravi les commentateurs de tous bords. Pendant la campagne, le candidat Macron avait partagé sa vision de la fonction dans les colonnes du magazine *Le 1*. Reprenant une ritournelle célèbre tout droit sortie d'une copie de Sciences Po et mâtinée de Kantorowicz, il affirmait que les Français n'avaient pas voulu la mort du Roi et que les moments napoléonien et gaulliste ne répondaient pas à autre chose qu'à une volonté de combler ce vide laissé par la figure du Roi, celle du père… Philosophe, le nouveau Président serait aussi monarque assumé.

L'affaire Benalla, pourtant, a transformé le règne en farce. Affaire d'État ou simple barbouzerie, elle a eu l'effet d'un révélateur de l'inconsistance de la fable racontée jusque-là. Les rites et les symboles se sont effondrés ; les ors de la République ont semblé abriter des individus leur étant étrangers. C'était la valse des affaires qui recommençait, avec son cortège de faveurs, de prébendes, de trafics et de privilèges. Emmanuel Macron avait voulu prendre les habits de de Gaulle et ces habits semblaient soudain trop grands. Tout à coup, tout sonnait creux, un jeune homme issu de la banque semblait avoir braqué la République et installé ses amis aux fonctions les plus hautes, les désacralisant du même mouvement.

Les gilets jaunes ont remis la question sociale sur le devant de la scène. Les facteurs d'explication du mouvement sont multiples et les préoccupations d'ordre strictement matériel apparaissent les plus évidentes. Pourtant, cette crise est peut-être aussi spirituelle. André Malraux considérait déjà mai 68 comme une crise de civilisation et on peut prolonger cette intuition. Qu'importent ses fondements réels ou sa vérité intrinsèque, l'entrée en décadence est un sentiment largement partagé. Par l'utopie et l'incarnation, le politique a pris le relais du religieux dans des temps désenchantés. Il a été cette « foi séculière » marquée du sceau du déni qui offrait une fiction d'unité, une impression de permanence et de sacré. Cette foi a été définitivement perdue dès lors que son sujet a été mis à nu. De Président jupitérien, chef de guerre et gardien du fil de l'Histoire de France, Emmanuel Macron s'est trouvé réduit au rôle de cache-sexe de l'oligarchie. Ni lui, ni Christophe Castaner, ni aucun autre membre du gouvernement ou de la *classe politique* n'est jugé digne de la République ou de la France. C'est aussi contre cette réalité crue que se sont élevés les gilets jaunes. Porteur d'une aspiration à la régénération du politique – avec tous les dangers que comporte cette idée – ce mouvement semble se battre pour la restauration d'une illusion nécessaire, pour faire vivre la fiction de la dimension sacrée du politique.

Briser les idoles, sacraliser le profane

Le 16 mars dernier, le Fouquet's était en feu. La plus belle avenue du monde était recouverte de jaune et noyée d'un épais nuage de lacrymogène. L'est-elle seulement ? L'expression consacrée de *plus belle avenue du monde* cache mal la réalité d'une avenue où ne se rendent jamais les Parisiens. Tout y est trop cher et trop tape-à-l'œil. En temps normal, les bourgeois du quartier disputent le pavé aux touristes blasés. Comment prétendre que quelques enseignes de luxe puissent exprimer la France ? Sans doute est-ce pour cela que les gilets jaunes en ont fait leur lieu de rassemblement de prédilection. Dans le conflit de classes qui se joue, l'avenue est un champ de bataille idéal. Tout y transpire le fric, le bling-bling et le paraître. Manifester sur les Champs, c'est reproduire l'antique geste iconoclaste : c'est l'idolâtrie des clients du Fouquet's ou des magasins de luxe qui est condamnée.

Ainsi lors de l'Acte XVIII, régnait une ambiance carnavalesque, avec tout ce que ce terme comprend d'inversion des hiérarchies admises et des rôles sociaux. Il y a quelque chose de fascinant à voir des ouvriers, des employés et des chômeurs déguster des chocolats Jeff de Bruges récemment pillés devant des départs de feu. Des gens ordinaires prenaient les chaises des terrasses et faisaient une pause, assis au milieu d'une avenue réappropriée. D'ordinaire, ils ne sont pas là chez eux. Trop pauvres, trop « beaufs », trop provinciaux, ils ne sont pas à leur place ; mais le temps d'une journée, l'avenue leur appartient. En miroir de ces scènes improbables, on croise un homme et une femme, la cinquantaine et bien habillés, effondrés, en larmes, complètement paniqués par le chaos ambiant, mais toujours cramponnés aux sacs Gucci ou Cartier qui contiennent les précieux effets qu'ils viennent d'acquérir lors d'une journée de shopping qui a mal tourné. *Exproprier l'expropriateur*, rarement la sentence de Max Weber s'est mieux appliquée.

« En définitive, le combat pour l'endroit traduit un combat pour la dignité. Il est le reflet de l'affirmation de la vie contre les idoles réifiées qui remplissent les vitrines de luxe. »

À la vue de ces scènes, on pense au slogan de 1968 « la beauté est dans la rue ». Comme si, par-delà les revendications sociales immédiates, il y avait un enjeu à être plus beaux que Macron. Comme si l'esthétisation de la révolte d'un peuple était un levier pour la reconquête d'une dignité perdue.

Les vidéos des manifestations inondent les réseaux sociaux. À leurs côtés, on voit apparaître de véritables teasers détournés qui annoncent le prochain acte. Des clips de rap amateurs sont tournés en plein cœur des affrontements et enregistrent des millions de vues. Le mouvement s'incarne, aussi. Les *leaders* sont adulés ou haïs. Éric Drouet, Maxime Nicolle, Priscillia Ludosky sont sortis de nulle part et sont devenus des icônes. D'autres, Jacline Mouraud ou Ingrid Levavasseur, sont rejetées dès le moment où elles semblent vouloir prendre l'ascendant sur le mouvement qui a fait d'elles ce qu'elles sont. La révolte s'inscrit dans l'ordre du symbole et produit ses propres images, sa propre syntaxe, ses propres mythes. Jérôme Rodrigues est représenté en peinture à la manière des révolutionnaires de 1793 sur les physionotraces. Les morts et les blessés sont érigés en héros : une martyrologie pesante s'empare du mouvement.

Ainsi, la bataille esthétique qui se joue est d'abord l'expression d'un conflit plus vaste pour le sacré. Le carnaval inverse les rôles, les événements actuels renversent les valeurs. Le gigantesque portrait de Marcel, travailleur immigré marqué par la vie devenu le symbole d'un rond-point, que montre à voir François Ruffin dans *J'veux du soleil*, exprime cette idée mieux que tout le reste. Bataille politique et lutte sociale, le mouvement des gilets jaunes est d'abord l'exaltation de la *vie* permise par la parole libérée.

S'il laisse entendre la voix de ceux que l'on n'entend pas, il est aussi une demande de réappropriation de la vie, du travail, de l'État, du pays, du politique. Iconoclaste dans ses modes opératoires, imprégné d'une lourde dimension symbolique depuis ses débuts, ce mouvement n'est pas celui d'une foule haineuse indifférente au sacré dont les commentateurs divers se plaisent à croire qu'ils en détiennent le monopole. Au spectaculaire ridicule de la mise en scène d'un pouvoir affaibli, les gilets jaunes opposent une demande de *resacralisation* du politique comme ressource partagée. Sans doute n'avait-on pas exprimé depuis des décennies avec autant de clarté, le sens véritable de la *Res Publica* comme chose publique et de ce fait sacrée.

Les gilets jaunes

Le retour du corps des pauvres

Au mois de mai dernier, Édouard Louis publiait *Qui a tué mon père*. Dans cet ouvrage ramassé et poignant, l'écrivain rappelle que la politique est toujours *in fine* une question de vie ou de mort, qu'elle s'exerce sur les corps. Si le corps usé du père d'Édouard Louis « accuse l'histoire politique », c'est que les classes dominées subissent dans leur chair la violence sociale qui leur est faite, c'est que le corps cassé, épuisé de l'ouvrier incarne et résume l'injustice de l'ordre capitaliste. Six mois plus tard, le mouvement des gilets jaunes redouble sur la scène politique ce qui a eu lieu sur la scène littéraire.

Auteur : Cyril Barde

Date de publication : 3 janvier 2019

Le gilet jaune… et le corps qui le revêt

Édouard Louis commente ainsi l'irruption des corps populaires à la faveur du mouvement des gilets jaunes : « J'ai du mal à décrire le choc que j'ai ressenti quand j'ai vu apparaître les premières images des gilets jaunes. Je voyais sur les photos qui accompagnaient les articles des corps qui n'apparaissent presque jamais dans l'espace public et médiatique, des corps souffrants, ravagés par le travail, par la fatigue, par la faim, par l'humiliation permanente des dominants à l'égard des dominés, par l'exclusion sociale et géographique. Je voyais des corps fatigués, des mains fatiguées, des dos broyés, des regards épuisés. » L'irruption des corps dominés passe d'abord par l'emblème que les manifestants se sont choisi : le gilet jaune est un signal. Signal d'un corps vulnérable qu'il s'agit de faire apparaître, de mettre en évidence. Signal d'un corps en danger qu'il faut rendre visible, signaler à l'attention et à la vigilance d'autrui. Les gilets jaunes sont le signal du retour du corps des pauvres en politique.

Les très nombreux blocages de ronds-points et de péages, ou simplement la présence en ces lieux, manifestent l'importance du corps dans le mouvement. Les gilets jaunes font physiquement obstacle – souvent avec bienveillance – à la circulation des personnes et des marchandises, ils sont autant de grains de sable dans la fluidité rêvée de l'économie néolibérale. Leurs corps sont ce qui coince, ce qui grippe, ce qui achoppe. Le gilet jaune, porté par un automobiliste en panne ou un travailleur sur un chantier d'autoroute, est aussi le signal d'un corps immobile au milieu du mouvement général et incessant. Voilà pourquoi tout commence par le prix de l'essence : les gilets jaunes, grands perdants d'une société qui exalte et exige la mobilité de tous, sont le symbole de la France immobile, non pas en ce qu'elle serait rétive au progrès ou repliée sur elle-même et fermée au monde, mais parce qu'elle n'a tout simplement pas les moyens de la mobilité qu'on lui impose, ou parce qu'elle refuse la mobilisation des corps dans le grand déménagement du monde néolibéral. Le gilet jaune est la formidable métonymie de ces corps en détresse, de ces corps immobilisés dans et par leur condition sociale.

Corps à corps

La spectaculaire irruption des corps populaires se joue ensuite sur les plateaux de télévision : le contraste éloquent entre gilets jaunes, députés et ministres ne réside pas seulement dans les discours, mais aussi dans les attitudes, les postures, les vêtements, les manières de se tenir, d'intervenir. Si bien qu'en une telle arène, les corps des gilets jaunes apparaissent toujours déplacés, dans le sens le plus littéral du terme. Ces corps ne sont plus à leur place, c'est-à-dire à la place – souffrante, soumise, réifiée – que leur a assignée le capitalisme néolibéral. Ils ne sont plus à leur place d'objets : objets de reportages, de commentaires ou de statistiques savamment décryptées. Le scandale vient de ce que les corps des pauvres sont désormais « invités » à la table des experts et des éditorialistes. Et les pauvres, hélas, se tiennent souvent mal, obligeant parfois les journalistes à leur donner quelques leçons de maintien. L'entre-soi feutré et le jeu bien réglé des discussions entre belles personnes s'en voient singulièrement perturbés. La confrontation des habitus fut, avant même celle des idées, la démonstration la plus flagrante de ce corps à corps entre classes sociales que les gilets jaunes ont imposé.

Le corps à corps recherché dès les premières expressions du mouvement lui confère un caractère indéniablement insurrectionnel. Le corps à corps occupe le vide inquiétant laissé par des

« corps intermédiaires » méprisés et disqualifiés, parfois par le pouvoir lui-même. C'est que les gilets jaunes, lassés des formes galvaudées d'une démocratie représentative qui ne tient plus ses promesses, ont d'emblée souhaité s'approcher directement du corps et du cœur du pouvoir, tout particulièrement de son incarnation présidentielle. Dès le 17 novembre, les chaînes d'information en continu diffusent à l'envi les images des manifestants attroupés devant l'Élysée. Ce désir de confrontation physique, qui s'assouvit parfois en simulacres d'exécution d'Emmanuel Macron, a quelque chose de troublant. Il explique l'obstination des gilets jaunes à manifester sur les Champs-Élysées, place de la Madeleine ou de la Concorde, jamais très loin du Palais. Corps contre corps : la violence qui se déchaîne certains samedis rappelle à tous que la politique n'est pas un simple jeu, une lutte des places ou une partie d'échecs entre gens de bonne compagnie. Les tenants de l'ordre sociopolitique qui défait les corps, les marque et parfois les détruit, comprennent alors que la violence qu'ils imposent, lorsqu'elle devient trop insupportable, risque de se retourner contre eux.

Le corps dérobé d'Emmanuel Macron

Mais dans ce corps à corps, l'un se dérobe. Les gilets jaunes exhibent des corps maltraités ou épuisés, traversés d'affects et de soubresauts. Aux convulsions du corps social, ils attendent que le pouvoir réponde de manière incarnée. Non pas seulement par les mots et les concepts, mais par l'action et le geste, quelque chose qui montrerait que le pouvoir lui-même est *touché*, dans son corps, par ce qui se déploie sous ses yeux. Or, le pouvoir continue de lui présenter un corps sur papier glacé. La théorie des deux corps du roi élaborée par Kantorowicz est bien connue : le roi est doté d'un corps physique, terrestre, mortel et d'un corps mystique et immortel symbolisant la communauté politique. Emmanuel Macron a surinvesti le corps mystique dès le soir de son élection et son apparition dans l'obscurité de la cour du Louvre, au risque de se couper de la réalité du corps social. Lorsque le président va « au contact », comme aiment le dire les conseillers en communication, les gestes et les mots sont souvent maladroits, perçus comme hautains et méprisants.

La réception de l'allocution du 10 décembre est de ce point de vue très intéressante. Les signes physiques de fatigue ou de nervosité, les indices d'un trouble qui pouvaient manifester l'émotion du corps *touché*, ont été scrutés avec autant d'attention que les annonces politiques. Les mains du président, ostensiblement posées à plat sur la table, ont suscité l'interrogation et la raillerie. Le geste, quelle que soit son intention, rate son objectif, semble faux et affecté. L'été dernier, Emmanuel Macron a pourtant lui-même mis en scène un corps à corps avec le peuple (« qu'ils viennent me chercher ») exposant, du moins verbalement, son corps physique, mais en le dérobant dans le même temps puisqu'un tel défi, opportunément filmé et diffusé sur les réseaux sociaux, était lancé depuis la cour de la maison de l'Amérique latine devant un aréopage de ministres. Paradoxalement, le corps du président s'exposait faussement pour protéger son propre garde du corps… C'est sans doute dans ce double retranchement du corps présidentiel, dans cette inaccessibilité jupitérienne et bravache qu'une partie du mouvement des gilets jaunes prend ses racines.

Un épisode apparemment anodin et superficiel de cette crise politique majeure révèle la mesure de ce qui se joue au niveau du corps présidentiel et de sa difficulté à s'incarner. Un article du *Monde* daté du 22 décembre rapporte les paroles d'un député de la majorité affirmant qu'Emmanuel Macron « ne sort plus sans se maquiller tellement il est marqué » et ajoute qu' : « il se maquille même les mains. » Si l'information fut reprise par la presse people comme par la presse la plus sérieuse, c'est que l'on sent bien qu'elle est grosse d'une vérité plus profonde qu'il n'y paraît et qu'elle dépasse de loin l'anecdote de communicant. Ce maquillage permanent et intégral qui recouvre « même les mains », soit l'outil de travail des classes les plus modestes, est l'ultime signe d'un corps présidentiel faux et lisse incapable d'être touché ou de toucher. Isabelle Adjani, dans un article qui là encore a largement débordé les pages de la presse légère, parle d'une « impossibilité tactile [...] avec le corps du pauvre ». Alors que les gilets jaunes exposent sans fard des corps que l'on a longtemps voulu enfermer dans la honte, « se met [tent] à nu » selon les mots de l'une des figures du mouvement, le pouvoir continue d'exhiber le corps artificiel et distant qui a pourtant miné sa légitimité et qui « accuse », pour reprendre le terme d'Édouard Louis, la distance glacée de sa politique au service des dominants. Il y a peu, le président a prononcé ses vœux debout face aux Français, optant pour une verticalité frontale qui met en scène un corps inébranlable, qui ne fléchit pas. Alors que les gilets jaunes, physiquement et métaphoriquement, exhibent marques et empreintes, blessures et fêlures, le pouvoir s'en tient à l'apparente impassibilité, aux illusions de la surface. La révolte des gilets jaunes est fondamentalement une protestation contre cette négation toute néolibérale de ce qui est fragile et précaire et qui s'inscrit à même la peau, celle qu'on essaie de sauver quand tout semble perdu, celle qu'on laisse parfois quand on n'en peut plus.

Insurrections

Comment vaincre la tyrannie
du « Et après » ?

En 2019, tandis que révoltes et insurrections ont grondé à travers le monde (France, Haïti, Liban, Équateur, Chili, Irak...), le premier réflexe a consisté à interroger les causes de ce soulèvement généralisé. Par-delà les divergences nationales, ce sont en effet les inégalités économiques et sociales ainsi que la confiscation de la souveraineté populaire qui se sont révélées être au cœur des mobilisations. Mais à l'examen des raisons a symétriquement répondu l'heure du « bilan », qui voulait, comme à chaque fois, mettre les luttes au passé, faire résonner la redoutable logique du « Et après ? » et reconduire vers les routes de la servitude et de la résignation. Un certain ton qu'il est urgent de combattre, en proposant une véritable politique du présent, capable d'interrompre le cours de l'histoire et d'opposer au « à quoi bon ? » le pouvoir de l'action.

Auteur : Laëtitia Riss

Date de publication : 13 janvier 2020

Les réflexions interrogeant la postérité des soulèvements contemporains ne se sont pas fait attendre. Elles n'en demeuraient pas moins investies, pour la plupart, d'un postulat fondamental : l'événement était clos, désormais terminé. À l'embrasement médiatique et politique succédait l'analyse froide et rigoureuse ; derrière un souci de « compréhension », le discours venait pourtant camoufler le visage de la réaction. On reprochait la violence des manifestants, on pointait l'absence de débouchés institutionnels et l'impossibilité de désigner des représentants, on soulignait la proportion moindre des insurgés au regard de la population moyenne, on affirmait l'essoufflement des mouvements, mais l'on saluait les « avancées » octroyées par un pouvoir en place, qui avait « entendu son peuple », on invitait enfin au retour à *l'ordre*. Et c'est bien ce dernier que couve en secret la question « Et après ? ». En faisant jouer le soulèvement selon ses propres règles, elle emprisonne la contestation et prétend pointer ses « contradictions ». Révolte adolescente incapable de se « structurer », elle ne serait que puissance de *négation*, sans affirmation. Preuve en est, lorsqu'on l'invitait à comparaître au tribunal de l'opinion et de la raison, elle était piégée dans une impasse : si elle se refusait à venir, elle était coupable et désavouait « le dialogue » ; si elle acceptait, ses demandes étaient jugées « floues » ou « trop radicales ». Pis encore cependant, en se pliant aux règles du jeu, elle se compromettait et oubliait sa nature : celle qui exige, non le *désordre*, mais la sortie de cet *ordre-ci* – de l'ordre, qui toujours demande « Et après ? ».

« En s'arrachant aux lois du temps, l'insurrection instaure une suspension, devrait-on dire une respiration. Elle mérite alors d'être considérée à la lueur de son seul passage, venant lézarder l'oppressante précipitation de la modernité. »

Mais comment alors éviter l'impasse – ou plus exactement, ce qui nous *est présenté* comme une impasse ? En récusant précisément la fuite en avant, qui offre au futur seul le privilège du jugement. « Même si toutes ces révoltes n'aboutissent pas à une victoire des contestataires, que changent-elles dans l'histoire ? » pouvait-on, par exemple, lire dans la presse. Manière subtile de reconnaître les « secousses » provoquées par les vagues de soulèvements, tout en admettant leurs défaites – ou renvoyant, au mieux, leurs effets à des éléments sédimentés qui « un jour » peut-être se concrétiseront. Un bilan toujours démobilisateur, qui renvoie les insurgés à leur incomplétude et les place immédiatement sous le signe du « manque », de même qu'il contraint les plus farouches enthousiastes à l'attentisme : « Tu verras que les choses vont changer. » ; « La politique, c'est aussi le temps long » ; « Les effets sont invisibles, mais ils seront là. » Parier sur l'avenir, la tentation est toujours grande ; mais derrière l'horizon radieux s'abrite un cadre d'intelligibilité auquel il s'agit désormais de faire l'effort de résister, car il prive la réflexion d'un espace précieux. Interroger pleinement les « soulèvements » impose d'admettre une autre grammaire temporelle qui diffère de celle qui règne partout en maître. Un pas de côté qui exige de *dénaturaliser* l'ordre des temps dont avons hérité, depuis l'affirmation du régime moderne d'historicité, tout entier pensé sur le modèle de la linéarité. En d'autres termes, admettre qu'il est possible de penser autrement l'articulation entre passé, présent et futur : ces trois « temps » pouvant se succéder sur le modèle traditionnel « avant/pendant/après », mais aussi – et *surtout*

– se superposer au profit d'un présent *agissant* synthétisant, au moment de l'action, le passé des luttes inachevées, le présent d'un cri de révolte et le futur déjà anticipé d'un ordre juste.

Renouer avec une pensée et une politique du présent, c'est accepter de considérer l'insurrection, non du point de vue du devenir, mais selon les modalités du « surgissement » et de « l'événement ». C'est aussi conjuguer une dynamique de prévisibilité – il y a en effet des conditions matérielles et objectives aux « révoltes », qu'une analyse sociologique peut explorer – et un « sursaut » imprévisible, qui porte en lui, le geste politique par excellence : celui capable d'interrompre le cours du monde. En s'arrachant aux lois du temps, l'insurrection instaure une *suspension*, devrait-on dire *une respiration*.

Elle mérite alors d'être considérée à la lueur de son seul passage, à l'image de la passante baudelairienne, *un éclair… puis la nuit*, qui appartient à ce même registre de la circonstance, venant lézarder l'oppressante précipitation de la modernité. Face à l'événement, la seule attitude qui vaille est celle qui ne s'empresse pas d'exiger des preuves et des explications, mais celle qui reconnaît son caractère politique, entreprend de répondre à son appel et enfin de lui rendre justice. Car demander « Et après ? », c'est déjà perpétuer une injustice : celle de la mise au passé et de l'oubli, qui voudrait tourner la page, sans entendre ce « nouveau-né qui crie dans les couches sales de l'époque » selon le mot de Walter Benjamin, et sans comprendre que ce sont ceux pour qui « le rapport au futur s'est refermé » (Laurent Jeanpierre) qui voient alors le jour. Celle aussi qui dissout la singularité du présent et ne jure que par les systèmes explicatifs. Quand se glisse parmi les insurgés l'accusation « c'est la faute du système », on n'imagine pas combien, ils touchent à une réalité plus profonde encore que la simple dénonciation d'une oligarchisation croissante des sociétés. Ils savent que l'ordre déteste *le droit à l'existence*, qui vient bousculer ses catégories.

Et lorsque Marx invite à considérer la Commune, d'abord selon « son existence même », il esquisse les prémices de cette politique du présent, qui au-delà de son souci de justice, est aussi une lutte contre les prophètes de la défaite anticipée et de l'alternative avortée. Un combat qu'il faut encore aujourd'hui mener pour empêcher qu'aux soulèvements succèdent l'amer sentiment du « retour au même » et l'impossibilité d'agir pour « changer l'histoire ».

L'insurrection contre l'Histoire

Comment agir, en effet, face au scandale de la répétition ? Walter Benjamin, dans ses fulgurantes « Thèses sur le concept d'histoire » (1940), offre une réponse en esquissant les contours d'un marxisme hétérodoxe, capable de s'émanciper de la tradition hégélienne, ayant précipité le XIXe siècle dans la « marche de l'Histoire ». Loin de s'enfermer dans des spéculations philosophiques, c'est face à la brutalité de l'époque – victoire du nazisme, échec de la social-démocratie allemande, signature du pacte germano-soviétique en 1939, perçu comme le mariage entre le fascisme et le communisme – que le théoricien de l'École de Francfort délivre dans l'urgence « le texte le plus important de la théorie révolutionnaire depuis les célèbres *Thèses sur Feuerbach (1845)* », selon Michael Löwy, avant de se suicider à Port-Bou en 1940, pour échapper à la police allemande.

En 2019, ses intuitions demeurent intemporelles et témoignent de ce même paradoxe : tandis que l'histoire se présente comme moteur, comme progrès, comme accomplissement, la voici qui, suivant si bien son cours, délaisse les hommes, dépassés par le torrent de son immense machinerie. Tout en se poursuivant, elle répète inlassablement la même logique ; sa force révolutionnaire se mue en force conservatrice. Et si Marx affirmait que « les révolutions sont les locomotives de l'histoire », Benjamin soutient désormais qu'elles sont devenues « le frein d'urgence » pour stopper ce train sans conducteur.

« S'insurger contre l'histoire, c'est alors reprendre son droit et son pouvoir d'agir ; c'est affirmer avec la clairvoyance de Benjamin que "la politique prime désormais l'histoire" et qu'il s'agit de renverser le cadeau empoisonné de la modernité. »

Face à l'histoire « En Marche », qui n'est plus qu'une illusion pour justifier l'éternel retour de la domination, comme en atteste plus lourdement encore l'heureuse postérité partisane de l'expression, Benjamin oppose ainsi la radicalité du geste insurrectionnel. Il écrit : « Les classes révolutionnaires, au moment de l'action, ont conscience de faire éclater le continuum de l'histoire. La Grande Révolution introduisit un nouveau calendrier. [...] Au soir du premier jour de combat [de la révolution de Juillet], on vit en plusieurs endroits de Paris, au même moment et sans concertation, des gens tirer sur les horloges. » Au jour de la première mobilisation des Gilets Jaunes, on déclara aussi Acte I. Sur les places occupées, on retrouvait des inscriptions sur les sols, An Zéro. Une manifestation alternative du temps qui « sort » de l'histoire : « *the time is out of joint*, le temps est hors de ses gonds » dira Derrida, citant *l'Hamlet* de Shakespeare. Au cœur de cette échappée, ce qui se joue, c'est à chaque fois le possible – *possible* qui n'a rien d'un utopique avenir, mais qui s'inscrit dans la chair du présent – *Présent*, qui n'a rien de l'étroit présentisme auquel nous devrions être aujourd'hui bornés. S'insurger contre l'histoire, c'est alors reprendre son droit et son pouvoir d'agir ; c'est affirmer avec la clairvoyance de Benjamin que « la politique prime désormais l'histoire » et qu'il s'agit de renverser le cadeau empoisonné de la modernité.

Changer l'histoire, ce n'est donc plus changer *son cours*, mais changer profondément notre rapport à cette dernière afin qu'elle cesse d'être un registre d'accusations (il faudrait « apprendre des erreurs du passé »), une locomotive infernale (il faudrait « aller de l'avant », sans qu'on sache jamais ce qu'il y a *devant)*, ou un horizon apocalyptique (il n'y aurait plus rien à *faire*, puisque « nous courrons à notre perte »). Aussi différents ses visages puissent-ils paraître, ils relèvent tous de cette conception linéaire de l'histoire, où rien ne peut véritablement venir s'interposer. Or penser l'histoire, c'est précisément penser la latitude d'action qu'il est permis à l'homme d'espérer. Actuellement, force est de constater l'étroitesse des rives qui nous est imposée et la nécessité de reconquérir le lieu du présent, ou plus exactement de l'« *à-présent* » pour reprendre Benjamin. « Ainsi, pour Robespierre, la Rome antique était un passé chargé d'"*à-présent"*, qu'il arrachait au continuum de l'histoire. La Révolution française se comprenait comme une seconde Rome » n'hésite pas à affirmer le théoricien de Francfort, réunissant ainsi deux exigences : celle d'agir, maintenant, au *temps de l'aujourd'hui* et celle de ne pas abandonner les soulèvements « passés », qu'aucun « Et après ? » ne sera parvenu à dissoudre dans l'oubli.

Une fraternité des morts et des vivants s'installe avec Benjamin, entourant l'engagement révolutionnaire d'une responsabilité plus grande encore que celle du seul homme qui dit *non*. Il s'agit de dire ce « nous » *d'à travers le temps*, pour se donner le courage de la lutte. Impossible alors de trahir ceux qui nous ont précédés et de baisser les armes. Pas de posture révérencieuse cependant, ou pire *mimétique*, car notre unique chance est celle de *vivre* « stratégiquement » *au présent*. Dérober au « *no future* » l'énergie de sa révolte ; substituer à sa négativité absolue l'espoir rédempteur d'une *autre* révolution. Et si l'invocation de « l'espoir » paraît bien anachronique, en ces temps où sévissent les prophètes du vide contemporain, il faut rappeler que ce dernier n'a cessé d'être étouffé sous les coups répétés de leurs « Et après ? » et qu'il ne pourra être retrouvé qu'à condition de changer de matrice historique, au cœur de laquelle l'utopie pourra se manifester comme « un espoir vécu sur le mode de l'aujourd'hui » (S. Mosés).

La lutte des Histoires

Mais alors l'histoire joue-t-elle *avec* ou *contre* nous ? Pour répondre, il faut échapper au choix binaire : l'histoire est d'abord *contre* nous, avant d'être *avec* nous. C'est à partir de cette « conscience historique » que doit se réinventer l'engagement politique – et, *in extenso*, l'engagement révolutionnaire. Plutôt qu'une « lutte des classes », proposition est faite de parler de « lutte des histoires » pour caractériser l'affrontement qui se cristallise lors des vagues d'insurrections.

En défiant « l'histoire de la conservation », les insurgés ouvriraient une brèche à « l'histoire de l'émancipation ». Cette dernière n'étant pas un continuum, mais le produit d'interruptions répétées, qui rejouent, à chaque fois, la possibilité d'un basculement. Elle aurait son temps, sa mémoire, son mouvement et sa fonction propre : elle écrirait au cœur du réel l'alternative. Et pour les plus sceptiques, qui demanderait encore avec une inquiétude toute légitime « Mais concrètement ? », il convient de leur rappeler que notre premier défi n'est pas celui de suggérer des « suites » aux mobilisations, mais de combattre la résignation. À mesure que faiblira le sentiment de dépossession, grandira le potentiel d'invention. Chaque soulèvement est alors d'abord le lieu d'une rencontre ; chaque appel pour « en être » est la possibilité de *faire l'expérience* d'un autre monde. « Un autre monde est possible, mais il est dans celui-ci », insistait déjà Paul Eluard. Et ce n'est ainsi pas un hasard, si lorsqu'on échange avec les insurgés, il se tisse d'abord une parole pour dire l'intensité d'un vécu partagé, avant celle qui veut préciser un horizon programmatique. Aussi insuffisant cela puisse-t-il paraître pour certains, quand le contemporain a choisi les *biens* plutôt que les *liens*, la force de se réunir et de *se parler* est déjà subversive.

Au mouvement du « faire » répond celui du « raconter » ; car la lutte des histoires est aussi une lutte des récits, des « grands » comme des « petits », qui ne se contentent pas d'être de simples auxiliaires de l'action. *Dire c'est faire exister*, mais c'est surtout résister au silence. Une parole qui trouve naissance au cœur même de la mobilisation, et qui, contrairement à ce que l'on croit, ne s'évanouit jamais *après*. Elle se transforme pour rejoindre l'espace littéraire, qui préserve une mémoire vivante. Dans toutes les traces écrites se lit la possibilité de la conjonction des temps : passé simple devenu présent, conjurant la distance entre les siècles.

Lorsqu'Éric Vuillard « raconte » le 14 Juillet, il fait bien davantage que dépouiller des archives, il leur redonne *vie*. Alors que les preneurs de la Bastille s'essaient à attraper un bout de papier, tendu par un garde de la prison, en traversant une planche suspendue aussi du vide, la voix du narrateur revient : « C'est que depuis des siècles on l'attendait ce petit mot, un mot d'excuse peut-être, qui nous soufflerait que tout est fini, qu'on allait enfin partager, que ç'avait été une mauvaise blague, l'Histoire, qu'on y reviendrait plus, qu'à présent, on pouvait sortir tranquillement des tableaux de Le Nain et des chansons à boire, que c'en était terminé des salaires de misères, du mépris. » Difficile de nier le pouvoir d'entraînement de telles lignes, qui participent doublement du mouvement de l'histoire : à la fois comme « souvenir » d'un soulèvement et comme « étincelle » capable d'allumer un autre brasier. En redonnant une place ainsi qu'une effectivité aux récits et en maintenant l'exigence d'une parole qu'on oserait dire « prophétique », il devient possible de reconquérir une marge de manœuvre, une marge de « discours » capable de faire taire l'insupportable langue, qui à force de ressasser *ses vérités* est parvenue à les rendre réelles.

Aux enfants de la « fin de l'histoire » sont alors dédiées tout particulièrement ces réflexions. Car il est une génération à laquelle on répète depuis qu'elle est en âge de penser, qu'elle est née au cœur d'une époque terminale et qui pour « commencer » à parler doit sans cesse se justifier. Commencer par dire que « c'était la fin », mais que finalement « ce n'est pas la fin ». Un vieux sortilège, qui sévit déjà depuis les années 1950 comme en témoigne Derrida, lorsqu'il raconte qu'il a lui-aussi été nourri par ce « pain d'apocalypse ». Il serait trop long d'interroger en profondeur la persistance de ce discours de la fin ; à défaut, il est utile de mettre en garde contre le piège qu'il nous tend. Car en le perpétuant, même pour s'y opposer, nous entretenons son influence. Nous admettons implicitement qu'il avait « raison » et qu'une énergie historique s'était effondrée.

Nous acceptons aussi le rapport de force, « l'histoire de la conservation » aurait triomphé et désormais tels de valeureux chevaliers, il faudrait brandir « la fin de la fin ». Si je partage le combat qui sous-tend cet étendard – à savoir, celui de rendre aux sujets historiques la puissance *d'agir* et de *transformer* l'ordre existant –, il me paraît qu'en formulant ainsi nos revendications, nous nous condamnons, insidieusement, à la répétition. En reprenant le même schéma que celui de nos adversaires, nous nous rendons tributaires de *leur* logiciel historique. Nous poursuivons la course en avant, nous prenons le risque qu'après « la fin », la pièce « recommence », comme un mauvais drame dans un théâtre de boulevard, et qu'en dépit du changement d'acteurs, le décor demeure identique.

Or, ce dont nous avons besoin, c'est d'un sursaut de la pensée pour s'arracher aux grilles qui l'emprisonnent, d'un pouvoir d'invention pratique et théorique pour lutter contre la perpétuation des injustices, d'une voix qui aura compris l'avertissement de Benjamin – « Que les choses continuent comme avant, voilà la catastrophe » –, d'un corps qui osera *l'aventure*.

« Prends garde c'est l'instant où se rompent les digues
C'est l'instant échappé aux processions du temps
Où l'on joue une aurore contre une naissance. »

Paul Eluard, « L'aventure », *Les Mains Libres*, 1937.

REMERCIEMENTS

Ce livre est né du travail collectif de la rédaction du Vent Se Lève. *Nos pensées vont à toutes celles et tous ceux qui font vivre cette aventure au quotidien. Les centaines d'auteurs, relecteurs, traducteurs, transcripteurs, photographes, graphistes, vidéastes et responsables de cercles qui contribuent, chacun à leur manière et selon leur temps libre à construire ce projet depuis maintenant trois ans. Trop nombreux pour les citer tous, c'est pourtant à eux que* Le Vent Se Lève *doit son existence.*

Nous adressons également nos remerciements à toutes les personnes qui ont accepté de nous accorder des entretiens, et plus largement à tous ceux qui ont cru en nous. Nous sommes fiers de pouvoir les compter parmi nos compagnons de route.

Nous remercions enfin les éditions du Cerf pour la confiance accordée.

TABLE DES MATIÈRES

Imprimé en France par présence Graphique

Composition : Nord Compo

N° d'imprimeur : 082066627
Achevé d'imprimer : août 2020
Dépôt légal : septembre 2020